Politiques du *care* en France et en Allemagne

Parcours des assistantes et assistants maternels issus de l'immigration

Logiques sociales

Collection dirigée par Bruno Péquignot

En réunissant des chercheurs, des praticiens et des essayistes, même si la dominante reste universitaire, la collection « Logiques Sociales » entend favoriser les liens entre la recherche non finalisée et l'action sociale.

En laissant toute liberté théorique aux auteurs, elle cherche à promouvoir les recherches qui partent d'un terrain, d'une enquête ou d'une expérience qui augmentent la connaissance empirique des phénomènes sociaux ou qui proposent une innovation méthodologique ou théorique, voire une réévaluation de méthodes ou de systèmes conceptuels classiques.

Dernières parutions

Paul GRELL, *Les modes de débrouillardise des jeunes chômeurs, Chômeurs pendant la crise des années 80,* 2019.

Isabelle PAPIEAU, *Les représentations du monde rural, Des arts antiques à la télé-réalité*, 2018.

Piero-D. GALLORO (dir.), *Conflictualités, représentations et médiatisation de la violence et de la radicalisation, Radicalisme(s), radicalisation(s), radicalité(s), violence(s),* 2018.

Piero-D. GALLORO (dir.), *Discours et parcours de radicalisation et de violence, Radicalisme(s), radicalisation(s), radicalité(s), violence(s),* 2018.

Bernard HILLAU, *Le livre de la compétence, Trajectoires d'acteurs et changement social*, 2018.

Patrick GABORIAU, *Le terrain anthropologique, Archéologie d'une pratique,* 2018.

Gabriele PINNA, *Travailler dans l'hôtellerie de luxe. Une enquête ethnographique à Paris*, 2018.

Michèle BOKOBZA, *Madame la comtesse de Gasparin. Protestantisme radical, genre et pèlerinage au XIXe siècle*, 2018.

Claudine DARDY, *Exister par écrit. Essai sur l'identification en culture de l'écrit*, 2018.

Aurélien DJAKOUANE et Emmanuel NÉGRIER, *Le hip-hop en scènes. Mutations artistiques et innovations politiques,* 2018.

Janina Glaeser

Politiques du *care* en France et en Allemagne

Parcours des assistantes et assistants maternels issus de l'immigration

L'Harmattan

De la même auteure

Care-Politiken in Deutschland und Frankreich: Migrantinnen in der Kindertagespflege – moderne Reproduktivkräfte erwerbstätiger Mütter. Springer VS: Wiesbaden, 2017.

„Sorgemöglichkeiten: professionelle Tageseltern verändern familiales Werden“, in: Krämer, Anike/ Sabisch, Katja (Hg.): Doing Responsibility – Möglichkeitsräume von Familie, *psychosozial*, 01/2018, S. 52-60

„Arbeiten im sozialinvestiven Staat: Die Inwertsetzung der Arbeit in Kitas und in der Kindertagespflege“, mit Stefan Kerber-Clasen, in: Auth, Diana/Rudolph, Clarissa (Hg.): Care im (sozialinvestiven) Wohlfahrtsstaat,*FeminaPolitica*, Heft 2/2017, 26. Jg., S. 62-74

„Caring for recognition – young women on their way”, with Monika Kupzyk. in : Socialization, family, and gender in the context of migration, *Zeitschrift für Qualitative Forschung*, Jg. 15, Nr.1-2, 2014, S. 115-130

« Assistant(e)s maternel(le)s d'origine étrangère et politiques de la petite enfance: une comparaison France-Allemagne », in : *Vers une société du care ? Revue de sciences sociales*, n° 52, 2014, S. 54-61

„Die eine hilft der anderen: transnationaler Feminismus auf dem Care-Arbeitsmarkt“, in: Franke, Ivonne; Mozygemba, Kati; Pöge, Kathleen; Ritter, Bettina; Venohr, Dagmar (Hg.): *Feminismen heute. Positionen in Theorie und Praxis*, Transcript, 2014, S.191-202

„Qualifizierungsoptionen transnationaler Pflege in Frankreich Anregungen für eine Professionalisierung der Care-Arbeit in Deutschland?“, in: Krawietz, Johanna; Visel, Stefanie (Hrsg.): *Prekarisierung transnationaler Care-Arbeit Ambivalente Anerkennung*, Westfälisches Dampfboot, 2014, S. 178-194

5-7, rue de l'Ecole-Polytechnique, 75005 Paris
http://www.editions-harmattan.fr
ISBN : 978-2-343-16306-2
EAN : 9782343163062

Remerciements

Je tiens à remercier très sincèrement et tout particulièrement mes directrices de thèse, les professeurs Ursula Apitzsch et Catherine Delcroix, qui ont continuellement soutenu, accompagné et fait avancer par leurs critiques l'élaboration de chacune des étapes de ce travail empirique. En France, mes séjours de recherche, mes missions d'enseignement et ma participation à des ateliers, mais aussi les nombreuses conversations dans des restaurants strasbourgeois, furent accompagnés de l'esprit d'un groupe de jeunes chercheur-e-s, dont l'enthousiasme pour une démarche exploratoire dans la recherche sur les migrations paraît inconcevable sans la direction de Catherine Delcroix. De la même manière, l'échange de longue date avec Ursula Apitzsch et le colloque qu'elle anime avec Lena Inowlocki offrent un espace essentiel à la rencontre d'autres chercheur-e-s et leurs projets. Je remercie expressément Ursula Apitzsch de s'être donné beaucoup de peine à assurer sur le long terme le bon déroulement du processus de recherche, y compris quand il s'agissait de répondre à la demande souvent étonnante et toujours plus accrue de rapports et signatures pour la procédure de cotutelle. De la même manière, je remercie également Catherine Delcroix. L'objet transnational de mon travail, qui de plus est ancré dans deux systèmes scientifiques – français et allemand – différents, a grandement bénéficié de l'étroite coopération entre ces deux directrices de thèse. Un échange approprié est la condition première à la réussite d'une cotutelle, comme le démontre le travail présenté ici.

Je remercie également la fondation Hans Böckler, l'Université franco-allemande et le Collège doctoral européen (Université de Strasbourg), dont le soutien financier m'a – entre autres – permis de faire la navette entre l'Université de Strasbourg et l'Université Johann Wolfgang Goethe de Francfort-sur-le-Main. Différents évènements organisés par le Centre interdisciplinaire d'Études et de Recherches sur l'Allemagne (CIERA) ont, eux aussi, été très utiles au développement de connaissances quant aux différences et ressemblances qui caractérisent le contexte scientifique franco-allemand.

En outre, je remercie tou-te-s mes collègues du centre Cornelia Goethe, avec lesquel-le-s j'ai pu beaucoup discuter. Bien souvent, nous sommes aussi restés des heures plongés dans nos travaux respectifs (Jenny Erpenbeck, dans son roman *Geht, ging, gegangen*, appelle cela : « Le bonheur de l'univers parallèle » – et ces propos illustrent parfaitement ma pensée). De la même manière, je remercie mon groupe de travail « Recherches interprétatives en sciences sociales », le Groupe interdisciplinaire de Recherche Allemagne-France (GIRAF) et Ulle Jäger pour la supervision qu'elle propose aux doctorant-e-s de l'Université Goethe de Francfort. J'ai eu la grande chance de rencontrer Marc Haug qui, au Laboratoire dynamique européen, propose une « offre solidaire de relecture » aux doctorant-e-s réalisant leur thèse dans une langue étrangère. Il a accompagné mon procédé de recherche avec attention et a toujours été à l'écoute des questions qui se posaient à moi. Je ne puis en aucun cas omettre la performance extraordinaire de Lucile Chartain qui traduisit de l'allemand vers le français le résumé ici présenté et qui communiqua beaucoup avec moi durant ce travail. L'expertise de Lucile concernant l'école de Francfort, ses connaissances en matière de notions conceptuelles dans les deux langues et sa grande subtilité dans l'exercice d'interprétation nécessaire à tout travail de ce type, ont joué en faveur d'une traduction réussie.

Et enfin : un grand merci à ma famille et à mes ami-e-s qui m'ont soutenue tout au long de mon parcours ! Par la même occasion, je remercie également Ronjeeta Skiba, la nourrice de mon enfance originaire de l'Inde.

INTRODUCTION[1]

Euh, après, il y a plutôt des différences dans la manière dans laquelle, comment on éduque son enfant. Et euh ce thème est incroyablement vaste. Alors, il nous faut trois jours pour en discuter. Parce que c'est si vaste. Euh .. partout dans l'éducation, on est très, très différents en France et en Allemagne. Les mères qui restent à la maison en France pour élever leur enfant jusqu'à ce qu'il a deux ans, comme moi je l'avais fait – elles sont vues comme paresseuses ((rires)) ! En Allemagne c'est dans l'autre sens. Quand on ramène un enfant de deux mois chez l'assistante maternelle ou si on a une nounou, on est perçu comme irresponsable vis-à-vis de l'enfant, et l'enfant sera traumatisé et euh... eh bien, ce sont deux cultures, deux histoires, deux mondes.

Pascale, d'abord assistante maternelle en France, puis en Allemagne

Objet d'étude

À l'occasion de séjours académiques et amicaux intensifs en France, et en tant que femme ayant grandi en Allemagne de l'Ouest, j'ai toujours été étonnée de constater que l'activité professionnelle des mères en France constitue souvent une évidence – même si elles ont plusieurs enfants. En Allemagne, en revanche, une grossesse (qui plus est une deuxième ou une troisième) confronte les femmes de façon plus ostensible à la problématique de la

[1] Lucile Chartain, qui a soutenu en 2015 une thèse de sociologie intitulée « Le cinéma allemand contemporain en France : la production de l'image d'un Autre », a traduit de l'allemand vers le français le résumé de la thèse présentée ici.

conciliation entre vie familiale et vie professionnelle. La maternité y est beaucoup plus nettement reliée à l'exigence d'être la personne de référence principale de l'enfant, ou de vouloir l'être. Cependant, en France, il est clair que les femmes confient leurs enfants plus aisément à la garde de personnes inconnues. En bref : "In France, the decision by many working mothers to place their children in the care of a crèche or registered child minder has become socially acceptable while in West Germany such a decision continues to raise eyebrows." (Fagnani, 2012 : 514) La mimique citée souligne le scepticisme de la société ouest-allemande à l'encontre de nouvelles valeurs qui tendent à établir l'activité professionnelle des mères comme norme. La position sociale des individus dans les sociétés néolibérales est liée au succès professionnel. Les femmes en France, parce qu'elles sont davantage intégrées à la vie active, semblent comparativement plus autonomes que les femmes en Allemagne. Comment se fait-il que ces questions existentielles soient si différenciées au sein de deux nations industrielles européennes distinctes mais pourtant très similaires, voisines, et qui s'accordent la plupart du temps sur les questions économiques clés ? Et comment – cette question suscite l'intérêt sociologique – le travail de reproduction est-il assuré en France et en Allemagne lorsque les mères sont actives ? En lien avec l'activité professionnelle croissante de la femme au XXe siècle, les modes de vie se sont diversifiés. Cela vaut pour les deux pays. Cependant les tâches familiales, ménagères, domestiques, de soins et d'assistance – par la suite désignées en tant que « travail de *care* » – ne disparaissent pas si facilement même si, comme en Allemagne, le nombre de naissances diminue. En outre, nous sommes et nous demeurons tous, sans exception, dépendants de l'assistance d'autrui à certains moments de notre vie.

L'implication des femmes dans la vie active, et la pluralisation parallèle des modes de vie dans une phase de capitalisme « postindustriel » (cf. Fraser, 2001 : 69-70) s'accompagne nécessairement, en France comme en Allemagne, d'une demande en termes de *care.* Le remplacement du modèle du « Monsieur Gagne-Pain » par des ménages constitués de plusieurs salaires, la mondialisation, une redistribution insuffisante des tâches ménagères et de soin au sein des couples, l'évolution démographique d'une société vieillissante, la diversification des formes de vie familiale, une chaîne générationnelle modifiée par des grossesses plus tardives et le manque de protection institutionnelle – tout cela engendre une instabilité et parfois même des marques au sein du système d'accompagnement de la reproduction. En effet, le vieillissement de la population va de pair avec une hausse des besoins en soins, et donc souvent avec une pénurie de personnel soignant. La prise en charge des enfants de mères actives s'inscrit explicitement dans ce contexte d'un rapport entre les générations remis en question par la mutation démographique (grossesses et morts plus tardives). Néanmoins, dans toute l'Europe, les économies nationales misent sur une intégration totale des femmes et des hommes au monde du travail. En raison d'une division du travail différenciée, traditionnellement organisée selon une logique sexuée, les hommes sont déjà pleinement intégrés au marché du travail postindustriel. Puisque les femmes y trouvent également de plus en plus leur place, les prestations de service du *care,* domaine récent et en émergence, sont majoritairement proposées par d'autres femmes, c'est-à-dire transférées de la famille nucléaire à une tierce personne. Cette externalisation des travaux de reproduction se déroule en grande partie aux frontières de la pauvreté et de rapports de sexe asymétriques (cf. Apitzsch & Schmidtbaur, 2010 ; Apitzsch, 2014b). En effet, ce sont souvent des immigrantes issues de pays économiquement plus faibles qui aspirent de plus en plus à offrir leurs services dans les secteurs des prestations de service et des travaux domestiques – de manière régulière ou irrégulière.

Comment peut-on analyser la problématique du *care* au sein d'un ordre économique qui aspire à une utilisation du capital humain incluant de plus en plus la main-d'œuvre de femmes qualifiées ? Un aperçu des infrastructures du *care* en Allemagne et en France indique que les processus sociaux relatifs à la mutation démographique et aux nouveaux espaces de vie et de travail sont, dans une large mesure, influencés par les conditions-cadres produites par l'État. Les régimes d'aide sociale allemand et français sont tous deux assignés à un système « corporatiste-conservateur » (cf. Esping-Andersen, 1990 ; Ullrich, 2005). Dans les deux pays, il existe des structures de sécurité sociale, l'attribution de prestations financières est couplée à l'exercice d'une activité professionnelle, et d'importants moyens financiers et matériels sont injectés dans les mesures de politique familiale. Pourtant, les pays se différencient essentiellement au niveau des mesures de politique sociale favorisant l'activité professionnelle de la femme, dans ce contexte surtout par rapport à la mise en place de structures formelles de garde à la petite enfance : "However, the French welfare state differs from other corporatist-conservative countries in that the state has responsibility for providing social care." (Fagnani & Letablier, 2005 : 135) L'État-social français accorde un soutien particulier aux familles. En Allemagne, en revanche, c'est seulement dans le courant de ces dernières années que l'État s'est efforcé d'apporter une réponse à la demande en termes de *care.* Dans les deux pays, les mesures de politique familiale et sociale sont liées à des évolutions historiques différentes, qui ont en partie conduit à des mesures politiques antagonistes. C'est pourquoi, sur la base de problèmes communs, ces divergences manifestes par rapport à la question du *care,* aussi dans leur dimension politique, appellent à une comparaison. Il est à mon sens pertinent d'analyser ces conditions-cadres politiques précisément au moment où l'activité professionnelle des femmes, dans les conditions données, est rendue possible depuis peu de temps.

L'externalisation de l'assistance et de la prise en charge des enfants constitue la condition nécessaire à la participation des mères au marché du travail. En France, la pertinence sociale d'un mode de prise en charge est incontestée : il s'agit de l'assistance maternelle. Plus de la moitié des enfants de moins de trois ans pris en charge formellement le sont par une assistante maternelle (ce sont notamment des femmes) (cf. Blanpain & Momic, 2007). En Allemagne, l'importance d'un système d'assistant-e-s maternel-le-s[2] qualifié-e-s dans le cadre d'une large demande en termes de *care* s'accentue également depuis peu. C'est pourquoi cette étude se focalise sur les personnes en charge de la garde des enfants appartenant à la plus petite des tranches d'âge (âgés de moins de trois ans) : les *Kindertagespflegepersonen,* c'est-à-dire les assistant-e-s maternel-le-s. Il s'agit d'individus accrédités par l'État, subventionnés par les pouvoirs publics, et qui prennent en charge jusqu'à cinq jeunes enfants, le plus souvent à leur propre domicile[3]. Cette branche professionnelle, ou branche d'activités, est établie en France depuis plusieurs décennies, alors qu'elle n'est reconnue en Allemagne que depuis 2004. Des solutions déjà en place, ou les possibili-

---

[2] Le trait d'union est employé pour tenir compte des personnes non genrées binairement et de toutes les personnes de sexe indéterminé. Il s'agit donc de définir le genre en dehors de la binarité. Toutefois, plus de 95 % des personnes travaillant dans le secteur de l'assistance maternelle en France et en Allemagne sont des femmes. C'est pourquoi la situation des femmes sera souvent mise en exergue.

[3] La définition selon l'article L.421-1 du *Code de l'action sociale et des familles :* « L'assistant maternel est la personne qui, moyennant rémunération, accueille habituellement et de façon non permanente des mineurs à son domicile. »

tés de développement d'une prise en charge des jeunes enfants subventionnée par l'État nécessitent en conséquence de nouvelles évaluations qui pourraient bénéficier d'une comparaison franco-allemande. Cette étude privilégie les régions métropolitaines, puisque la problématique du *care* s'y manifeste de la façon la plus radicale, en raison d'un taux de population active et d'une densité démographique élevés. C'est surtout dans les villes globales où les conditions nécessaires aux processus de mondialisation sont réunies (cf. Sassen, 1998 : 199) que se développe un besoin impératif en travailleur-euse-s du *care*. Puisque le développement inclut essentiellement des individus originaires de pays économiquement plus faibles, ce sont de plus surtout des assistant-e-s maternel-le-s issu-e-s de l'immigration qui sont sélectionné-e-s. En outre, cette étude est circonscrite en Allemagne aux anciens Länder de l'Ouest puisque, en raison de la politique socialiste d'égalité, le taux d'activité des femmes en Allemagne de l'Est demeure sensiblement supérieur. De plus, l'offre relative aux possibilités de prise en charge des enfants y est plus importante qu'en Allemagne de l'Ouest (cf. Pfau-Effinger & Smidt, 2011 : 218). Par ailleurs, l'assistance maternelle a plus d'importance dans les Länder ouest-allemands, puisque près de 90 % des enfants sont pris en charge par une structure de garde de jour en Allemagne de l'Est contre 82 % en Allemagne de l'Ouest (cf. Destatis, 2012 : 10).

Axes de recherche et approche méthodologique

Les conditions-cadres en vigueur en Allemagne et en France sont principalement formulées par les politiques du *care* (*care policies*[4]), au sein desquelles se mêlent, selon le

[4] *Policy*, contrairement à *polity*, qui recouvre les aspects institutionnels du politique, et à *politics*, qui se focalise sur la forme des processus politiques, se réfère aux contenus des débats politiques. Donc, par

contexte, les politiques de la famille, du marché du travail, les politiques migratoires, etc.

> Une politique du *care*, dans la définition de ses principes comme dans la mise en œuvre et l'organisation des orientations, implique de revaloriser en priorité la situation sociale et familiale des femmes, de mettre en cause leur situation précaire et instable, dont le temps partiel contraint (déstructurant profondément les modes de vie, les modes de relation familiale) est le signe le plus manifeste. (Guérin, 2010a : 10)

Selon Serge Guérin, les politiques du *care* ne visent pas seulement une vie sociale basée sur la solidarité, elles garantissent de plus les conditions nécessaires à la future activité économique (cf. *ibid.* : 5). Le décloisonnement et la flexibilisation du monde du travail, souvent décrits comme le triomphe du néolibéralisme, sont en concurrence avec le travail de reproduction, qui seul rend possible un nouveau système d'exploitation pour l'économie future, ou plutôt qui le présuppose. Le *care* devient un concept-clef d'une nouvelle politique sociale pérenne (cf. Gerhard, 2014). Ce travail s'intéresse en particulier à la manière dont les identités des assistant-e-s maternel-le-s immigré-e-s s'articulent au sein du contexte des politiques du *care,* ainsi qu'aux stratégies de mobilité sociale qu'ils-elles déploient jour après jour. Ce travail doit non seulement décrire l'évolution historique des mesures de politique sociale et leur influence sur les sociétés française et allemande, et mesurer leur actualisation théorique, mais il doit surtout les explorer d'un point de vue empirique. Puisque les recherches quantitatives ignorent la plupart du temps les processus complexes de transfert des tâches du *care* à des personnes extérieures, l'étude présentée ici nécessite une méthode à la fois qualitative et exploratoire. Afin d'apprendre à comprendre quelle influence les mesures des politiques du

---

exemple, aux missions et aux objectifs de la politique familiale (cf. par exemple, Rohe, 1994).

care ont sur les parcours de vie de ces acteurs décisifs de la problématique du *care,* des entretiens biographiques narratifs avec des assistant-e-s maternel-le-s immigré-e-s ont été menés dans les deux pays, suivant la méthode de « l'évaluation des politiques par le biais de l'analyse biographique » (*biographical policy-evaluation,* cf. Apitzsch/Inowlocki/Kontos, 2008). Ces entretiens ont été complétés par des recherches de terrain ethnographiques. Les points des contraintes et opportunités présentes dans les politiques, l'organisation institutionnelle et leurs conséquences sur les acteurs concernés se reflètent dans la construction des récits de vie. Le caractère progressif et l'affinité au changement contenus au sein de l'évolution historique et dans la construction de l'histoire des individus deviennent ainsi également visibles. Vingt et une études de cas (dix en Allemagne de l'Ouest, onze en France) ont fait l'objet d'une analyse approfondie. Pendant la phase de collecte, de 2011 à 2014, les études de cas ont été systématiquement contrastées à l'intérieur des groupes d'assistant-e-s maternel-le-s immigré-e-s en Allemagne et en France.

Ma recherche se concentre autour de la question suivante : dans quelle mesure les politiques du *care* affectent-elles la mobilité sociale des assistant-e-s maternel-le-s ? Par là même, en tant que partie prenante de la division moderne du travail chez les femmes, en quoi influencent-elles la problématique sociétale du *care* dans les États-sociaux européens ? Dans les deux pays, nous nous intéressons ici aux processus et aux mécanismes qui élargissent ou restreignent l'autonomie des assistant-e-s maternel-le-s, et à la manière dont leurs ressources accumulées se présentent par rapport aux circonstances politiques.

Robert Castel, dans son ouvrage *Les Métamorphoses de la question sociale*, écrit : « La question sociale se pose explicitement sur les marges de la vie sociale, mais elle “met en question” l’ensemble de la société. » (Castel, 1995 : 21) Selon cette analyse, l’intérêt scientifique demeure essentiellement axé autour des situations d’inégalité sociale. Le secteur du *care,* et au sein de ce dernier, le domaine de l’assistance maternelle peut être considéré comme discrédité, puisque le travail de reproduction a fait l’objet d’une dévaluation dans le système économique capitaliste. Il n’est pas perçu comme productif. L’État joue un rôle fondamental non seulement dans l’organisation des foyers privés, mais aussi dans le « patriarcat public », où la reproduction des rapports sociaux de sexe est aussi régulée sur le plan institutionnel en tant que « vision androcentrique » (cf. Bourdieu, 1998). Par conséquent, l’objet de recherche de cette étude aborde un domaine basé sur des fondements fortement structurés et hétéronormatifs. Ici, les rapports entre la nécessité des soins et les liens familiaux sont organisés selon une logique de binarité homme/femme où les relations (familiales) agencées hiérarchiquement sont privilégiées (cf. Degele, 2005). Bien que le secteur du *care* soit concerné par la précarisation, et particulièrement sujet à l’exploitation des femmes immigrées, les possibilités éventuelles d’une action autonome de ces dernières pourraient se concrétiser. Notre travail apporte ainsi une contribution aux recherches menées sur les questions touchant les migrations, les rapports sociaux de sexes, les inégalités, le vieillissement et la comparaison entre les États-sociaux. Elle fournit de nouvelles connaissances par rapport aux conséquences de la mutation démographique, sur la pénurie de personnel soignant, sur les rapports entre les générations et les besoins en personnel qualifié qui en tant que facteur économique, affecte notamment la pérennité du système de sécurité sociale.

État de la recherche

Une revendication féministe du mouvement des femmes après 1968 consistait en une répartition égale du travail domestique au sein des couples. La recherche scientifique actuelle concernant l'emploi des travailleur-euse-s du *care* à domicile constate que cette exigence ne s'est presque pas concrétisée. Au lieu de cela, dans beaucoup de pays riches, économiquement prospères, les tâches ménagères sont le plus souvent assurées par des millions de femmes travaillant illégalement, et provenant généralement de pays étrangers (cf. Destremau & Lautier 2005 ; Hess 2002 ; Karakayali 2009 ; Laquentin 2004 ; Lutz 2008 ; Rerrich, 2002, 2006 ; Verschuur & Reysoo, 2005). Hochschild, de manière convaincante, a démontré qu'au sein de la division internationale du travail dans le domaine du *care,* des chaînes de garde globales peuvent se mettre en place. Elles s'étendent souvent sur plus de trois pays et demeurent segmentées selon une binarité homme/femme (cf. Hochschild, 2001). Le travail rémunéré à domicile, d'après beaucoup de résultats de recherche, se révèle être un emploi précaire, non protégé (cf. Chaïb, 2001 ; Falquet, 2006 ; Hondagneu-Sotelo, 2007 ; Lutz, 2008 ; Thiessen, 2002). Les travailleur-euse-s vivant à domicile (que l'on appelle les *live-ins*) sont particulièrement vulnérables à l'exploitation (cf. Anderson, 2000, 2003 ; Hodge, 2006 ; Karakayali, 2010 ; Parreñas, 2001). À la suite de l'économisation du secteur de soins, la taylorisation des processus de travail a remplacé les conceptions holistiques du soin et établi des éléments de logique de marché et d'efficacité (cf. Aulenbacher/Binner/Dammayr, 2011 ; Auth, 2013). De nombreuses études soulignent la nécessité d'une politisation du *care* (cf. Guérin, 2010a, 2010b, 2013 ; Molinier, 2005, 2013 ; Molinier/Laugier/Paperman, 2009), tout comme l'urgence de l'élaboration d'une éthique du *care* dans une optique féministe (cf. Laugier, 2010). Le recueil d'articles contenu dans le dossier de la *Revue des sciences sociales* « Vers une société du care ? » (cf. Delcroix/Matas/Bertaux, 2014) explore la question suivante : dans quelle mesure les sociétés actuelles prennent-elles en compte le *care* dans leurs conceptions (politiques) ? Et, par conséquent, en quoi peuvent-elles ou non contribuer à l'établissement d'un monde socialement responsable ?

Des études franco-allemandes ont permis d'établir que famille et travail sont plus difficiles à concilier en Allemagne qu'en France (cf. Brauns *et al.*, 1999 ; Ehmann, 1999 ; Fagnani, 2001, 2007, 2012 ; Luci, 2011). Surtout, la politique sociale et fiscale de l'État en faveur du *male breadwinner model* (modèle où l'homme soutient la famille) contrecarre une conciliation appropriée entre famille et travail (cf. Gerlach, 2004 ; Leitner/Ostner/Schratzenstaller, 2003 ; Lewis, 2003). En France, l'infrastructure du *care* dans le domaine de la garde d'enfants est déterminante pour le taux de natalité élevé et l'intégration des parents au marché du travail (cf. Jaehrling, 2004 ; Letablier, 2003 ; Lewis & Ostner, 1994 ; Onnen-Isemann, 2003 ; Salles/Rossier/Brachet, 2010 ; Scrinzi, 2004 ; Veil, 2003). Cependant, il est également établi que parallèlement au fait que davantage de Françaises qualifiées ont accès à des fonctions et à des métiers traditionnellement masculins, il y a également plus de femmes occupant des postes pour travailleur-euse-s peu ou non qualifié-e-s. Ce dernier point concerne en grande partie les secteurs fortement féminisés du travail domestique, où travaillent de nombreuses immigrantes (cf. Manceau, 1999 ; Rassiguier, 2002, 2004 ; Reuter, 2003). Ainsi, la distribution du *care* entre les genres en France est organisée selon une répartition traditionnelle des rôles plus marquée qu'en Allemagne, bien que, dans les deux pays, les femmes assument la responsabilité principale en matière d'éducation malgré leur participation au marché du travail (cf. Beckmann, 2008 ; Sentis, 2014 ; Veil, 2002). En France, l'État assure la coresponsabilité de la garde d'enfants, cependant les hommes ne sont pas associés de façon ciblée à cette garde (cf. Bloch & Buisson, 1998 ; Dang & Letablier, 2009 ; Fagnani, 2005, 2012 ; Halwachs, 2010 ; Letablier, 2003, 2004).

Des études quantitatives et qualitatives portant sur les assistant-e-s maternel-le-s depuis les années 1990 ont montré qu'en France, l'assistance maternelle constitue une possibilité de participation au marché du travail pour les femmes peu qualifiées, souvent issues de familles ouvrières (cf. Bloch & Buisson 1998 ; David-Alberola & Momic, 2008 ; De Ridder & Salesse, 1989 ; Mozère, 1994). Dans ce métier, les femmes élevant seules leurs enfants et les célibataires sont sous-représentées (Cartier *et al.*, 2012). Le métier d'assistante maternelle occupe une position privilégiée parmi les emplois dédiés aux prestations de service à la personne (cf. Avril, 2007 ; Piot, 2013). Pourtant, beaucoup d'employées sont menacées par le précariat (cf. Cognet, 2010 ; Doniol-Shaw/Lada/Dussuet, 2007 ; Dussuet, 2001 ; Mozère, 1999). De plus, à l'intérieur de ce groupe professionnel, les écarts de salaire au détriment des femmes sous-employées de condition modeste sont très importants (cf. Bloch & Buisson, 2003 ; Cartier *et al.*, 2012). Même s'il est difficile d'obtenir des données significatives par rapport aux origines ethniques en France, les chercheur-euse-s remarquent un pourcentage élevé de femmes issues de l'immigration dans le secteur de la santé et des soins (cf. Avril, 2006 ; Cognet, 2010 ; Doniol-Shaw/Lada/Dussuet, 2007 ; Fagnani & Letablier, 2005 ; Merckling, 2002, 2003). La plupart de ces femmes sont originaires du Maghreb (cf. Cognet, 2010 ; Maki, 2014 ; Mozère, 2000). Par le biais d'une étude qualitative consacrée au chômage des assistantes maternelles immigrées dans les banlieues parisiennes, Liane Mozère a constaté que pour ces dernières, l'usage de la langue peut être un facteur essentiel de l'intégration, mais aussi de l'exclusion au marché du travail (cf. Mozère, 2000). En outre, on note un manque d'études qualitatives et comparatives relatives à la situation des assistant-e-s maternel-le-s immigré-e-s. C'est pourquoi ce travail est consacré à cette problématique.

En Allemagne, les sciences sociales et les sciences de l'éducation soulignent des besoins de recherche tant par rapport à la garde irrégulière d'enfants que par rapport à l'assistance maternelle bénéficiant d'une aide publique depuis 2005. Les déclarations par rapport à la garde d'enfants organisée à titre privé via l'emploi irrégulier de nourrices se basent sur des estimations, et ne peuvent pas être définies plus précisément. Les statistiques d'aide à la jeunesse et à l'enfance ne tiennent également compte du secteur de l'assistance maternelle que depuis 2006. Beaucoup de publications sont liées à l'Institut allemand de la jeunesse (*Deutsches Jugendinstitut* – DJI) de Munich (cf. Diller/Jurczyk/Rauschenbach, 2005 ; Heeg, 2010 ; Höhn, 2013 ; Jurczyk *et al.*, 2004c ; Pabst & Schoyerer, 2015 ; Riedel & Heitkötter, 2014 ; Schoyerer & Weimann-Sandig, 2015 ; Van Santen, 2006 ; Wiemert & Heeg, 2012). Dans l'ensemble, ces études constatent que les tentatives juridiques n'ont jusqu'ici pas mené à la mise en place d'une alternative équivalente aux infrastructures de garde de jour (cf. Napoles & Lanz, 2015 ; Schoyerer & Weimann-Sandig, 2015 ; Wiemert, 2009). Le profil professionnel de l'assistance maternelle en tant que champ professionnel compétent dans le domaine pédagogique est seulement en train de s'instituer (cf. Fuchs-Rechlin & Schilling, 2012 ; Kerl-Wienecke/Schoyerer/Schuhegger, 2013 ; Schoyerer & Weimann-Sandig, 2015 ; Wiemert, 2009), et il est souvent lié à la précarisation (cf. Papst & Schoyerer, 2015). Le cadre de l'activité, analogue au contexte familial, est cependant souligné comme étant une spécificité de la fonction (cf. Jurczyk & Kerl-Wienecke, 2010, Jurczyk, 2004b). Schoyerer et Weimann-Sandig ont mené des entretiens biographiques avec 43 assistant-e-s maternel-le-s en Allemagne. Ils se sont néanmoins focalisés sur la requalification de ces dernier-ère-s en éducateur-rice-s par le biais d'une formation continue dans le cadre d'un projet-pilote (Schoyerer & Weimann-Sandig, 2015). Il est nécessaire d'examiner les formes et les conditions du développement de ce métier.

En Allemagne, on constate jusqu'ici une absence totale d'études et de statistiques relatives aux assistant-e-s maternel-le-s issu-e-s de l'immigration. La dimension de l'immigration demeure ignorée par toutes les études. Pourtant, au regard de l'évolution démographique et d'une pénurie grandissante de personnel qualifié, on peut escompter une importance croissante de cette main-d'œuvre. Des études isolées de l'Office fédéral de la statistique, le plus souvent quantitatives, se réfèrent uniquement au nombre d'enfants issus de l'immigration pris en charge par le système de l'assistance maternelle, et questionnent dans ce contexte leur intégration à la société d'accueil. Une comparaison franco-allemande au sujet de l'assistance maternelle en Allemagne et en France n'a jusqu'ici pas non plus été réalisée. Cette étude se présente comme une contribution visant à combler ces manquements.

Jusqu'à maintenant, les débats relatifs à la mondialisation du travail domestique ont surtout porté sur les formes d'activités des immigrant-e-s au domicile d'autres individus : le ménage, le soin des personnes âgées, et aussi la garde d'enfants (cf. par exemple Avril, 2006 ; Doniol-Shaw/Lada/Dussuet, 2007 ; Hess, 2002, 2009 ; Klenner & Stolz-Willig, 1997 ; Lutz, 2008 ; Mozère, 2005 ; Rcrrich, 2002, 2006 ; Satola, 2010, 2015 ; Scrinzi, 2004). La présente recherche porte sur des personnels soignants immigrés, plus spécifiquement sur des assistant-e-s maternel-le-s et place au cœur d'analyse leur domicile privé personnel. Celui-ci est le lieu du travail salarié du *care*.

Structure du travail

Le premier chapitre, après une clarification des notions liées au *care* et à la reproduction, introduit théoriquement la problématique actuelle du *care.* La prise en compte des perspectives intersectionnelles permet d'appréhender la multidimensionnalité de la problématique du *care.* Par la prise en considération des « ressources subjectives », qui peuvent se transformer en « capital d'expérience biographique », comme le souligne Catherine Delcroix, nous étudierons les possibilités d'action des travailleur-euse-s du *care*. L'accumulation et le transfert de ressources subjectives, par exemple, sous la forme d'une transmission générationnelle, peuvent – une fois ces ressources reconnues officiellement – favoriser leur transformation en capital culturel dans le but de s'émanciper, de réaliser un projet ou de gagner l'autonomie. De plus, la « morale féminine de la sollicitude » au sens de Carol Gilligan permet de renvoyer à une force politique du *care,* bien qu'elle soit dévaluée au sein des sociétés capitalistes. Dans le cadre d'une « industrie du temps en expansion », le recours aux services contribuant à une libération des activités de reproduction est requis. Le chapitre se conclut par une étude du phénomène de la migration « transnationale » et se focalise sur le domicile privé. Celui-ci se mondialise par le biais de l'emploi de travailleur-euse-s du *care* immigré-e-s, et se transforme en un espace partiellement public.

Le deuxième chapitre résume les fondements historiques de la demande en termes de *care* dans les pays fortement industrialisés, cette demande étant aujourd'hui en forte expansion. Nous étudions la fonction du personnel de service dans le cadre de l'industrialisation en tant que partie intégrante de l'économie domestique moderne émergente, au sein de laquelle espace public et sphère privée se constituent selon une binarité homme/femme. Par ailleurs, nous reconstituerons la genèse politique du développement de la protection sociale des États-nations en France et en Allemagne ; et nous exposerons les régulations de l'assistance maternelle dans les deux pays afin de préparer l'évaluation empirique des politiques du *care.* Disposer de connaissances par rapport à ces évolutions est essentiel pour le présent travail, car l'évaluation des politiques s'opère rétrospectivement. Elles influencent de plus, à différentes périodes, les parcours de vie des assistant-e-s maternel-le-s immigré-e-s.

Le troisième chapitre est consacré aux découvertes empiriques. Une introduction méthodologique, outre l'approche méthodologique, l'échantillonnage théorique et les spécificités de la phase de collecte ethnographique, présentera les modifications de la problématique au fil du temps. Puis nous expliciterons les étapes du parcours de vie des immigrant-e-s jusqu'à leur entrée dans la sphère de l'assistance maternelle. À la suite de quoi, nous examinerons plus particulièrement les conditions de la mobilité sociale et les constructions identitaires accompagnant la pratique professionnelle de l'assistance maternelle. Nous nous interrogerons également aux autrui-significatifs (conjointes et conjoints, parents, environnement de travail qui entourent ces professionnel-le-s), et nous dévoilerons les particularités du domicile personnel en tant que lieu de travail. Enfin, nous exposerons, via l'approche empirique, les perspectives distinctes de la capacité d'action et de l'autonomisation qui se dessinent au sein de la profession. Les découvertes empiriques seront constamment explicitées à l'aide de cas de figure exemplaires.

Le travail sera conclu par un résumé questionnant les résultats et par un bref aperçu des potentialités d'évolution de la sphère de l'assistance maternelle en Allemagne et en France.

1. Réflexions théoriques autour de l'articulation du phénomène

1.1 TRAVAIL DE *CARE* ET REPRODUCTION : CLARIFICATION DES NOTIONS

Le concept anglais de *care,* utilisé dans ce travail (traduit en français par « sollicitude », « soin », « prévenance », « attention », ou bien encore « souci des autres »), s'est imposé dans les années 1990 au sein des débats internationaux et scientifiques autour des tâches domestiques, de soins et d'assistance. Il n'est pas seulement employé dans l'espace anglo-saxon, mais aussi dans les espaces germanophones (cf. par exemple, Brückner, 2008 ; Gerhard, 2014 ; Winkler, 2008), francophones (cf. par exemple, Dang & Letablier, 2009 ; Martin, 2008 ; Molinier, 2013), et au-delà. Le *care work* se réfère au travail associé au domaine domestique, de soins et d'assistance – comme, par exemple, le soin aux personnes âgées, le travail auprès des individus en situation de handicap, le nettoyage ménager, le travail social, ou encore l'assistance maternelle. Pour tous les exemples cités, il est effectué sous la forme d'une prestation de services. Le *care work* inclut également les soins privés relatifs aux parents proches, les tâches domestiques non rémunérées ou le fait de prendre soin de soi-même. Le *care work* et le *domestic work* sont parfois distingués, afin de différencier conceptuellement les activités de soins et d'assistance interpersonnelles et les tâches ménagères (voir, par exemple, Kontos, 2014 ; Parreñas, 2001). Dans tous ces contextes, le travail de *care* signifie également toujours la reproduction de la vie elle-même, il constitue alors aussi un travail de reproduction.

> Dans tous les débats, ce qui est toujours désigné par le concept de *care,* mais qui demeure pourtant sous-théorisé, est le fait que le travail de *care* ne représente pas seulement l'ancrage social de la production, qu'il n'est pas seulement une *partie* de la vie sociale, mais que cette activité en soi constitue singulièrement une production sociale centrale, à savoir la production de la *forme* de la vie sociale en elle-même, qui est toujours une reproduction (Hearn, 1987 : 58). Afin de mettre en exergue cet élément significatif, il est indispensable d'associer le concept de reproduction à celui de *care.* Il s'agit de se demander ce qu'il advient de cette forme reproductive de la vie sociale lorsque son accomplissement est toujours conditionné par la production capitaliste de marchandises. (Apitzsch & Schmidbaur, 2010 : 12-13, les termes en italique sont mis en évidence dans la version originale du texte, traduction effectuée par LC[5])

La travailleuse du *care* produit ainsi le-la travailleur-euse salarié-e, qui « fait son-sa réveil », même dans des conditions aliénées. Une contradiction radicale se creuse ainsi à l'égard de l'essence et de la signification éthique du *care.* Les activités du *care,* entendues comme des activités de *production,* « [...] ont pour finalité ultime de *préserver la vie et les chances de vie*, leur logique immanente résiste à l'emprise omniprésente du “marché” (lire : du capital privé) [...]. » (cf. Bertaux, 2014 : 119, les termes en italique sont mis en évidence dans la version originale du texte). En prenant en compte cette conception, nous pouvons appréhender le *care* comme tout ce qui permet de maintenir la cohésion des sociétés dans leur ensemble – ou ce qui la menace. Tandis que le travail de *care* décrit plus précisément le caractère économique du

[5] Nous signalerons ici toutes les citations qui ont été traduites de l'allemand vers le français par Lucile Chartain (LC).

travail de soins et d'assistance, le concept de reproduction renvoie à un aspect socialement universel de l'activité d'assistance, c'est-à-dire également à la reproduction des conditions sociales.

1.2 Perspectives intersectionnelles autour de la problématique actuelle du *care*

Dans le processus de transfert du travail de *care* aux immigrant-e-s, les inégalités se croisent suivant des catégories structurantes comme le genre, la classe, l'ethnicité, ou encore la « race », la sexualité, l'âge et le corps.

> We cannot study gender in isolation from other inequalities, nor can we only study inequalities "intersection" and ignore the historical and contextual specificity that distinguishes the mechanisms that produce inequality by different categorial divisions, whether gender, race, ethnicity, nationality, sexuality, or class. (Risman, 2004 : 443)

C'est pourquoi les mécanismes du travail de *care* varient, par exemple, d'un État-nation à l'autre en fonction de l'évolution historique. Les ressources économiques, liées au fait de posséder un accès à la citoyenneté et les ressources liées au niveau d'éducation, sont réparties de manière inégale entre les individus. Ceux qui sont suffisamment bien positionnés au sein de la classe moyenne peuvent se permettre d'embaucher des travailleur-euse-s du *care*. Ils peuvent effectuer leur choix librement sur le marché. Les personnes à la recherche d'un emploi lucratif sont dans l'obligation de proposer leur force de travail sur le marché. En tant qu'immigrant-e-s issu-e-s de pays économiquement plus faibles, ils-elles ne disposent généralement pas des mêmes droits civiques. « Tandis que les premiers bricolent leur carrière en utilisant leurs privilèges de classe et de citoyenneté afin de s'affranchir de l'exercice d'activités reproductives via l'embauche d'autres femmes qui remplissent ces tâches, ces dernières sont déclassées. » (Morokvasic-Muller, 2003 : 159) Par conséquent, la position sociale des sujets sur le marché du travail de *care* peut être analysée sur une base différenciée. La déconstruction de ces corrélations, de ces intersectionnalités, permet ainsi de dévoiler les rapports de pouvoir et les rouages de la mise en place des rapports d'exploitation, ainsi que des positions privilégiées.

Les rapports de domination peuvent se transformer au sein de leur construction, certaines interactions qui s'influencent mutuellement peuvent décliner, et d'autres catégories, nouvelles, se constituer. Par principe, ce sont des catégories toujours ouvertes. C'est pourquoi, également au niveau des sujets, il est important de déconstruire les mécanismes conduisant à la construction (discursive) des identités et des catégories identitaires, par exemple, par le biais d'une narration. Le niveau identitaire permet de dévoiler comment les travailleur-euse-s du *care* immigré-e-s se conçoivent et se comportent par rapport à d'autres sujets, à des institutions et à des catégories structurelles, et comment ils provoquent un décalage des rapports hégémoniques.

1.3 Les ressources subjectives transformées en « capital d'expérience biographique »

Pierre Bourdieu a créé les concepts de « formes de capital familial » (économique, culturel, social) et d'« habitus » pour décrire théoriquement la reproduction de la structure sociale d'une génération à l'autre. De son point de vue, la forme spécifique que prend l'habitus d'un individu, produite historiquement, structurée par ses expériences de vie et notamment celles vécues dans son enfance, fonctionne ensuite comme générateur structurant ses pratiques.

> Produit de l'histoire, l'habitus produit des pratiques, individuelles et collectives, donc de l'histoire, conformément aux schèmes engendrés par l'histoire ; il assure la présence active des expériences passées qui, déposées en chaque organisme sous la forme de schèmes de perception, de pensée et d'action, tendent, plus sûrement que toutes les règles formelles et toutes les normes explicites, à garantir la conformité des pratiques et leur constance à travers le temps. (Bourdieu, 1980)

Par ailleurs, Bourdieu conçoit le monde social comme divisé en secteurs d'activité, chacun constituant un espace de concurrence entre agents différemment situés dans cet espace qu'il appelle « champ » et dont il a longuement théorisé les propriétés. Dans leur lutte pour la conquête de positions sociales, chacun-e mobilise les « capitaux » dont il-elle dispose : capital économique (revenu, patrimoine...), capital culturel (capital incorporé : connaissances, savoirs pratiques, savoir-faire... ; voire capital certifié dans le cas de diplômes), capital social (aussi appelé par Bourdieu capital de relations utiles) (cf. Bourdieu, 1992 : 50).

Les assistant-e-s maternel-le-s, par exemple, se trouvent dans un sous-espace social spécialisé dans l'accomplissement des activités de *care*. Au sein de cet espace social, un espace multidimensionnel de *positions*, chacun-e possède un certain volume et une certaine composition de son « capital ».

Mais que dire des très nombreuses personnes qui n'ont ni capital économique, ni capital culturel, ni capital social ? Sont-elles réellement dépourvues de tout moyen d'agir, notamment pour améliorer leur situation ? Catherine Delcroix, qui a une longue expérience d'observation et de recherches auprès de familles des milieux populaires vivant dans les quartiers périphériques (« banlieues ») des grandes villes françaises, y compris de nombreuses familles immigrées, a souligné qu'il leur reste au moins pour agir ce type de ressources que chacun-e possède en propre : ses énergies physiques et mentales, ses capacités manuelles et intellectuelles, des savoirs et savoir-faire acquis par l'expérience, des relations d'interconnaissance qui peuvent s'avérer très utiles pour fournir des informations, un appui moral, voire économique ou micropolitique (recommandations…). Ces ressources que chacun-e porte en soi à des degrés divers, elle les a désignées comme autant de « ressources subjectives » (cf. Delcroix, 2009 : 144)[6]. Elle y inclut des compétences ou connaissances acquises *par expérience biographique*.

> Toutes ces expériences, qui se sont faites au sein d'une sphère privée en continuité avec la sphère publique, aboutissent à la formation de ce que nous appellerons des *ressources subjectives spécifiques* : compétences de compréhension, de création de liens intersubjectifs, de communication, et de résolution de problèmes. […] Bien entendu, les expériences à elles seules ne suffisent pas ; encore faut-il qu'elles aient été réfléchies, mises à distance, comparées pour qu'elles puissent s'intégrer aux ressources subjectives de la personne. (Delcroix, 2010b : 106)

Dans le cas où ces ressources subjectives finissent par être reconnues officiellement par les autorités administratives – par exemple, par un diplôme spécifique tel que, en France, la « validation des acquis de l'expérience » (VAE) (nous y reviendrons) – elles se transforment en « capital d'expérience biographique » (Delcroix, idem).

Les assistant-e-s maternel-le-s immigré-e-s, à défaut de capitaux objectifs, peuvent chercher à mobiliser d'une

---

[6] Au sein de la recherche germanophone, le concept de ressource biographique est également courant depuis les années 1980. Erika Hoerning désigne par ce terme un investissement pouvant être utilisé pour des projets biographiques futurs (cf. Hoerning, 1989 : 148), et Maria Kontos y voit une ébauche de capital : « L'accès au capital peut découler de la ressource » (Kontos, 2000 : 53). La ressource accumulée par le biais de l'expérience biographique est perçue comme un moyen de perpétuer l'action, ou plutôt comme un moyen de générer de nouvelles possibilités d'action. Cet emploi du concept est comparable à l'usage proposé par Delcroix (cf. Delcroix, 2001 : 73, 2007b : 97, 2009 : 144, 2010b : 106, 2016 : 77).

manière réflexive les connaissances et compétences qu'ils-elles ont acquises par la pratique dans le cadre des travaux domestiques, familiaux, de la sphère privée, et qui font désormais partie de leurs ressources subjectives. S'ils-elles trouvent un moyen non seulement de les utiliser mais aussi de les faire reconnaître officiellement – par exemple, en recevant l'agrément d'assistance maternelle – ils-elles les transforment en « capital d'expérience biographique ». Ayant ainsi fait reconnaître leurs compétences acquises dans le travail du *care*, ils-elles disposent ensuite de chances accrues pour réaliser leurs projets, qu'ils soient d'ordre professionnel (emploi stable, carrière professionnelle) ou qu'ils concernent une plus grande autonomie personnelle. Le concept de *ressources subjectives* aide ainsi à visualiser et à clarifier les capacités d'action des acteurs, et les principes à partir desquels ils construisent et organisent leur vie.

1.5 Mobilité sociale et champs des possibles

Les ressources sont distribuées et modifiées de génération en génération : "Each generation encounters a set of historical circumstances that shape its subsequent life history. One generation transmits to the next the impact that historical events had on its life course." (Hareven & Masaoka, 1988 : 271) Parce que les ressources sont avant tout transférées au sein des familles – en tant que transmission –, l'histoire de l'origine d'une personne influence ses chances, privilèges et restrictions éventuelles[7]. Selon les manières dont une société se déve-

[7] Le travail de reproduction, en tant que travail biographique, qui forme l'individu, et qui se compose de prestations de *care* répétées quotidiennement (cf. Apitzsch, 2014b), fait partie intégrante de cette transmission et de cette constitution des ressources. Cf. également

loppe et se représente, les ressources individuelles contribuent à la concrétisation de certains objectifs de vie – ou de standards de vie recherchés – plutôt que d'autres. Des champs de possibles naissent de l'interaction des conditions contextuelles, des transmissions et des ressources accumulées.

> L'ambivalence des rapports n'est qu'une des raisons qui fait que la vie n'est pas prédéterminée ; une autre réside dans la multiplicité des niveaux de déterminations, qui aboutit le plus normalement du monde à créer des situations où les déterminants pèsent dans des directions opposées : paradoxalement, cette « surdétermination contradictoire » crée ainsi des espaces de *liberté sous contrainte*, puisque les agents sont en quelque sorte sommés de choisir. Ainsi s'ouvre à chaque instant, pour chaque être, un *champ de possibles*. (Bertaux & Bertaux-Wiame 1988 : 16, les termes en italique sont mis en évidence dans la version originale du texte)

Dans ce contexte, les individus peuvent ou non mobiliser des ressources au sein d'un contexte spécifique et ainsi agir pour lever les contraintes.

La transmission de génération en génération est soumise à un processus d'inculcation de valeurs, de normes, d'attitudes, etc. : « L'essentiel de toute transmission est que la nouvelle génération grandisse immergée dans les comportements, les sentiments et les attitudes héritées » (Mannheim, 1964 : 538, traduction effectuée par LC). Lorsque la tradition est vécue, des identités ne laissant qu'un espace restreint aux projets de vie individuels se constituent, puisque ces projets peuvent menacer l'image d'un groupe, d'une famille, d'un individu. Ainsi, les attentes familiales lient, par exemple, l'individu à des identités préétablies. Au cours de ce processus, les objectifs de vie individuels, qui émergent éventuellement suite à une transformation des conditions de vie, entrent rapidement en conflit avec les attentes familiales, mais aussi

---

Lena Inowlocki, 2013, qui évoque un *generational work* pour décrire les actions permettant d'accompagner le parcours de vie des enfants.

avec les sollicitations identitaires sociales[8]. Échapper à ces attentes, ou modifier les styles de vie transmis, signifie ne pas satisfaire aux attentes fixées par la tradition, et ainsi générer des conflits. Des conflits particulièrement intenses peuvent mener à une transformation de l'image du soi familial ou social. Dans ce contexte la biographicité, entendue comme « contrainte et chance, simultanément, de concevoir nous-mêmes notre vie », recèle des chances de transformation des conditions-cadres institutionnelles de l'existence sociale (cf. Alheit, 2008 : 15, traduction effectuée par LC).

Lorsque des individus immigrent dans un autre pays, leurs conditions de vie se transforment souvent, et des modes de comportement familiers ne peuvent être transposés sans heurt au sein de la nouvelle société. Les résultats d'une étude consacrée à des familles italiennes vivant en Allemagne ont montré que l'orientation biographique des femmes, tournée vers les contraintes domestiques, peut les rendre actrices de projets couronnés de succès, tandis que les adolescents masculins, détachés des obligations familiales, s'exposaient à des carrières déviantes (cf. Apitzsch, 1995 : 112 ; cf. aussi 2003). Manifestement, l'évolution du contexte de vie peut modifier les rôles prescrits.

1.6 Vulnérabilité et discrédit : à propos de la dévalorisation du *care* dans les sociétés capitalistes

Les travailleur-euse-s immigré-e-s du *care* constituent un groupe de personnes luttant tout particulièrement pour une place dans la société. On observe d'une part la valeur

---

[8] D'après Louis Althusser, les appareils idéologiques d'État, qui sont multiples, édifient les réalités sous la forme d'institutions qui recrutent leurs sujets par le biais de l'interpellation (cf. Althusser, 1977 : 142).

fondamentale du *care* (cf. Nussbaum, 2003) et d'autre part, en contradiction extrême avec cette affirmation, sa dévalorisation au sein des sociétés.

> Puisque les femmes, dans les familles, réalisent du travail de *care* non marchandisé, ce travail n'a aucune valeur dans une société capitaliste dont le développement repose sur la marchandisation. Celui-celle qui accomplit ce travail bénéficie d'une reconnaissance sociale moindre, et expérimente davantage la dévalorisation sociale. (Winkler, 2008 : 50)

C'est pourquoi un grand nombre de chercheur-euse-s constatent que les dynamiques d'exploitation constituent un élément essentiel du transfert du travail de *care* des personnes privilégiées vers les migrantes (cf. par exemple, Frings 2010 ; Klenner & Stolz-Willig, 1997 ; Manceau, 1999). D'après Joan Tronto, le pouvoir attribué au *care* et sa dévalorisation sont liés : "In a sense, I suggest, the rage and fear directed toward care givers is transformed into a general disgust with those who provide care. [...] Ironically, the power of care and of care givers makes it essential that society devalue care." (Tronto, 1993 : 123) Pour les travailleur-euse-s du *care*, la dégradation du domaine d'activité signifie la plupart du temps une précarisation des conditions de travail et de l'existence, phénomène qui peut plus particulièrement s'accentuer après une migration (cf. Morokvasic-Muller, 2003).

Souvent, les travailleur-euse-s immigré-e-s du *care* subissent des processus de marginalisation et d'exclusion qui entravent leur accès équitable aux biens et aux opportunités existant dans la société d'accueil. Ce processus produit de la vulnérabilité sociale, c'est-à-dire une fragilité en tant qu'individu, sous la forme d'un manque de considération, de sécurité, de patrimoine et de liens stables (cf. Castel, 1995 : 465). C'est pourquoi les migrant-e-s du domaine du *care* travaillent souvent dans des conditions particulièrement discréditées. « La question de savoir si, quand et comment les personnes en situation "discréditante" font ou non preuve d'action autonome dans le long terme, et d'une réflexion anticipatrice qui accompagne nécessairement ce type d'action, est une question empirique. » (Delcroix, 2009b : 4) C'est pourquoi, dans cette étude, l'action stratégique des acteurs doit être explorée empiriquement à partir de la perspective du sujet.

1.7 Le pouvoir du *care* : la morale féminine de la sollicitude en tant que force politique

Il reste à déterminer les liens entre les politiques et les questions d'ordre éthique auxquelles on associe le *care* depuis l'ouvrage fondateur *In a different voice* de Carol Gilligan (1982). Selon la psychologue Gilligan, ces liens passent par le genre, dans la mesure où le *care* en tant qu'activité a été historiquement assigné aux femmes, avec le résultat qu'elles ont été plus profondément marquées que les hommes par l'éthique du *care*. Dans son ouvrage, elle oppose à la « morale masculine de la justice », jusqu'alors dominante, une « morale féminine de la sollicitude ». Tandis que le psychologue Lawrence Kohlberg mesure le développement moral de l'individu à l'aune d'une compréhension réflexive des droits de l'homme (cf. Kohlberg, 1981) et lui attribue un caractère universel (cf. Benhabib, 1992)[9], Gilligan postule un concept de la mo-

[9] Seyla Benhabib souligne que des théoriciens de la justice comme Rousseau, Hobbes, Locke, Kant, Hegel, Kohlberg et Rawls ont toujours développé leur pensée à partir du point de vue de l'homme blanc et en bonne santé : "I want to argue that the definition of the moral domain, as well as the ideal of moral autonomy, not only in Kohlberg's theory but in universalistic, contractarian theories from Hobbes to Rawls, lead to a privatization of women's experience and to the exclusion of its consideration from a moral point of view. [...] Universalistic moral theories in the Western tradition from Hobbes to Rawls are substitutionalist, in the sense that the universalism they defend is defined surreptitiously by identifying the experiences of a

rale où la force morale des femmes réside dans une « focalisation prioritaire sur les relations et les responsabilités » (cf. Gilligan, 1996 : 27).

Circonscrire la discussion sur l'éthique du *care* conduit au cœur de l'aporie du féminisme : la controverse se situe dans la contradiction indissoluble entre essentialisme et universalisme, entre la nécessité de soulever une « voix féminine » pour les intérêts publics des femmes et la nécessité de rompre avec une construction dichotomique, donc binaire, à travers ce qui s'exprime par un genre. Les auteurs qui défendent la théorie « queer » ou sont parfois vigoureusement critiques vis-à-vis du féminisme essentialiste ou différentialiste, réfutent qu'une « voix différente » soit nécessairement de nature genrée (cf. Weisstein, 1993 ; Butler, 2004 ; Badinter, 2010). Apportant un contrepoids à cette théorie, Carol Gilligan a cherché à construire une théorie qui fasse entendre une « voix différente » des femmes et donne à comprendre leur conception de la moralité. Même si les femmes sont historiquement plus marquées par l'éthique du *care*, il n'est donc pas exclu que les hommes développent une telle éthique. Gilligan insiste

---

specific group of subjects as the paradigmatic case of the human as such. These subjects are invariably white, male adults who are propertied or at least professional." (Benhabib 1992: 152f) Il serait cependant nécessaire d'inclure *the concrete other*, l'« autre concret », c'est-à-dire également les moins privilégiés. Le contrat social, tel qu'il est postulé par Hobbes, Locke et Rousseau, ne prend pas explicitement en compte les femmes et les *people of color*. Le contrat social, un « contrat entre hommes blancs », prévaut ainsi sur un contrat de genres dissimulé : "To tell the story of the sexual contract is to show how sexual difference, what is to be a 'man' or 'woman', and the construction of sexual difference as political difference, is central to civil society." (Pateman, 1988 : 16) La caractéristique « femme », construite selon les injonctions normatives qui constituent les sujets sexuels, acquiert ainsi une signification politique dès les origines de la société civile, dans le sens où elle est défavorisée par rapport à « l'homme ».

ainsi sur la nécessité de distinguer d'une part l'éthique *féminine* du *care* dans une société *patriarcale*, et de l'autre l'éthique *féministe* du *care* dans une société démocratique fondée sur l'égalité des voix et le débat ouvert[10].

Le point de vue de Carol Gilligan relatif à la morale féminine de la sollicitude et à l'éthique du *care* est reconnu par les débats les plus récents autour de l'éthique du *care*, car il pourrait apporter une réponse aux problèmes actuels des femmes (cf. Laugier, 2010 ; Paperman, 2009). D'après Tronto, la morale de la sollicitude permet d'articuler le pouvoir : "By calling care a power of the weak, we notice that care givers provide an essential support for life. Without care, infants would not grow to adults; men would not have children to inherit their wealth, and so forth." (Tronto, 1993 : 122) Si l'évaluation sociale de la morale de la sollicitude est reformulée, alors elle pourrait s'imposer sous la forme de revendications politiques. L'importante présence des migrantes sur le secteur du travail tertiaire pourrait rendre leur rôle sur le marché du travail plus visible, et les renforcer en tant qu'actrices (cf. Sassen, 1998 : 208f). En France et en Allemagne, les grèves du personnel éducatif sont, par exemple, de plus en plus fréquemment prises en compte et soutenues.

1.8 Travail de *care* et migration transnationale

D'après Anthony Giddens, les formations étatiques modernes sont guidées par l'idée de la limitation : "Modern societies (nation-states), in some respects at any rate, have a clearly defined boundedness. [...] Virtually no pre-

---

[10] Voir l'article « Assistant(e)s maternel(le)s d'origine étrangère et politiques de la petite enfance » (Glaeser, 2014b : 55).

modern societies were as clearly bounded as modern nation-states." (Giddens, 1990 : 14) Dans les sociétés de l'époque moderne, les espaces sociaux, et donc également l'interaction entre les individus, étaient liés à des surfaces géographiquement fixées. Ce qui signifie que sur un territoire, il ne pouvait exister qu'un espace social (plus précisément une société nationale) avec une revendication d'exclusivité (le cas échéant, un État-nation).

Les perspectives de la mondialisation se situent dans la lignée d'un décentrement et d'une déterritorialisation des transactions et des processus sociaux et économiques (cf. Held/McGrew/Goldblatt, 1999 : 16). La perspective de la transnationalisation conserve a contrario la signification du territorial, et recèle dans le même temps une perspective davantage orientée vers le sujet et l'action. Celle-ci ne réduit pas seulement les mécanismes de la mondialisation aux forces anonymes du marché ou aux rationalités. Le territoire et l'espace social ne sont pas conçus comme des entités imbriquées les unes aux autres, et les espaces sociaux s'étendent au-delà des États-nations. C'est pourquoi le local, ou le territoire, ne perdent cependant pas leur signification, mais demeurent constitutifs des processus transnationaux (cf. Pries, 2008 : 115).

Les concepts sociologiques classiques de la migration s'orientent vers deux questions : qui émigre d'un « *container* » à l'autre et pourquoi, et comment s'agencent l'assimilation et l'intégration au sein du pays d'accueil, ainsi que le détachement du pays d'origine ? Les immigré-e-s influent également sur les sociétés en agissant transnationalement au-delà des frontières des États-nations. L'existence de *global care chains* (cf. Hochschild, 2001 : 164) ou de migration pendulaire au sein de système de rotation, par exemple, à la frontière entre l'Allemagne et la Pologne (cf. Morokvasic-Muller, 1999 ; Palenga-Möllenbeck, 2014 ; Satola, 2010, 2015) permet de rendre visible la production de relations et de vécus transfrontaliers par la redistribution du travail de *care*. C'est pourquoi les conceptions d'un État-nation hermétique doivent être largement relativisées. Les formations spatio-géographiques du social se transforment, les connotations associées aux genres et aux classes demeurent cependant problématiques. Les individus évoluent au sein de *gendered geographies of power* (cf. Pessar & Mahler, 2003 : 818). Le travail de reproduction, dont une grande partie est en règle générale assurée par les mères, et ce, partout dans le monde, devient, par exemple, un problème transnational de prise en charge pour les mères immigrées et leurs enfants demeurés à la maison (cf. Lutz, 2008 : 33). La maternité transnationale conduit à une organisation familiale dépassant les frontières étatiques.

Les théories de la migration les plus récentes examinent les nouvelles réalités transnationales, au sein desquelles les « transmigrant-e-s » développent des liens sociaux multilocaux au-delà des frontières des États-nations (processus facilité par des possibilités de transport moins onéreuses et plus rapides) *et* maintiennent leurs attaches avec le pays d'origine (par exemple, grâce aux nouvelles technologies de communication comme le téléphone et Internet). Les anthropologues Glick-Schiller, Basch et Blanc définissent le phénomène de la migration transnationale de la manière suivante :

> Transmigrants are immigrants whose daily lives depend on multiple and constant interconnections across international borders and whose public identities are configured in relationship to more than one nation-state. [...] Transnational migration is the process by which immigrants forge and sustain simultaneous multi-stranded social relations that link together their societies of origin and settlement. (Basch/Blanc/Glick-Schiller, 1997 : 121)

Ainsi, les processus transnationaux de migration favorisent l'établissement durable d'activités sociales transfrontalières. Les transmigrant-e-s évoluent au sein de réseaux permettant de relier pays d'origine et pays d'accueil. D'après Ursula Apitzsch, les parcours de vie des migrant-e-s et leur construction narrative constituent eux-mêmes des espaces transnationaux (cf. Apitzsch, 2003). Les dimensions transnationales des expériences biographiques se concrétisent en outre, selon moi, dans des récits et romans littéraires.

1.9 Travail domestique globalisé et espaces semi-publics au sein d'une industrie du temps en expansion

La catégorie du genre implique « dans une large mesure une attribution du travail de reproduction aux femmes » (Winkler & Degele, 2009 : 46), dont le noyau se situe dans la sphère privée. Au sein du dualisme entre espace public et privé, l'exclusion massive des femmes de l'espace public bourgeois est, jusqu'à aujourd'hui, structurelle. Cette exclusion élabore ainsi une construction symbolique de la binarité genrée.

> Il appartient aux hommes, situés du côté de l'extérieur, de l'officiel, du public, du droit, du sec, du haut, du discontinu, d'accomplir tous les actes à la fois brefs, périlleux et spectaculaires […] ; au contraire, les femmes, étant situées du côté de l'intérieur, de l'humide, du bas, du courbe et du continu, se voient attribuer tous les travaux domestiques, c'est-à-dire privés et cachés, voire invisibles ou honteux, comme le soin des enfants et des animaux […] (Bourdieu, 1998 : 49).

Jusqu'à aujourd'hui, une répartition équitable du travail domestique et d'assistance au sein du couple ne se met en place que très confusément. D'après Regina Becker-Schmidt, la femme est soumise à une forme de domination patriarcale et sociale, par le biais de laquelle elle acquiert une qualification pour un emploi domestique, mais aussi pour des activités extérieures (vgl. Becker-Schmidt, 1987 : 23). Aujourd'hui, les femmes s'adaptent de plus en plus aux normes d'une économie néolibérale puisqu'elles aspirent à s'intégrer au marché du travail salarié et transfèrent le travail de *care* à des femmes moins privilégiées. Au cours de ce processus, les salarié-e-s sont traité-e-s de plus en plus de façon neutre. Les injonctions normatives qui constituent les différents sujets sexuels sont ignorées. Dans le cadre des assouplissements de l'État social, tous les citoyen-ne-s sont considéré-e-s indifféremment comme des citoyens salariés. Les problèmes complexes liés au travail d'assistance et de soins non rémunéré sont ainsi ignorés (cf. Lewis, 2003 : 75 ; Stiegler, 2007 : 3). Suite à l'affaiblissement de l'État-providence et aux sollicitations adressées aux sujets, qui se trouvent dans l'obligation de contribuer au travail rémunéré – indépendamment des contraintes d'assistance et de soin –, la pauvreté se transforme en un phénomène essentiellement féminin. Les femmes sont principalement actives dans les secteurs à bas salaire, et se trouvent plus souvent dans l'obligation de subvenir seules aux besoins de leurs familles.

Les exigences nouvelles du monde du travail et des cadres de vie renvoient la pression de la rationalisation au sein de la sphère privée. Dans le roman *Momo ou l'étrange histoire des voleurs de temps et de l'enfant qui rendit aux gens le temps qui leur été volé*, de Michael Ende, la société des messieurs en gris vole du temps de vie aux individus. Les nouvelles venues au sein du monde du travail rémunéré, tout comme les individus de la petite ville de Momo, s'évertuent à gagner du temps. Par là même, elles deviennent des « acheteuses de temps » : "It is women who feel more acutely the need to save time and women who are most tempted by the goods and services of the growing 'time industry'." (Hochschild, 1997 : 230) L'achat de temps favorise la conquête de nouveaux espaces privés permettant de se consacrer l'un à l'autre pour se transformer en *quality time.*

L'achat de prestations de *care* implique une obligation d'ouvrir le foyer privé à des personnes extérieures au ménage. Au sein des ménages privés mondialisés, la mise en scène de la vie familiale, le *doing family*, est inévitablement modifié par la présence des travailleur-euse-s du *care* immigré-e-s. Le transfert du travail de *care* à d'autres personnes entraîne une réorganisation du déroulement traditionnel des modes de vie privés. Celle-ci suppose un changement de paradigme culturel qui permet de distinguer liens émotionnels et prise en charge des enfants par des personnes extérieures (cf. Geissler, 2002 : 43-44). L'emménagement d'une personne extérieure au sein du foyer privé transforme soudainement ce dernier en un espace semi-public. Néanmoins, cet espace se dérobe encore en grande partie au contrôle étatique et à la protection juridique, autrement dit aux contrôles du lieu de travail (cf. Lutz, 2008 : 31). Des formes d'emploi informelles, irrégulières, sont tolérées presque partout dans les foyers privés en Europe. Les travailleur-euse-s du *care* sont, de ce fait, plus facilement exploitables. Ce phénomène vaut particulièrement pour les *live-ins,* qui vivent simultanément dans le foyer des employeur-euse-s.

L'intrusion du-de la travailleur-euse du *care* dans un lieu (de retraite) intime, investi émotionnellement, nécessite de l'empathie. Arlie Russel Hochschild se réfère au concept marxiste de la plus-value, associé à l'exploitation des ouvriers sur le marché du travail rémunéré, désormais rapporté au travail (salarié) dans les foyers privés. La travailleuse du *care* (ou quelquefois le travailleur du *care*) génère une « plus-value émotionnelle » constituée d'amour et de sollicitude (cf. Hochschild, 2001 : 162). C'est pourquoi les exigences de re-politisation du privé, au sein des débats autour du travail domestique et de soin dans un monde globalisé, demeurent des éléments de la critique féministe (cf. Molinier/Laugier/Paperman, 2009 ; Rerrich, 2006 : 81 ; Tronto, 1993).

Le foyer privé, dans le cas des assistant-e-s maternel-le-s immigré-e-s, se transforme également en un espace semi-public. L'ouverture du foyer privé *personnel* aux enfants et parents extérieurs affecte aussi le déroulement traditionnel des modes de vie privés, et suppose un changement de paradigme culturel orienté vers les exigences de l'espace public.

2. Dimensions historiques et politiques du *care* en France et en Allemagne

2.1 À PROPOS DE L'ÉMERGENCE DU DÉFICIT DE *CARE* DANS LES PAYS POST-INDUSTRIALISÉS

La fonction de l'offre de service domestique à l'ère de l'industrialisation

En France comme en Allemagne, les prestations de *care* jouaient et jouent un rôle significatif au sein du processus de transformation des structures familiales. L'offre de service domestique, dans tous les pays en voie d'industrialisation, a une fonction centrale pour la séparation en cours de la vie personnelle et du travail. Suite à la révolution industrielle, qui favorise une production usinée à grande échelle au XIXe siècle et une mécanisation de l'agriculture, une importante main-d'œuvre migre de la campagne vers les villes prospères. Ce sont principalement des hommes issus de milieux pauvres qui travaillent en ville pour de faibles salaires. Parmi la main-d'œuvre se trouvent aussi beaucoup de femmes qui migrent des zones rurales les plus pauvres vers les centres industriels pour trouver un emploi de domestique ou d'employée de maison dans un foyer de la grande bourgeoisie. Le phénomène de la « bonne » illustre le passage d'une économie de subsistance familiale à une séparation dichotomique du monde du travail salarié et de la vie familiale.

Une classe moyenne, qui segmente les types de profession et les représentations de la famille nucléaire bourgeoise selon des logiques de genres binaires et de classes, se constitue au sein du capitalisme bourgeois naissant. L'image de la femme en tant qu'éducatrice principale de l'enfant s'établit également progressivement : « À partir de 1750, l'Assistance, par exemple, se modifie, elle prend à présent la famille comme lieu géométrique de la santé et de la vie de la population et inclut en quelque sorte les enfants dans ce dessein. » (Mozère, 1999 : 3) L'épouse et ses enfants, surtout dans les classes aisées, deviennent ainsi le noyau central de la sphère familiale du domicile, du foyer privé. Le travail domestique non rémunéré est de plus en plus attribué idéologiquement à la femme. Un ordre social séparant les activités politico-économiques du travail familial moins bien considéré se met en place, et s'actualise jusqu'à aujourd'hui : « De tels liens idéologiques entre le travail et le genre se perpétuent dans les modes de pensée industrialo-capitalistes, selon lesquels le travail véhiculé par le marché est perçu comme productif, à l'encontre du travail organisé au sein de la famille ou analogue au travail domestique, qui est estimé comme étant simplement reproductif. » (Becker-Schmidt 2013 : 177, traduction effectuée par LC) La bourgeoisie émergente produit un savoir qu'elle érige en ligne directrice des principes d'éducation – aussi à l'égard du prolétariat. Les domestiques de la campagne sont intégrées aux foyers urbains, et formées au champ d'activités professionnalisé de la femme bourgeoise – souvent par la maîtresse de maison elle-même. D'où l'émergence des « métiers de femmes » spécifiques tels que sage-femme, maîtresse d'école maternelle ou gouvernante.

Les activités du domaine domestique, jusqu'à la Première Guerre mondiale, constituent une part significative du marché du travail salarié féminin. Elles se façonnent cependant selon une logique de soumission corporelle et extrêmement précaire (cf. Daumand, 1986 : 115 ; Fraisse,

2010 : 329 ; Friese, 2002 : 230 ; Mozère, 1999 : 51 ; Schmidt, 2002 : 221). Une grossesse conduit souvent à un dilemme social. Les domestiques de l'époque représentent du reste la majeure partie des prostituées des villes (cf. McBride, 1976 : 104). Dans le même temps, le service dans un foyer bourgeois, pour les employées de maison majoritairement jeunes et encore non mariées, comporte de nouvelles possibilités de formations et d'ascension sociale. Les employées de maison disposent effectivement d'avantages par rapport aux femmes restées dans les campagnes : "Although literacy statistics are very difficult to find for the nineteenth century, it is clear for the few available data that servants were more literate that other lower-class individuals of rural origins." (McBride, 1976 : 86) Les employées de maison, dans les foyers bourgeois, ont la possibilité d'apprendre à écrire et à lire. La famille bourgeoise attache de l'importance au fait que ses employées possèdent un minimum d'éducation.

Des bonnes à Berlin 1905 (« Spreewaldammen »)
(cf. Textile Geschichten, 2015)

Contrairement à la paupérisation des masses en Allemagne suite à la révolution industrielle, l'industrialisation en France débute nettement plus tardivement, et le domaine de l'industrie ouvrière acquiert ainsi une moindre importance. Tandis qu'en Allemagne, l'exode rural des paysans démunis s'intensifie et la révolution industrielle prend de plus en plus soudainement de l'ampleur, ces mutations ont une répercussion plus limitée sur l'agriculture en France (cf. Soboul, 1986 : 61). À la fin du XVIIIe siècle, les travailleur-euse-s agricoles français-es représentent tout de même encore 90 % de la population active (cf. Daguerre, 2010 : 68). En Bavière, vers 1800, ce chiffre est d'environ 75 % (cf. Rankl, 1999 : 8). Ainsi, l'urbanisation et la marchandisation du travail des employées de maison via l'économie moderne sont également ralenties. De 1860 à la Première Guerre mondiale, en passant par la guerre franco-allemande (malgré les réparations versées à l'Empire allemand), la France prospère économiquement et se positionne de nouveau comme l'une des principales protagonistes de la concurrence entre les nations européennes. Pendant la période impériale, la France devient la deuxième puissance coloniale mondiale. Le développement industriel prospère également. La demande de travailleur-euse-s industriel-e-s augmente, mais aussi la demande de domestiques. La « bonne à tout faire » occupe désormais une place prépondérante au sein du prolétariat féminin : « [...] 29 % des femmes actives en 1866, 33 % en 1896, 45 % des femmes travaillant à Paris en 1901. » (Fraisse, 2009 : 27)

Avec la fin de la Révolution industrielle au début du XXe siècle, le phénomène de l'employée de maison se délite progressivement en Europe, puisque de plus en plus de bonnes accèdent à des emplois mieux rémunérés sur le marché du travail salarié public, par exemple, dans l'industrie. « Néanmoins, on s'accorde en général pour dire qu'entre 1850 et 1914, la population domestique évolue entre 900 000 et 1 000 000 de personnes et diminue brutalement de 150 000 lors de la Première Guerre mondiale. » (Fraisse, 2009 : 27) Il est à cet égard révélateur que l'on évoque une « crise de la domesticité » pour désigner la période comprise entre 1880 et 1914 en Europe et aux États-Unis.

La déprofessionnalisation de l'économie domestique

Deux évolutions radicales caractérisent la société au tournant du XIXe et du XXe siècle : « [...] le passage du travail rémunéré à domicile au travail rémunéré en dehors du domicile, et, en définitive, le passage du travail rémunéré à domicile au travail non rémunéré à domicile. » (Bock/Duden 1976 : 153, traduction effectuée par LC) Les maîtresses de maison entreprennent désormais d'accomplir bénévolement des tâches à domicile antérieurement déléguées à d'autres femmes en contrepartie d'une rémunération. La récente autonomie des domestiques sur le marché du travail salarié public, rendue possible par l'obtention d'un travail industriel relativement protégé, est limitée par leur nouveau rôle de femme au foyer non rémunérée. L'économiste américain J. K. Galbraith écrit en 1973, dans son ouvrage *Economics and the public purpose :*

> The conversion of women into a crypto-servant class was an economic accomplishment of the first importance. Menially employed servants were available only to a minority of the pre-industrial population; the servant-wife is available, democratically, to almost the entire present male population. (Galbraith, 1973 : 33)

La femme prolétaire, conjointement à la femme bourgeoise, et malgré un travail rémunéré en dehors du domicile, devient un élément de la nouvelle mathématique de l'économie politique : la gratuité du secteur de la reproduction permet de réaliser des économies considérables.

Le processus de privatisation du travail domestique annonce la déprofessionnalisation de l'économie domestique. Ces tâches sont désormais placées sous le signe de la sollicitude émotionnelle, tandis que les activités salariées du mari, hors domicile, sont associées au monde du travail dur et rugueux. Les États-sociaux qui s'établissent en Europe centrale appuient politiquement la fonction de soutien de famille de l'homme.

Le transfert du travail de care aux migrantes au sein de l'État-providence postindustriel

À partir de 1960, la migration des femmes augmente de façon significative. En Allemagne, c'est avant tout la chute du rideau de fer qui alimente de nouveaux flux migratoires, tandis qu'en France ce phénomène est nourri par la dissolution des rapports coloniaux. Contrairement aux travailleurs industriels immigrés (qui sont principalement des hommes), recrutés après-guerre dans un contexte économique prospère dans de nombreux pays d'Europe, les femmes convergent vers le secteur toujours en expansion des prestations de services, qui se caractérise surtout par une pénurie importante de main-d'œuvre dans les domaines de la santé et des soins.

Depuis les années 1990, l'intégration des femmes au marché du travail salarié dans les pays fortement industrialisés a mené à un « déficit de *care* » :

> Recent trends in the United States have expanded the *need* for care while contracting the *supply* of it, creating a "care deficit" in both private and public life. In public life, the care deficit can be seen in federal and sometimes state cuts in funds for poor mothers, the disabled, the mentally ill, and the elderly. (Hochschild, 2003 : 214, les termes en italique sont mis en évidence dans la version originale du texte)

Une « génération-sandwich » se constitue, et doit se charger, dans l'incertitude, à la fois des soins aux parents proches, de l'assistance aux (jeunes) enfants et d'un emploi.

De plus, les familles du XXIe siècle se pluralisent, et ne correspondent plus à la norme de la famille nucléaire traditionnelle[11]. D'après Nancy Fraser, cette évolution est liée au passage à une phase postindustrielle du capitalisme :

> Postindustrial families, meanwhile, are less conventional and more diverse. Heterosexuals are marrying less and later, and divorcing more and sooner. [...] In short, a new world of economic production and social reproduction is emerging – a world of less stable employment and more diverse families. (Fraser, 2013 : 113)

Aujourd'hui, environ un tiers des enfants ne vit plus dans une famille nucléaire classique (cf. Destatis, 2013 ; Eurostat & OECD, 2010). La mutation des structures familiales, surtout pour les familles monoparentales, conduit à des problématiques de *care* difficiles à surmonter. Ce déficit d'assistance est de plus en plus fréquemment comblé par des immigrées issues de pays économiquement plus faibles. Il s'ensuit donc un transfert du travail de *care* des femmes locales (privilégiées) aux femmes immigrées, et ce travail demeure à connotation féminine.

Par le biais de la prise en charge du travail de *care* rémunéré, les femmes immigrantes re-professionnalisent l'économie domestique. L'externalisation des tâches ménagères et de soins via leur transfert de ménages privilégiés aux immigrantes s'apparente au phénomène de la bonne, c'est pourquoi certaines scientifiques évoquent un retour de ce dernier au sein du foyer privé mondialisé (cf. Lutz, 2008 : 23, 2002 ; Sassen, 2003 : 262). Les nou-

---

[11] Claude Martin évoque une « diversification » : « Les familles se sont diversifiées, les femmes sont entrées massivement sur le marché du travail salarié, la fécondité a chuté, alors que le nombre des divorces, des familles monoparentales et reconstituées a considérablement augmenté. » (Martin 2010 : 40). Voir aussi Martin 2009.

velles réalités des conditions de vie et de travail nécessitent de plus en plus l'embauche d'une main-d'œuvre du *care :* « Désormais, les employées de maison sont redevenues une normalité sociale – non plus en tant que symbole du statut social du foyer bourgeois, mais souvent en tant que seule échappatoire possible permettant de se soustraire aux charges familiales qui ne peuvent objectivement pas être surmontées par un autre biais. » (Frings, 2010 : 57, traduction effectuée par LC) Les membres de la famille qui auraient pu effectuer du travail réciproque de *care,* de par la mobilité croissante des modes de vie et de travail, ne vivent souvent plus à proximité de leurs proches parents. De plus, l'espérance de vie allongée des individus conduit à un vieillissement de la société. La mutation démographique s'accompagne de faibles taux de natalité, et les femmes enfantent à un âge avancé. Le modèle du « Monsieur Gagne-Pain » est remplacé par des ménages constitués de deux salaires, au sein desquels les femmes travaillent au moins à temps partiel. Tous ces bouleversements amplifient le déficit de *care* et aiguillonnent les migrantes vers un emploi dans le secteur du *care.*

2.2 POLITIQUES DU *CARE* EN FRANCE ET EN ALLEMAGNE

2.2.1 L'établissement des États-sociaux et de la *citizenship*

Suite à la Révolution française et à la révolution industrielle, différents modèles d'États-sociaux émergent en Europe au cours des siècles. Ces modèles aboutissent aux États-providence modernes, c'est-à-dire aux régimes de protection sociale, et érigent la *citizenship* en condition de l'appartenance sociale. Le sociologue britannique Thomas H. Marshall, dans son étude de 1950 *Citizenship and So-*

cial Class, situe la naissance des droits civiques (Code civil, par exemple, sous la forme de procédures de justice équitables) aux environs du XVIIIe siècle, les droits politiques au XIXe siècle (droit de vote égal), et les droits sociaux au XXe siècle (législation sociale, par exemple, sous la forme de services sociaux gratuits). Il décrit ainsi une évolution graduelle, au sein de laquelle le statut de citoyen et son influence sur la participation sociale s'épanouissent progressivement au niveau institutionnel avec la montée du capitalisme.

Marshall écrit également : "The right to education is a genuine social right of citizenship, because the aim of education is a genuine social right of citizenship, because the aim of education during childhood is to shape the future adult." (Marshall, 1977 : 89) Marshall présente ici le droit à l'éducation comme une composante des droits civiques sociaux. L'égalité s'opère moins entre les classes qu'entre les individus d'une population qui sont à cet effet désormais traités comme s'ils constituaient une classe (cf. Marshall, 1949 : 113). Le statut de citoyen détermine les conditions de l'appartenance sociale : il n'est valable que pour les membres d'une communauté nationale.

L'évolution esquissée par Marshall se réfère au statut de citoyen des hommes. Par là même, des forces nées de la séparation entre espace public et sphère privée, État et famille, travail rémunéré et non rémunéré sont ignorées. Par exemple, les femmes obtiennent des droits politiques comme le droit de vote bien plus tardivement. La citoyenne, tout comme « l'étranger-ère », demeure privée d'une participation équitable à la *citizenship.* Cet état de fait n'est remis en cause que par la reconnaissance de sa force de travail au sein du monde du travail salarié (cf. Gerhard, 2001 : 5).

D'après Gøsta Esping-Andersen, une faible activité salariée des femmes nuit aux bases (de cotisation) permettant le maintien des systèmes sociaux de l'État-providence :

> If society is not capable of harmonizing motherhood with employment, we shall forego the single most effective bulwark against child poverty – which is that mothers work. We shall, additionally, face very severe labour force shortages or, alternatively, a shortage of births. And, as women now tend to be more educated than men, we shall be wasting human capital. (Esping-Andersen, 2002 : 9f)

Les États-sociaux se différencient par leur degré de « dé-familialisation », qui permet aux individus de recourir à leurs ressources indépendamment de leurs familles. Avec le concept de « régime de protection sociale », Esping-Andersen souligne que les mesures de politique sociale ne conduisent pas toujours à la dissolution de la stratification sociale, mais qu'elles produisent également cette stratification par une imbrication entre État et économie (cf. Esping-Andersen, 1990 : 2).

Par le biais d'une critique féministe de la théorie d'Esping-Andersen, les concepts de « régime de genre » et de « régime de migration » ont également été instaurés. Ils se réfèrent à l'association particulière des dimensions de genre et de migration au sein du régime de protection sociale. À travers le régime de genre, un ensemble de règles et de normes s'ancre au sein des rapports sociaux de genres de la société actuelle, et s'implante institutionnellement. À travers le régime de migration, l'emploi des migrant-e-s dans les ménages privés est, par exemple, régulé (cf. Lutz, 2008 : 37).

2.2.2 Les politiques sociales en Allemagne et en France

Les politiques sociales de la France et de l'Allemagne au XXe siècle se forment en grande partie dans des conditions inverses, à commencer par l'évolution démographique. Les dimensions de la *social policy* mentionnées ci-contre (politique du marché du travail, politique familiale, politique migratoire, politique du logement) s'entremêlent au sein du complexe des politiques du *care*. Elles organisent la relation de l'État à la situation du *care*.

À cause d'une population relativement faible, comparativement à l'évolution des autres pays européens, surtout celle du voisin allemand, la France commence à acquérir une influence politique sur l'augmentation du taux de natalité dès le XIXe siècle. La politique familiale en France, avec son approche pro-nataliste, est considérée comme l'une des plus anciennes d'Europe (cf. Martin, 2010 : 31). Elle découle surtout d'un fort déficit de fertilité à partir de la deuxième moitié du XIXe siècle :

> La population française est passée de 36,9 millions d'âmes, en 1876, à 39,6 millions seulement en 1911. Un ralentissement de la croissance démographique qui a fait rétrograder la France à la cinquième place, alors qu'elle avait été la nation la plus peuplée d'Europe jusqu'au début du XIXe siècle. (Daguerre, 2010 : 68)

Le pays est ainsi privé des travailleur-euse-s indispensables à l'appareil industriel. En Allemagne, en revanche, le problème au niveau de la fertilité ne devient pressant qu'au début du XXe siècle. L'assurance obligatoire des travailleurs de 1889, ainsi que la protection contre l'invalidité se situent au cœur de la législation de Bismarck. Elles constituent une réponse à la question sociale (la « *Soziale Frage* »), c'est-à-dire à la paupérisation croissante des masses. Cette sécurité sociale offre une protection contre les risques résultant de maladies, d'accidents, d'invalidité et de vieillissement. En 1927, elle inclut également le chômage. Ce système concerne avant tout les travailleurs industriels, et justifie le modèle du « Monsieur Gagne-Pain » (cf. Metzler, 2003 : 20 ; Stiegler, 2007 : 2).

Le système d'assurance français repose tout d'abord sur le mutualisme, et donc sur le volontariat. À partir de 1893, les lois d'assistance placent la protection des familles nombreuses, des mères et des personnes âgées, ainsi que les soins de santé, au centre des premières actions de politique sociale. En raison de la croissance démographique faible à la fin du XIXe siècle en France, et d'un fort taux de mortalité infantile, les mesures étatiques s'attachent en priorité à augmenter le nombre des nouveau-nés et à leur assurer de meilleurs soins : « De nombreuses mesures de politiques sociales en France concernent alors la lutte contre la mortalité infantile, ainsi que la protection des futures mères (nourricières). En Allemagne, ces mesures seront adoptées soit plus tardivement, soit moins explicitement. » (Haupt, 1996 : 306) Les idéaux républicains de la Révolution française placent l'intérêt général et l'assistance aux familles sous la responsabilité de l'État (cf. Martin, 2010 : 23 f ; Requate, 2011). En bref : "The legitimacy of state action in this domain is not questioned." (Fagnani & Letablier, 2005 : 135) Les lois d'assistance se composent de l'Assistance médicale gratuite, introduite en 1893, de la loi sur l'assistance aux vieillards, infirmes et incurables (1905), et de la loi relative à l'assistance aux familles nombreuses (1913). La Déclaration des droits de la famille et son orientation fortement moralisatrice aboutissent en 1920 à des mesures de politique familiale (cf. Le Bras, 2015). L'interdiction de l'avortement et de la contraception qui en résulte restreint cependant massivement les libertés individuelles des femmes. À partir de 1932, les salarié-e-s sont contraint-e-s de devenir membres d'une caisse d'allocations familiales, afin de réduire les frais supplémentaires liés aux enfants (cf. Loi du 11 mars 1932). Vient ensuite, avant le début de la Seconde Guerre mondiale – 1939 – le Code de la famille (également Code de la famille et de l'aide sociale, aujourd'hui Code de l'action sociale et des familles). Il formule explicitement son objectif : augmenter le taux de natalité de la population. Des allocations familiales, surtout pour le troisième enfant et pour les femmes au foyer (l'allocation pour la femme au foyer), sont mises en place.

En France, la politique sociale résulte ainsi des lois d'assistance, tandis qu'en Allemagne, les politiques du *care* émanent à l'inverse de la politique sociale émergente. L'État-social en France découle d'une politique d'assistance pro-nataliste, tandis que l'État-social en Allemagne a déployé une politique d'assistance uniquement au moment de l'érosion du modèle du « Monsieur Gagne-Pain », suite à d'autres mesures politiquement motivées.

2.2.3 Dimensions de politique migratoire

Au cours de l'Histoire, la France et l'Allemagne ont accueilli environ le même nombre d'immigré-e-s. En France, ce phénomène résulte d'un processus de politique migratoire contrôlé, tandis qu'en Allemagne, les périodes de forte migration correspondent surtout à la période des « travailleurs invités » (ceux que l'on a appelés les *Gastarbeiter*), et aux années comprises entre 1988 et 1996, après la chute du mur – ces périodes de forte migration s'accompagnent d'une politique migratoire restrictive.

Les deux pays ont, jusqu'en 1970, accueilli des demandeur-euse-s d'asile. La France a toutefois une histoire migratoire plus ancienne : « Avant le reste de l'Europe, à partir de la deuxième moitié du XIXe siècle, la France commence à accueillir un grand nombre d'immigrants – à la même époque, l'Allemagne exporte son excédent démographique vers le Nouveau Monde. » (Héran, 2011 : 20) L'immigration issue de l'ancien empire colonial, surtout du Maghreb, joue en outre un rôle significatif en France après la Seconde Guerre mondiale, pendant les Trente Glorieuses. Ainsi, la France peut aujourd'hui s'appuyer sur une des histoires migratoires les plus importantes d'Europe.

La Prusse, l'État le plus étendu et le plus oriental du territoire impérial, instaure les premiers instruments d'une politique migratoire répressive. Cette politique s'oriente vers des caractéristiques ethniques et nationales, par exemple, sous la forme d'une politique de défense antipolonaise (cf. Oltmer, 2010). La politique migratoire en Allemagne est ainsi marquée par le droit du sang (*jus sanguinis*), alors que la politique migratoire française établit préalablement des réglementations essentiellement liées à l'appartenance politique et au droit du sol (*jus soli*). Même après les expériences du national-socialisme et de l'holocauste, la nation « homogène » ethniquement demeure un pilier important de la politique de la République fédérale. Ce n'est qu'en 2000 que la loi sur la nationalité complète le principe du droit du sang par le principe du droit du sol.

Aujourd'hui, les deux pays mettent en place une politique migratoire davantage orientée vers les exigences de leur marché du travail intérieur respectif. Sous la gouvernance de Nicolas Sarkozy, d'abord ministre de l'Intérieur puis Président de la République (2007-2012), les barrières entravant l'obtention de la nationalité se multiplient. L'immigration et les possibilités de regroupement familial sont fortement limitées.

> Elle prévoyait, entre autres mesures, l'allongement de la durée de rétention des étrangers en situation irrégulière de douze à trente-deux jours, la création d'un fichier d'empreintes digitales, la subordination du mariage avec un étranger en situation irrégulière à un entretien préalable des futurs époux, l'allongement de la durée de vie commune de un à deux ans pour accorder à un conjoint Français la carte de résident, l'augmentation des sanctions en cas de mariage blanc et de travail au noir. (Têtu-Delage, 2009 : 79)

L'accès rapide des immigré-e-s aux prestations de services d'aide à la personne dans le domaine des secteurs de soins et de santé est cependant facilité (cf. Cognet, 2010 : 123 ; Merckling, 2002). Il convient ici de souligner, d'un point de vue critique, que cette politique d'immigration choisie rompt avec l'image nationale républicaine que la France déploie d'elle-même en termes de « liberté, égalité, fraternité ».

En France comme en Allemagne, ce sont avant tout les possibilités d'entrée légale sur le territoire pour les ressortissant-e-s de pays hors de l'Union européenne (UE) qui se sont considérablement réduites (cf. Ludwig, 2008 ; Morokvasic-Muller, 2003, 1991). Alors que la libre circulation des travailleur-euse-s au sein de l'UE est renforcée, les frontières extérieures sont davantage cloisonnées. Une politique d'immigration européenne commune demeure toutefois reléguée au second plan face aux intérêts des États-nations : c'est, par exemple, le cas de la réglementation des États-tiers concernant les demandeur-euse-s d'asile. De plus, la « crise » actuelle des réfugié-e-s de 2015 confronte les pays européens à de nouveaux défis.

2.2.4 Dimensions de politique familiale

Durant le IIIe Reich, l'État-social allemand est instrumentalisé par le régime fasciste : « Les possibilités de perversion et d'abus par rapport à l'État-social se manifestent dans toute leur acuité au sein de la politique démographique et sanitaire national-socialiste. » (Ritter, 1991 : 133) L'idéal de masse d'Hitler dicte une image de la mère inédite sous cette forme dominante. Le comportement reproductif devient un devoir et une vertu « arienne ». La maternité acquiert une reconnaissance tant sociale que matérielle, car elle concourt à l'organisation fasciste.

En Allemagne de l'Ouest, pendant la période d'après-guerre, la politique familiale joue un rôle secondaire, voire inexistant[12]. Tandis qu'en Allemagne de l'Est, l'économie sociale de marché opère des corrections par rapport aux conditions-cadres de l'économie de marché, la France entreprend au contraire une politique sociale active : la politique familiale constitue toujours l'expression la plus marquante de cette dernière. Après la guerre, de Gaulle s'adresse en ces termes au peuple : « La France a besoin de douze millions de bébés », tandis qu'Adenauer se contente de l'hypothèse suivante : « Les gens ont toujours des enfants » (cf. Kuchenbecker, 2007 : 79).

La France, parallèlement aux écoles maternelles gratuites, favorise avant tout l'aménagement massif de structures de garde. Dès 1945, la prise en charge des jeunes enfants via des règles institutionnelles est garantie par la Protection maternelle et infantile, et transformée en un contrôle médico-social opéré par l'État : « C'est dans ce cadre qu'est prévue une surveillance des enfants placés hors de leur domicile familial, ainsi que des institutions ou personnes chargées de les accueillir. » (cf. Mozère, 1999 : 55) Les possibilités institutionnelles de prise en charge regroupent les crèches, les crèches familiales et les assistant-e-s maternel-le-es. Les allocations familiales sont distribuées par les Caisses d'allocations familiales (CAF). Pendant leur congé de maternité, les mères peuvent, depuis 1946, percevoir durant 14 semaines 100 % de leur salaire antérieur, et cette période s'élève à 16 semaines depuis 1980. Les indemnités sont ensuite stoppées, et beaucoup de mères disposant d'un emploi régulier reprennent ensuite leur activité salariée. C'est pourquoi les enfants sont souvent placés en garde, le plus souvent entre trois et six mois. La « politique du troisième enfant », jusque dans les années 1980, favorise de façon ciblée les

12 Comme indiqué précédemment, la République démocratique allemande (RDA) met au contraire en place un large éventail de mesures destinées à concilier famille et emploi.

familles nombreuses afin de maintenant un taux de natalité constant. En France, le modèle du « Monsieur Gagne-Pain » et « Madame au foyer » est sensiblement moins marqué, et se dissout déjà dans les années 1970, puisque l'emploi des femmes progresse fortement dans les années 1960.

La demande des mères actives en termes de places de prise en charge ne cesse d'augmenter en France (cf. Delcroix, 2007 : 97 ; Mozère, 1999 ; Vanovermeir, 2012 : 7). Depuis les années 1980, ce sont les emplois dans le domaine de l'assistance maternelle et de l'aide aux familles qui se sont le plus développés (+106 %). Ils sont majoritairement occupés par des immigrées : "Immigrant women are over-represented in care services and in paid domestic work : 23 % compared to 12 % among the total female working population." (vgl. Fagnani & Letablier, 2005 : 149). D'après Jeanne Fagnani, cette expansion massive depuis les années 1970 vise de prime abord à créer de nouveaux emplois dans le secteur social des prestations de services dans le contexte d'un chômage menaçant (cf. Fagnani, 1998). Puisque l'offre de places de prise en charge des enfants continue d'augmenter, une saturation de la demande de prestations de *care* n'est pas envisageable. Toutefois, dans le cadre d'une politique de choix, des scientifiques mettent depuis peu en garde contre un déclin de l'activité salariée des mères : depuis 2004, les mères qui interrompent leur activité salariée pour s'occuper de leur enfant de moins de trois ans perçoivent le complément de libre choix d'activité (CLCA), qui remplace l'allocation parentale d'éducation de 1985. « Contrée sur l'aide financière aux familles et la promotion du père pourvoyeur, elle contraint les femmes à choisir entre la famille et le travail dès la naissance du premier enfant. » (Badinter, 2010 : 166) La prestation est surtout attractive pour les mères à faible revenu (elle s'élève actuellement au maximum à 572 €), cependant la réinsertion professionnelle est rendue plus difficile par l'allongement des congés parentaux (cf. Bloch & Buisson, 2003 ; Dang & Letablier, 2009 ; Fagnani, 1996 ; Luci, 2011 ; Piketty, 2005).

En Allemagne, la mutation démographique se met en place seulement aux alentours de 1970, et elle est ainsi d'autant plus marquée. Peu à peu, il est reconnu que le « salaire familial absolu » ne peut être concilié avec le salaire au rendement de l'économie sociale de marché qui est en train de s'instituer. L'instauration d'aides relatives à la conciliation entre famille et emploi s'opère avec hésitation : les allocations familiales (*Kindergeld*) pour le premier et le deuxième enfant sont introduites en 1975, le congé parental d'éducation (*Erziehungsurlaub*) et l'allocation parentale d'éducation (*Erziehungsgeld*) en 1986. Cette dernière prévoit une indemnité de 24 mois, et s'élève à 300 € environ. En 2007, elle est remplacée par l'allocation parentale (*Elterngeld*). L'allocation parentale peut atteindre un plafond de 14 mois lorsque les deux parents se relaient, et s'élève à environ deux tiers du salaire net antérieur (au minimum 300 €, au maximum 1 800 € mensuel). Il est ainsi plus attractif pour les femmes de se réinsérer professionnellement.

En Allemagne, le modèle du « Monsieur Gagne-Pain » se transforme en un modèle où l'homme constitue la source principale de revenu, et la femme une source complémentaire de salaire à temps partiel. L'analyse suivante est toujours d'actualité :

> Dans beaucoup de domaines de la politique, l'Allemagne reste au contraire très attachée au modèle traditionnel, dans lequel le père de famille subvient seul aux besoins du foyer. Les femmes se sentent obligées de faire le choix entre emploi et famille. Beaucoup de femmes qui ont des enfants travaillent peu ou pas, alors que celles ayant de l'ambition font souvent le choix de ne pas avoir d'enfants. (Luci, 2011 : 11)

La réinsertion professionnelle des femmes s'inscrit dans une logique économique qui entre en contradiction avec la promotion du travail à domicile non rémunéré. Pour les plus de trois ans, les conditions de garde demeurent problématiques, et cette situation se prolonge jusqu'aux futures années scolaires, puisque les structures ne sont souvent ouvertes qu'en demi-journée. Tant que les enfants fréquentent l'école maternelle (*Kindergarten*) ou l'école, les offres de garde à la journée (places en garderie, écoles à plein temps, etc.) sont insuffisantes. C'est pourquoi l'embauche d'une jeune fille – jeune garçon – au pair suscite une demande importante, surtout au sein des foyers disposant de deux sources de revenus (cf. Glaeser, 2014c ; Glaeser & Kupczyk, 2015 ; Hess, 2002, 2009). Avec la loi relative au renforcement de structures d'accueil de jour de 2005 (*Tagesbetreuungsausbaugesetz*), le gouvernement fédéral, sous l'impulsion d'Ursula von der Leyen, renforce finalement, à partir d'août 2013, le droit à une place de garde dans une structure d'accueil de jour, en crèche ou chez un-e assistant-e maternel-le pour les moins de trois ans dès la première année révolue de l'enfant (pour les places en école maternelle, ce droit existe depuis 1996).

En outre, le *splitting* familial en France et le *splitting* entre époux en Allemagne témoignent de ces deux évolutions différentes en France et en Allemagne. Le quotient familial du modèle français prend en considération le nombre d'enfants existant et distribue la charge fiscale sur cette base, tandis que le *splitting* entre époux en Allemagne prévoit que l'avantage fiscal des époux, ou des conjoint-e-s enregistré-e-s, soit dissocié du nombre d'enfants. Même si le nombre de mariages est en recul dans les deux pays, la législation allemande continue de s'orienter vers la « protection particulière » du mariage. Seuls les couples de sexe opposé peuvent contracter un mariage, et seuls les couples du même sexe peuvent se déclarer en tant que conjoint-e-s enregistré-e-s. En France, les deux modèles sont au contraire ouverts à la fois aux couples de même sexe et du sexe opposé. En Allemagne, la transformation des normes et des valeurs est clairement différée par une politique traditionnelle, conservatrice. La prospérité engendrée par les activités reproductives au sein des familles n'est ainsi toujours pas reconnue par rapport aux marchandises de l'économie productive. Ceci est particulièrement valable par rapport à la loi de 2008 relative aux pensions des conjoint-e-s après divorce, §1568 DGB, qui exempte rapidement les conjoint-e-s d'une pension alimentaire réciproque après une séparation. Sous couvert de neutralité entre les genres, les préjudices portés aux femmes par une division homme/femme du travail et la prise en charge du travail de *care* non rémunéré sont masquées (cf. Stiegler, 2007 : 3). En 2014, environ 39 % des mères célibataires en Allemagne ont recours aux prestations de transfert telles que l'allocation de chômage II (comparable au *Revenu de solidarité active*) ou l'aide sociale pour subvenir à leurs besoins (cf. Lenze : 8, voir également Destatis, 2010 : 24). Le tournant instauré par la modification législative dans la vie d'un grand nombre de femmes, surtout pour les mères célibataires, est étonnamment peu discuté.

La répartition des tâches ménagères et de soins au sein des couples représente un problème dans les deux pays, car la part masculine de la population, malgré les congés de paternité, demeure toujours largement exemptée de ces activités. Pourtant, avec l'instauration des congés de paternité mensuels, liés aux allocations parentales, et du supplément d'allocation parentale (*ElterngeldPlus*), la politique allemande met en place des incitations pour impliquer les hommes dans les tâches d'assistance. Le supplément d'allocation parental est introduit en 2015 et permet aux couples de combiner travail à temps partiel et congés parentaux, allongeant ainsi la durée d'indemnisation, celle-ci ne devant pas être augmentée de plus de la moitié du montant de l'allocation parentale. L'État français, en revanche, dispense jusqu'ici les hommes des responsabilités du *care*. La garde des enfants demeure une « affaire des femmes » (cf. Bloch & Buisson, 1998 ; Dang & Letablier, 2009 ; Fagnani, 2005, 2012 ; Halwachs, 2010). Deux semaines de congé de paternité, et un complément du libre choix d'activité (CLCA) très limité, conduisent à peine à un renforcement de la participation des hommes en France. La prestation partagée d'éducation de l'enfant (PréParEe), introduite en juillet 2014, accélère toutefois – pour la première fois au niveau politique – l'implication des hommes dans le travail de garde. Les indemnités du CLCA pour un enfant sont allongées de six à douze mois si le père ou la partenaire prend en charge la moitié de cette période. D'après Marie-Thérèse Letablier, cette prestation n'est pas assez attractive pour le partenaire masculin en raison de son montant trop faible de l'allocation parentale d'éducation, et il n'est pas certain que la nouvelle réglementation influence la division du travail (cf. BZ).

La baisse du taux de natalité en Allemagne, l'augmentation de l'espérance de vie et la croissance de l'emploi sur le marché du travail demeurent critiques en Allemagne. Depuis plusieurs décennies, le taux de natalité stagne à un niveau faible : « L'Allemagne – et plus particulièrement le territoire de l'Allemagne de l'Ouest – est le seul pays au monde où le faible niveau des naissances, d'environ 1,4 enfant par femme, est observable depuis déjà presque 40 ans. » (Destatis 2012b : 40, traduction effectuée par LC). Aujourd'hui la France, sur la base d'une population faible, détient l'un des taux de natalité les plus élevés d'Europe avec environ deux enfants par femme. L'Allemagne, sur la base d'une population élevée, possède un des taux de natalité les plus bas du monde (aux côtés du Japon et de l'Italie). En France, 67 % des femmes ont une activité salariée en 2011 – 65 % d'entre elles travaillent à temps plein, 35 % à temps partiel (cf. Insee, 2011). En Allemagne, 60 % des mères ont une activité salariée en 2011 – 30 % d'entre elles travaillent à temps plein, 70 % à temps partiel (cf. Destatis, 2012c). La part des femmes dans le secteur des bas salaires, et le taux de risque de pauvreté des mères célibataires sont nettement moins marqués qu'en Allemagne. La part des salariées travaillant en 2010 dans le secteur des bas salaires est de 29,7 % en Allemagne et de 7,9 % en France (cf. Eurostat, 2010). Comparativement, l'intégration des femmes sur le marché du travail salarié en France s'est manifestement déroulée plus favorablement. Le taux de chômage en France, qui s'élève à près de 10 %, est toutefois presque deux fois plus élevé qu'en Allemagne (cf. Eurostat). En France comme en Allemagne, beaucoup d'immigrées travaillent dans le secteur du soin et des prestations de services. En France, on évoque cependant plutôt une demande de *care* qu'un déficit de *care,* puisqu'on dispose de davantage de prestations de *care* qu'en Allemagne.

Au niveau de l'UE, la conciliation entre famille et travail, au vu de la mutation démographique, devient une ligne directrice de la politique familiale (cf. Daly & Martin, 2013 ; Martin, 2010b). Dans le cadre d'une dé-familialisation, c'est-à-dire d'une minoration de la dépendance des individus par rapport aux obligations familiales, la stratégie Europe 2010 vise un taux de garde de 33 % pour les enfants de moins de trois ans. L'augmentation de la compétitivité de l'UE, renforcée par la stratégie de Lisbonne, place l'*employability* des individus au premier plan. L'UE prône l'*adult worker model* (cf. Lewis, 2003). L'emploi salarié devient un critère de l'intégration sociale et détermine l'accès aux droits sociaux.

2.2.5 Conditions et réglementations de l'assistance maternelle

Conditions et réglementations en Allemagne et en France

En Allemagne, avec la loi relative au renforcement des structures d'accueil de jour de 2005 garantissant étatiquement aux parents une place de garde à partir de 2013, un changement de paradigme en termes de conciliation entre famille et travail est en train de s'opérer. Ce faisant, la professionnalisation de l'assistance maternelle et sa prise en compte égalitaire par rapport aux autres formes publiques de garde se mettent en place. Avant cette modification législative, la garde des jeunes enfants par des « nourrices » relevait la plupart du temps de la sphère privée. Les « nourrices » étaient souvent employées sous le manteau, et les parents devaient pouvoir se permettre ce mode de garde. Ils-elles faisaient ainsi plutôt partie des classes aisées (cf. van Santen, 2006). Environ un tiers des 35 % de taux de garde des jeunes enfants envisagé doit désormais être réalisé par le biais de l'assistance maternelle. On peut s'attendre à un mode de garde de plus en plus important (cf. Jurczyk/Rauschenbach/Tietze, 2004 : 49).

En France, le métier d'assistant-e maternel-le (à titre non permanent), lié à un statut de salarié-e, existe déjà depuis 1977. Il a été aménagé progressivement, également renforcé pour les parents par le biais de subventions, et par là même en grande partie régularisé. Le statut et les standards du travail d'assistance maternelle, et leur utilisation par les parents sont ainsi sensiblement plus élevés en France qu'en Allemagne. Alors qu'en France, les assistant-e-s maternel-le-s sont plus souvent employé-e-s que le recours aux places en crèche ; en Allemagne, les jeunes enfants sont principalement gardés en crèches. Dans les deux pays, une tendance à la précarisation des assistant-e-s maternel-le-s se dessine, elle concerne cependant en France essentiellement ceux-celles des quartiers populaires.

Dans les deux pays, les assistant-e-s maternel-le-s nécessitent un agrément qui doit être renouvelé tous les cinq ans et qui autorise la garde de un à cinq enfants. Les heures de qualification requises sont également équivalentes, avec au total environ 120-160 heures et une formation continue en cours d'emploi. Elle aborde les thèmes pédagogiques de la garde à la petite enfance, tels que l'alimentation, le rythme, l'organisation du temps, les jeux et les soins. Dans les deux pays, les parents règlent des indemnités de repas et des indemnités d'entretien. En France et en Allemagne, la garde d'enfants représente pour les femmes peu qualifiées un moyen stratégique d'accéder à un emploi salarié (cf. Bloch & Buisson, 1998, 2003 ; Cognet, 2010 ; De Ridder & Salesse, 1989 ; Mozère, 2000 ; Schoyerer & Weimann-Sandig, 2015 : 84).

Réglementations en Allemagne

En Allemagne, les assistant-e-s maternel-le-s sont catégorisé-e-s en tant travailleur-euse-s indépendant-e-s. Ils-elles sont des contribuables autonomes (§ 18 Abs. 1 Nr. 1 EStG), et les communes sont chargées – partiellement ou intégralement – de la rétribution des prestations de garde (cf. Heeg, 2010 : 376). C'est pourquoi l'organisation de la garde des enfants dépend en grande partie des possibilités financières de chaque *Land* et de chaque commune. L'assurance-accident et le remboursement de la moitié des cotisations de l'assurance retraite sont la plupart du temps pris en charge. En règle générale, les assistant-e-s maternel-le-s doivent financer eux-mêmes l'assurance de responsabilité civile, qui peut être onéreuse. Un arrêt de travail pour cause de maladie ou de congés conduit généralement à une perte de revenus pour les assistant-e-s maternel-le-s. Jusqu'à maintenant, une définition approfondie et significative du revenu n'a pas encore été déterminée, ou plutôt elle est éludée par une définition confuse, basée sur des recettes mensuelles inconstantes. L'activité, même si elle se caractérise par de nombreuses heures de travail et par un nombre important d'enfants pris en charge, ne permet pas de subvenir à ses besoins (cf. Schoyerer & Weimann-Sandig, 2015 ; Sell & Kukula, 2012). Le niveau de professionnalisation des assistant-e-s maternel-le-s demeure également controversé (cf. Wiemert, 2009 : 128f). Environ 96 % des assistant-e-s maternel-le-s en 2012 sont des femmes (cf. Destatis, 2012 : 24).

Le recrutement de nouveaux-elles assistant-e-s maternel-le-s représente un des défis majeurs du renforcement de l'assistance maternelle en Allemagne (cf. Pabst & Schoyerer, 2015 : 58). Tandis que dans d'autres pays postindustriels, la *migrant nanny question* est analysée depuis longtemps par la science et les médias (cf. z. B. Cheever, 2003 ; Hochschild, 2010 ; Hochschild und Ehrenreich, 2003 ; Tronto, 2002), en Allemagne, les indications concernant l'origine immigrée des assistant-e-s maternel-le-s font totalement défaut. Dans le même temps, les femmes migrantes[13] sont traditionnellement fortement représentées au sein de ce domaine d'activités, elles sont spécifiquement courtisées par les villes et les associations, et elles sont notamment placées dans cette activité par les agences pour l'emploi.

L'expérience migratoire des assistant-e-s maternel-le-s n'est certes pas prise en compte, cependant l'origine immigrée des enfants en garderie est thématisée par différents rapports. Les auteur-e-s postulent que les enfants peuvent

---

[13] Donc rarement des hommes immigrés, pour lesquelles on peut d'ailleurs observer une hausse d'activité notamment dans l'assistance aux personnes âgées.

profiter de la fréquentation d'une structure de garde par le biais de « l'acquisition de la langue », d'autant plus que leur taux de garde en Allemagne de l'Ouest s'élève à 9 %, alors qu'il est de 17 % pour les enfants sans origine immigrée (cf. Böttcher/Krieger/Kolvenbach, 2010). Le terme d'« acquisition de la langue », qui favorise l'intégration des enfants en garderie immigrés, s'applique vraisemblablement à l'allemand. Les analyses actuelles suivent la logique d'une acquisition de la langue monolingue. Le plurilinguisme lié à l'assistance maternelle n'a jusqu'ici pas été thématisé.

Réglementations en France

En France, l'assistance maternelle est progressivement intégrée à un cadre institutionnel depuis 1977 (auparavant, les femmes exerçant cette profession étaient la plupart du temps qualifiées de « nourrice » ou de « nounou ») (cf. Mozère, 1999 : 58). Mais c'est seulement avec la création d'une incitation financière pour les parents ayant recours à la garde que s'établit un secteur de prestations de services de l'assistance maternelle largement régulé. L'aide de l'emploi d'une assistance maternelle agréée (AFEMA), mise en place en 1991 par la ministre du Travail de l'époque, Martine Aubry – aujourd'hui suppléé par le complément de libre choix du mode de garde (CLMG) – permet de subventionner l'embauche d'une assistant-e maternel-le accrédité-e. Avec le CLMG, les parents employant un-e assistant-e maternel-le perçoivent les cotisations de sécurité sociale à acquitter, ainsi qu'une aide financière dépendante de leurs revenus pour régler le salaire de l'assistant-e maternel-le. Les familles à faible revenu bénéficient de ce système. Avec le chèque emploi service (CES, plus tard CESU), les parents peuvent déduire près de 50 % des coûts de l'assistance maternelle de leurs impôts, ce qui peut conduire à une économie fiscale culminant à 5 000 €. L'emploi régulier d'un-e assistant-e maternel-le est ainsi très attractif pour les parents. En France, parmi les possibilités formelles de garde pour les enfants de moins de six ans, l'assistance maternelle est l'option la plus souvent utilisée. Près de la moitié des enfants de moins de trois ans en France sont gardés par une assistante maternelle (cf. Blanpain & Momic, 2007).

Avec une formation professionnelle, l'aménagement d'une accréditation de soins et d'un examen d'aptitudes en 1992, la professionnalisation en France se poursuit. Le 1er juillet 2004, le travail des assistant-e-s maternel-le-s est régulé par une convention collective nationale, la convention collective des assistant-e-s maternel-le-s (cf. Legifrance : Convention collective, 2004). Il est désormais soumis à un salaire minimum. Il s'élève actuellement à environ 2,70 € par enfant et par heure, puisque le salaire minimum national en vigueur (SMIC), de 9,61 € (2015) par heure, est multiplié par 0,281 par enfant gardé. Cet élément est pris en compte car on escompte qu'un-e assistant-e maternel-le prend normalement en charge trois à quatre enfants. En règle générale, les assistant-e-s maternel-le-s revendiquent cependant un salaire horaire plus élevé. On constate des écarts de rémunération importants entre les assistant-e-s maternel-le-s. En Île-de-France, ces derniers gagnent en 2011 en moyenne 1 075 € net, tandis qu'en Province, cette moyenne est de 825 € net (cf. Piot, 2013). Les disparités qui résulteraient d'un salaire différent en fonction des quartiers ou des situations familiales n'ont pas encore été prises en compte. Dans certains départements, beaucoup d'assistant-e-s maternel-le-s demeurent inactif-ve-s. La réforme a revalorisé le travail des assistant-e-s maternel-le-s en France – cependant : « Suite à la forte augmentation du nombre d'assistantes maternelles s'est développé un chômage relatif, notamment en milieu rural et dans les quartiers périphériques où les assistantes maternelles ne trouvent pas à garder autant d'enfants qu'elles le pourraient au regard de leur agrément. » (Cartier *et al.*, 2012 : 7) Inversement, les assistant-e-s maternel-le-s profitent en France d'une réglementation particulière du droit fiscal. Grâce à un forfait fixé, ils-elles ne paient presque pas d'impôts. Après les réformes relatives au statut des assistant-e-s maternel-le-s en 2005, la mise en œuvre d'un contrat de travail devient définitive, le temps de travail hebdomadaire moyen est fixé à 45 heures, et des congés payés de cinq semaines leur sont attribués. Elles-ils relèvent de la sécurité sociale, et sont ainsi protégé-e-s par les assurances-maladie, vieillesse et chômage. De plus, elles-ils doivent souscrire une assurance de responsabilité civile. La protection maternelle et infantile (PMI) évalue annuellement l'activité des assistant-e-s maternel-le-s. À cette occasion, elle examine particulièrement l'habitat, les conditions de vie, la sécurité, l'éducation, la santé et l'hygiène (CFAS, aricle L 421-1). En outre, les assistant-e-s maternel-le-s, tout comme les parents, sont accompagné-e-s, conseillé-e-s et pris-e-s en charge par des instances de médiation, les relais d'assistant-e maternel-le (RAM).

Concernant la formation dans le domaine du soin, beaucoup de femmes bénéficient avant tout en France depuis 2002 de l'introduction de la validation des acquis d'expérience (VAE), qui permet d'obtenir un CAP petite enfance. Les assistant-e-s maternel-le-s, grâce à cette formation continue, peuvent également travailler dans des organismes communautaires comme les crèches. Après la loi de cohésion sociale de 2006[14], les personnels soignants peuvent aussi comptabiliser les périodes pendant lesquelles ils ont soigné des proches (personnes âgées, enfants, handicapés). Cette évolution est interprétée comme une revalorisation du *care :* « Cette validation des acquis de l'expérience domestique et sa transférabilité

[14] Dans le cadre du soutien familial et de l'allocation personnalisée d'autonomie (APA).

dans le monde professionnel est un pas supplémentaire dans la reconnaissance du “care” » (Dang & Letablier, 2009 : 25). Les compétences acquises dans le domaine du travail familial non rémunéré peuvent ainsi être transférées dans le monde du travail salarié.

En France, les assistant-e-s maternel-le-s sont en moyenne âgé-e-s de 45 ans en 2002. 95 % d'entre eux-elles sont des femmes (cf. Insee). Ils-elles vivent en couple à 92 %, et ont souvent un nombre d'enfants scolarisés supérieur à la moyenne – ce ne sont que rarement des mères célibataires et des femmes seules (cf. Algava & Ruault, 2003 : 1 ; Blanpain & Momic, 2007 : 5). En outre, ils-elles sont la plupart du temps peu qualifié-e-s, et sont souvent issu-e-s de familles ouvrières à revenu modeste (cf. David-Alberola & Momic, 2008 : 2). La moitié d'entre eux-elles n'ont pas de diplôme, ou au plus un certificat d'études primaires (CEP) ou un diplôme national du brevet (BEPC). 9 % des assistant-e-s maternel-le-s ont déjà une qualification dans le domaine des prestations de services aux particuliers. En 2002, 4 à 5 % d'entre eux-elles n'ont pas la nationalité française (cf. *ibid.* : 7). Malgré le manque de statistiques attestées relatives aux caractéristiques ethniques, il est possible de considérer que beaucoup de femmes issues de l'immigration travaillent dans le secteur de la santé et du soin, et parmi elles, surtout des femmes maghrébines (cf. Cognet, 2010 ; Maki, 2014 ; Mozère, 2000). En 2007, 60 % des immigrées actives travaillent dans le domaine des prestations de services (cf. Perrin-Haynes, 2008).

2.3 QUELQUES STATISTIQUES

	France	Allemagne	UE
FAMILLE ET TRAVAIL			
Taux de nuptialité 2011, Nombre de mariages pour 1 000 habitant-e-s	3,6[1]	4,6[1]	4,2[1]
Taux de divorce 2011, Nombre de divorces pour 1 000 habitant-e-s	2,0[1]	2,3[1]	2,0[1]
Taux de natalité 2012, Nombre d'enfants par femme	2,1[2]	1,4[2]	1,6[2]
Âge moyen des mères qui accouchent d'un enfant 2011	30,1 ans[3]	30,5 ans[3]	29,8 ans[3]
Femmes sans enfants 2011	10 %[4]	20 %[4]; 23 %[5] (Ouest 2012), 15 %[5] (Est 2012)	
Naissances hors mariage 2007	51 %[4]	30 %[4]	
Taux d'activité (personnes entre 20 et 64 ans) 2014	69,9 %[1]	77,7 %[1]	69,2 %[1]
Taux d'activité des femmes 1997	57,4 %[1]	58 %[1]	55 %[1]
Taux d'activité des femmes 2014	66,2 %[1]	73,1 %[1]	63,5 %[1]
Taux d'activité des hommes 1997	73,3 %[1]	75,6 %[1]	75,3 %[1]
Taux d'activité des hommes 2014	73,7 %[1]	82,2 %[1]	75 %[1]
Taux d'activité des mères 2010	67 %[2]	60 %[5]	
Taux d'activité des pères	77,5 %[5] (2011)	84 %[5] (2010)	
Taux d'activité des femmes qui travaillent à temps partiel 2009	29,8 %[1]	45,3 %[1]	
Taux d'activité des mères qui travaillent à temps partiel	34,9 % (2011)[3]	70 %[5]; 75 %[5] (Ouest), 45 %[5] (Est) (2012)	
Pourcentage de femmes exerçant une fonction de cadre 2010	39 %[5]	30 %[5]	34 %[5]
Pourcentage de femmes exerçant dans le secteur des bas salaires 2010	7,9 %[1]	28,7 %[1]	21,2 %[1]

Pourcentage de femmes exerçant dans le secteur social et sanitaire	79 %[1] (2005)	77 %[5] (2010)	
Inégalités de revenus salariaux entre hommes et femmes 2010	16 %[5]	23 %[5]	16 %[5]
FAMILLE ET GARDE DES ENFANTS			
Enfants moins de 3 ans :			
Enfants pris en charge par leurs parents 2009	45 %[1]	68 %[1]	51 %[1]
Taux de garde d'enfants 2008	41 %[1]	20 %[1] ; 15 %[1](Ouest), 46 %[1](Est)	28 %[1]
Taux de garde d'enfants 2015	43 % (2010)[1]	32,9 %[5]; 28,2[5] (Ouest), 51,9[5] (Est)	
… par une crèche ou une autre institution similaire	34,65 %[6] (2007)	85 %[5] (2014)	
… par un-e assistant-e maternel-le	56,7 %[6] (2007)	15 %[5] (2014)	
L'assistant-e maternel-le est une femme	99,5 %[3]	97 %[5]	
Taux de garde d'enfants qui ne sont pas issu-e-s de l'immigration 2009	Non disponible	25 %[5]; 17 %[5] (Ouest), 49 %[5] (Est)	
Taux de garde d'enfants qui sont issu-e-s de l'immigration 2009	Non disponible	11 %[5]; 9 %[5] (Ouest), 16 %[5] (l'Est)	
PARENTS ISOLÉS			
Foyers des parents isolés 2008	8,4 %[1]	7,1 %[1]	
Le parent isolé est la mère	85 %[3] (2011)	90 %[5] (2009)	
Parents isolés proches du seuil de pauvreté, 2005	26 %[1]	30 %[1]	32 %[1]
Taux d'activités des mères isolées qui travaillent à temps complet	71,3 %[3] (2011)	42 %[5] (2009)	

[1] Eurostat
[2] Ined (Institut national d'études démographiques en France)
[3] Insee (Institut national de la statistique et des études économiques)
[4] OECD (Organisation for Economic Co-operation and Developement)
[5] Destatis (Statistisches Bundesamt)
[6] Drees (ministère des Affaires sociales et de la Santé ; recherche, études, évaluation et statistiques)

3. Partie empirique

3.1 INTRODUCTION

Dans le cadre de cette étude, les politiques du *care* en Allemagne et en France sont évaluées et comparées via des entretiens biographiques narratifs menés avec des assistant-e-s maternel-le-s dans les deux pays. Nous utilisons ici l'approche qualitative de « l'évaluation des politiques par le biais de la biographie », proposée par les auteures Apitzsch, Inowlocki et Kontos dans leur ouvrage collectif *Self-Employment Activities of Women and Minorities* (cf. Apitzsch/Inowlocki/Kontos, 2008). Ces entretiens ont été complétés par des études de terrain ethnographiques.

3.1.1 Approche méthodologique

L'« évaluation des politiques par le biais de la biographie »

Comme son nom l'indique, l'« évaluation biographique des politiques » relie l'approche biographique narrative de la recherche qualitative à une analyse du champ politique : au sein des récits de vie, il est possible d'analyser l'impact des politiques sur les actions biographiques. Cette approche permet de dévoiler les interactions qui se mettent en place entre les *policies* – dans cette étude surtout les politiques du marché de l'emploi, les politiques migratoires et familiales –, les institutions et d'autres acteurs.

Les prestataires du *care* nous informent ainsi, par une perspective biographique, sur la signification des politiques par rapport à la problématique sociale globale du déficit de *care.*

Les parcours de vie peuvent être influencés par des mesures politiques. Pourtant, les individus agissent au sein du spectre de leurs possibilités. Les récits biographiques, c'est-à-dire les expériences subjectivement reconstruites des assistant-e-s maternel-le-s immigré-e-s, mettent en évidence différents niveaux : le comportement humain individuel, l'organisation formelle du vivre-ensemble et le système politique. L'approche empirique de l'évaluation des politiques par le biais de la biographie permet de détecter les relations entre les facteurs micro, méso et macro :

> "It is rather the embeddedness of the biographical account in social meso- and macro-structures that we are looking at, especially hierarchically controlled social situations and other heteronomous social conditions that lead to exclusion, such as unemployment." (Apitzsch/Inowlocki/Kontos, 2008 : 13).

Il convient donc d'examiner les récits des assistant-e-s maternel-le-s immigré-e-s dans leur contexte. Les individus, ou plutôt les sujets, agissent en relation avec des contextes extérieurs : "Through biographical analysis we can analyze how individuals act within the complexity of structural conditions and are also socialized through policies in specific directions of action, affecting their strategies against exclusion and towards social integration" (Apitzsch/Inowlocki/Kontos, 2008 : 14). Au sein des récits des porteur-euse-s de biographies, ce ne sont pas seulement les conditions extérieures qui sont examinées, mais aussi les liens entretenus par les individus avec ces conditions, en particulier les actions *stratégiques*.

La recherche biographique analyse les phénomènes comme des processus en évolution. Cette perspective est essentielle pour la présente étude, car les politiques mises en œuvre tout au long des évolutions sociétales sont devenues de plus en plus complexes. Jusqu'à très récemment, certaines politiques affectent plus ou moins profondément le domaine du *care* et ses acteurs ; d'autres n'ont peut-être aucune portée. D'autres encore ont probablement un effet originellement non voulu. En outre, certaines lois peuvent être remplacées par d'autres en un laps de temps très court, si bien que la chercheuse en sciences sociales perd constamment une course contre la montre lorsqu'elle souhaite identifier l'effet actuel d'une *policy* donnée. L'évaluation des tentatives politiques de régulation ne peut être étudiée que rétrospectivement. Les récits des porteur-euse-s de biographies permettent de reconstruire ces processus : "Thus, the cumulative impact of policies as well as their effects over a longer period of time can be understood through what we have termed biographical policy evaluation" (Apitzsch/Inowlocki/Kontos, 2008 : 13). Les expériences des assistant-e-s maternel-le-s immigré-e-s de cette étude rappellent ainsi ces ordres politiques respectifs. Les récits permettent ainsi de saisir les transitions entre les différentes tentatives politiques de régulation, ainsi que les effets (non) souhaités des *policies* sur les actions biographiques.

Champ de recherche ethnographique

Les protocoles ethnographiques ont été conçus au cours du processus de recherche, et des documents tels que des exemples de calcul, des contrats ou des photographies ont été associés à cette analyse. Selon le sociologue Stéphane Beaud, une interprétation pertinente des données narratives récoltées n'est possible que si la situation d'interview en elle-même est aussi prise en compte (cf. Beaud, 1996 :

236)[15]. Par exemple, les lieux et les personnes constituant la situation d'interview fournissent des éléments d'interprétation supplémentaires. Par conséquent, les entretiens menés au cours de cette étude sont conçus comme des situations d'observation participante. Les appartements des assistant-e-s maternel-le-s, les aires de jeux et les centres de rencontre urbains font partie intégrante de ces études. Les interactions des assistant-e-s maternel-le-s avec les membres du personnel municipal et avec les parents s'avèrent constituer les principaux points de repère communicatifs au sein du secteur de l'assistance maternelle. Par exemple, lorsque les parents vont chercher leurs enfants chez l'assistant-e maternel-le, les interactions pratiques du quotidien et leur signification pour la construction de la réalité sociale peuvent être observées et interprétées au-delà du récit biographique.

La personne interviewée dans le champ social de l'assistance maternelle, tout comme le Moi en tant qu'intervieweur-euse, jouent un rôle marquant pour les situations et les résultats de recherche. Je classifie les individus que je rencontre, et par là même je mobilise (inconsciemment) des stéréotypes ou, comme l'expose Herbert Blumer : “All of us, as scholars, have our share of common stereotypes that we use to see a sphere of empirical social life that we do not know” (Blumer, 1969 : 30). Les assistant-e-s maternel-le-s, de leur côté, me catégorisent aussi. Des caractéristiques d'identification personnelles, entre autres la taille, l'âge et la couleur de peau, influencent la perception mutuelle de l'Autre. Au cours de l'étude, j'ai développé des « stratégies de la mise en scène », des stratégies d'*impression management,* ou

[15] Pour approfondir ce point, voir également : Rostaing, Corinne (2010): « On ne sort pas indemne de prison » ; Jounin, N. (2009): « Chantier interdit au public » ; Riemann, Gerhard (2005) : “Ethnography of practice – Practising Ethnography”.

plutôt de *self-presentation* (cf. Goffman, 1959)[16]. Puisque l'assistance maternelle est clairement un secteur dominé par les femmes, la catégorie du genre joue un rôle important en tant que caractéristique d'identification. "There is often some scope, then, both for capitalizing on gender roles and for renegotiating some aspects of them for the purposes of the fieldwork" (Atkinson & Hammerslay, 2007 : 75). Surtout, en tant que femme, la sphère domestique des assistantes maternelles – devenue très importante dans le cadre de ce travail – a été accessible relativement rapidement. Par ailleurs, je ne peux mettre de côté le fait que, à cause d'attributions identitaires, certaines choses ne m'ont pas été racontées, ou bien ont été explicitées sous une forme particulière, peut-être par rapport aux hommes.

Catherine Delcroix, dans son étude sur la famille Nour, a mis en place une méthode d'observation *longue* qui suit un « engagement dans la durée » (cf. Delcroix, 2001 ; Delcroix, 2007 ; Delcroix, 2010 : 131). Avec le temps, la probabilité que l'environnement s'habitue à la présence du-de la chercheur-euse et agisse de nouveau de manière « authentique » augmente. Afin d'établir une collaboration de travail familière et de conclure un « pacte commun » (cf. Beaud, 1996 : 236), j'ai rencontré certain-e-s assistant-e-s maternel-le-s plus souvent, j'ai étendu mes séjours de recherche empiriques, ou bien je leur ai remis les transcriptions achevées. Dans cette optique, j'ai indiqué ouvertement que, dans le cadre de ma thèse, je m'intéresse aux parcours de vie des assistant-e-s maternel-le-s immigré-e-s, et je me suis efforcée de maintenir la position de mes partenaires d'entretiens en tant qu'expert-e-s de leur domaine. Les tasses de thé et de café, qui demeuraient

---

[16] Voir aussi, dans ce contexte, l'article de Daniel Bizeul (1998) : « Le récit des conditions d'enquête : exploiter l'information en connaissance de cause ».

régulièrement pleines une fois la narration lancée, sont un exemple de la réussite de cette mission.

3.1.2 Échantillon théorique

Délimitations de l'objet de recherche

L'objet de recherche, dans cette étude, a été délimité au cours du processus de collecte. Mes premières recherches dans le secteur du *care* en Allemagne et en France ont ainsi tout d'abord englobé un spectre très large : j'ai commencé par mener des entretiens biographiques narratifs avec des aides-soignantes immigrées pour personnes âgées, des auxiliaires de santé, des personnels en soin ambulatoire, et même six « au pair » (trois en Allemagne et trois en France). Mais comme l'indique Howard Becker dans *Tricks of the trade :* "We can't have everything, for the most obvious practical reasons : we don't have the people to collect it and we wouldn't know what to do with the mass of detail we'd end up with if we did" (Becker, 1998 : 74). L'observation selon laquelle l'activité professionnelle des mères est davantage acceptée en France, compte tenu du faible taux de travail à temps plein des mères actives en Allemagne, a finalement orienté les recherches vers les assistant-e-s maternel-le-s immigré-e-s.

En France, les enfants de moins de trois ans gardés par des canaux formels le sont majoritairement par une assistante maternelle. En Allemagne, l'assistance maternelle commence également à s'établir dans le cadre de l'aménagement de places de garde, et gagne en importance. Les différents stades de la professionnalisation, ainsi que les orientations de politique de *care* qui lui sont liées dans les deux pays, appellent une comparaison. Le même phénomène est analysé et comparé dans des contextes différents. Par ce biais, des mécanismes, qui sont liés au transfert des tâches de *care* des parents actifs sur le marché du travail aux assistant-e-s maternel-le-s immigré-e-s, deviennent manifestes. Par conséquent, l'objet de recherche a été circonscrit à l'assistance maternelle en Allemagne et en France. Par la suite, 21 nouveaux entretiens biographiques ont été menés avec des assistant-e-s maternel-le-s entre 2011 et 2014. Dix d'entre eux ont été récoltés en Allemagne de l'Ouest, onze en France. Ils constituent le noyau de la partie empirique. Tous les entretiens ont été personnellement et intégralement retranscrits.

Du choix des cas de figure

En Allemagne, les enquêtes se sont focalisées sur les *Länder* de l'ancienne Allemagne de l'Ouest, car les cultures de garde d'enfants à l'Est et à l'Ouest sont aujourd'hui différentes. L'important contraste entre l'Allemagne de l'Ouest et la France rend plausible la limitation aux *Länder* de l'ancienne Allemagne de l'Ouest. Avant la réunification, les objectifs des politiques familiales de l'ex-RDA et de l'ex-RFA divergent : "Whereas central institutions in the former supported an employment-centred life course for all adult workers, the institutional system in the latter promoted a family break and part-time work for women with dependent children" (Pfau-Effinger & Smidt, 2011 : 218). Aujourd'hui encore, les femmes qui ont des enfants sont plus souvent actives professionnellement en Allemagne de l'Est, et les taux de garde sont plus élevés. Par exemple, 22 % des mères actives en Allemagne de l'Ouest travaillent à temps plein en 2012, alors que ce taux est de 53 % en Allemagne de l'Est (cf. Destatis). En outre, 35 % des enfants de moins de trois ans sont pris en charge par des structures de garde publiques à l'Ouest en 2010, tandis que ce chiffre est de 71 % à l'Est (Pfau-Effinger & Smidt, 2011 : 219).

Le choix des partenaires d'entretiens s'est porté sur des assistant-e-s maternel-le-s accrédité-e-s habitant dans des (ou à proximité de) grandes villes, et avec une expérience migratoire. Le besoin important en prestations de services dans les *global cities* incite beaucoup de migrant-e-s à s'installer dans les grandes villes afin d'y effectuer un travail de *care* (cf. Sassen, 2003 : 255). Ce travail se focalise ainsi sur les régions métropolitaines dont l'importance politique et économique est associée à un secteur de prestations de services développé, et souvent international. Les dimensions comparatives comme l'origine, l'âge, le niveau d'éducation, la situation familiale, ou encore le genre sont tout d'abord restées ouvertes.

L'accès au terrain s'est opéré via une approche personnelle d'assistant-e-s maternel-le-s dans des espaces de rencontre, ou bien par l'intermédiaire de personnes en charge dans les administrations municipales. Avec le temps, un système « boule de neige » s'est développé : les possibilités d'entretiens se sont multipliées au-delà de nos capacités à y répondre. Ultérieurement, il s'est avéré que cet intérêt s'explique par le fait que l'expérience investie par les assistant-e-s maternel-le-s immigré-e-s dans leur activité est peu thématisée au sein de l'espace public. L'entretien leur offre la possibilité de verbaliser ces expériences. Grâce à un spectre de plus en plus large, nous avons successivement mis en parallèle des cas de figure hétérogènes, qui contrastent relativement bien les uns avec les autres, et les différences à l'intérieur du groupe des assistant-e-s maternel-le-s ont été systématiquement maximisées.

La comparaison systématique de cas de figure hétérogène

Sur la base des conditions préalables énoncées, les découvertes empiriques de ce projet se sont constituées au fil des cas de figure, ainsi que le propose la *Grounded Theory* (cf. Glaser & Strauss, 1967 ; Glaser, 1978). Les dimensions du matériel empirique ont été développées progressivement, suivant une procédure de l'abduction dans le sens de Charles Sanders Pierce, et ont été accompagnées de connaissances théoriques antérieures par rapport aux modèles des politiques du *care* des deux États-nations. Afin de demeurer réceptif par rapport à la découverte de nouveaux phénomènes, les hypothèses ont été forgées et examinées au fur et à mesure du processus de recherche : "It tests a hypothesis by sampling the possible predictions that may be based upon it" (Peirce, 1958 : 216). Le choix successif des cas de figure, dans cette optique, s'est déployé sur la base d'une recherche de cas contrastés.

Howard S. Becker, à propos du choix des cas de figure au cours de la recherche, propose la procédure suivante : "Once we have isolated such a generic feature of some social relation or process and given it a name, and thus created a concept, we can look for the same phenomenon in places other than where we found it" (Becker, 1998 : 141). En France, j'ai surtout rencontré des femmes maghrébines, en Allemagne, des assistant-e-s maternel-le-s issu-e-s des pays postsocialistes. C'est pourquoi j'ai également associé à l'étude des assistant-e-s maternel-le-s originaires des pays du Sud. En Allemagne, les immigré-e-s viennent la plupart du temps de pays n'appartenant pas à l'Union européenne (UE), ou bien leur pays d'origine est devenu membre de l'UE au cours de leur existence. Toutefois, quelques migrantes des États-membres de l'UE sont également représentées. Dans les deux pays, certaines assistantes maternelles appartiennent déjà à la deuxième génération d'une famille migrante. En Allemagne, la répartition normative des genres dans le secteur de la prise en charge infantile a pu être contrecarrée par les récits de deux assistants maternels. En France, deux femmes sont diplômées du supérieur, avec une mobilité de classe accrue, tandis que les autres interviewées n'ont pas achevé de formations diplômantes. En Allemagne au contraire, toutes les personnes interrogées ont fréquenté (au moins en partie) une institution du supérieur, et les différences de mobilité de classe résultent avant tout du choix du partenaire ou de la partenaire.

Dans les deux pays, des assistant-e-s maternel-le-s de différents quartiers ont été interrogé-e-s, ce qui constitue un défi pour une généralisation du phénomène, surtout en France à cause des « banlieues ». La catégorie de la situation familiale a vite fait l'objet d'une saturation théorique : nous n'avons interrogé aucune personne sans enfant puisque, pour tous, leurs propres enfants ont constitué un motif de leur entrée dans le domaine de l'assistance maternelle. Seule une assistante maternelle en France est mère célibataire. L'âge minimum des personnes interrogées est de 32 ans, et il se situe en moyenne aux alentours des 39-45 ans. L'échantillon est enrichi par quelques personnes sexagénaires, qui ont déjà des petits-enfants.

Le contraste entre les cas de figure vise à rapporter le contenu objectif de la recherche « du général au particulier » : « La mesure d'une telle objectivité ne correspond pas à la vérification de thèses présumées par leur examen répétitif, mais se rapporte à l'expérience humaine individuelle, perpétuée par l'espoir et la désillusion » (Adorno, 1958 : 19, traduction effectuée par LC). La possibilité de généraliser de nouveau l'expérience humaine individuelle, dès lors que la chercheuse peut l'isoler, se manifeste via la comparaison avec d'autres cas de figure. Par exemple, dans le cas de l'assistante maternelle, après que la fondation de sa propre famille a été identifiée en tant qu'élément déclencheur de l'orientation dans le domaine professionnel de l'assistance maternelle, le même phénomène s'est retrouvé dans le cas de figure contrasté de l'assistant maternel.

3.1.3 Technique d'entretien et analyse narrative

Principes de la conduite d'entretien

Dans son roman *Le Désert des miroirs* (ou : *Supposons que mon nom soit Gantenbein*), l'auteur germanophone Max Frisch fait essayer à son protagoniste des ébauches de Moi, « comme des vêtements », si bien que Gantenbein constate aussi logiquement : « Tout homme s'invente tôt ou tard une histoire qu'il prend pour sa vie, ou toute une série d'histoires » (Frisch, 1966 : 49). L'ébauche, ou plutôt le rôle joué du Moi, est conçu comme une construction. Toute personne à qui il est demandé de raconter son récit de vie ébauche également une histoire (ou toute une série d'histoires). Elle doit élaborer par la parole l'idée d'un Moi évoluant à partir d'un point dans le passé jusqu'au présent, et peut-être au-delà de ce présent. C'est pourquoi les interprétations des narrations recueillies dans le cadre de ce travail résultent d'analyses d'agir communicationnel langagier. Selon les possibilités, il est demandé de générer des récits. Par conséquent, les assistant-e-s maternel-le-s (re)construisent leurs étapes du parcours de vie par le biais de récits. Les segments de textes narratifs de ce travail sont ainsi interprétés sur la base de leur forme discursive d'après le principe de la séquentialité : par ce biais, l'on observe *comment* est raconté *ce qui est raconté*, et les segments sont ensuite comparés entre eux.

La personne délivrant le récit doit extraire le Moi, ou plutôt sa propre histoire de vie, à partir de sa situation actuelle. Elle doit ainsi relier son vécu avec sa position dans le temps présent.

> "The construction of a life history is the mode by which the individual represents those aspects of this past which are relevant to the present situation, i.e., relevant in terms of the (future-oriented) intentions by which he guides his present actions. Life histories are thus not a collection of all the events of the individual's life course, but rather "structured self-images" (Kohli, 1981 : 65).

À la suite de cette structuration, le caractère progressif et les affinités aux changements intégrés au sein des mutations historiques, et ainsi dans la construction de l'histoire de l'individu, deviennent manifestes – aussi bien le passé, le temps présent vécu que l'avenir anticipé (espoirs et souhaits). Les assistant-e-s maternel-le-s immigré-e-s, tandis qu'ils-elles structurent temporellement le Soi dans le processus du récit, fournissent des informations par rapport à des stratégies d'action subjectives.

Techniques d'analyse des données

Les différentes étapes de l'analyse qui suit l'entretien examinent et différencient ce que les personnes expriment dans le cadre des évènements historico-sociaux, et ce qu'elles communiquent au-delà de ces évènements. L'attention à la signification du non-dit, précisément à ce qui n'est pas exprimé, est également aiguisée (cf. également Memmi, 1999 : 135). Tout comme des mots, des gestes et des lapsus susceptibles d'affleurer, les non-dits peuvent être significatifs, de façon manifeste ou bien latente. Le sens manifeste se réfère à des conceptions de vie conscientes et acceptées (attentes, intentions, soucis), le sens latent à des conceptions de vie inconscientes, ou bien proscrites, pas encore conscientes (souhaits, rêves, peurs) (cf. Lorenzer, 2002 : 224). C'est pourquoi l'analyse des narrations met aussi l'accent sur ce qui n'est pas thématisé, ou bien sur ce qui pourrait être pensé au-delà du « sens visé de la communication manifestée par la parole » (alld. *sprachlich-manifester Mitteilungssinn).*

Par le biais du concept de *transitions,* une approche adoptée par Tamara Hareven et Kanju Masaoka, des passages dans les parcours de vie peuvent être identifiés. Ce concept englobe, par exemple, les transitions normatives, adaptées à un schéma temporel spécifique, comme l'entrée dans la vie active, le déménagement en dehors du foyer ou encore le mariage. Le concept de *turning point* concerne une transition, normative ou non, qui est vécue comme une crise, un tournant critique ou un nouveau départ (Hareven & Masaoka, 1988 : 272). Par le biais de ce concept, des étapes clefs du parcours de vie de mes partenaires d'entretiens ont pu être identifiées et analysées en lien avec le contexte au sein duquel ils continuent à évoluer.

En outre, notre travail recourt à la signification de l'intersectionnalité, proposée par Winkler et Degele, qui conçoit une interaction entre les niveaux des identités construites socialement, des représentations symboliques et des structures sociales (cf. Winkler & Degele, 2009 : 15, 18). À partir du matériau empirique, des catégories différentielles sont définies et examinées dans leur interaction avec d'autres niveaux d'analyse. Ce travail, au fil des processus d'interprétation, accompagne l'interaction entre les niveaux d'analyse. Il décrit les identités dans leur construction, associées au niveau des représentations symboliques et, *in fine,* liées au niveau des structures sociales, plus spécifiquement en interaction avec les *policies* les concernant.

La réciprocité irréductible entre les chercheur-euse-s et leur champ de recherche, ainsi que l'impossibilité d'une attitude neutre, pose la question de l'objectivité. Plus j'ai appréhendé les étapes du parcours de vie du point de vue des acteurs, plus il m'est apparu difficile de « désubjectiviser » ces connaissances (cf. Bourdieu, 1984, 2003). Les données ont été ainsi analysées par le biais de groupes d'interprétation, selon plusieurs angles d'approche.

3.1.4 Les défis spécifiques à la recherche comparative binationale

Un des défis spécifiques à ce travail réside dans le caractère double du processus de recherche décrit dans son intégralité. Deux champs sociaux semblables, en soi distincts, sont analysés dans des espaces (des États-nations) différemment structurés. Les cas de figure sont comparés les uns aux autres au sein de chaque champ, afin de pouvoir par la suite de nouveau les relier et les mettre en parallèle comme un tout. Ils ne sont cependant pas appréhendés comme des espaces ou des ensembles séparés les uns des autres, mais comme des toiles transnationales. Des barrières apparentes, nationales ont également été dépassées, perforées lors de la mise en œuvre du projet de recherche en lui-même. Dans ce travail, la procédure de cotutelle induit une association entre des cultures scientifiques semblables, mais pourtant différentes : les références à ces deux perspectives ont été alimentées. Cette étude aboutit ainsi à une transnationalisation de la recherche, complétée par le traitement transnational de l'objet de recherche.

Ce travail repose sur une problématique linguistique double, qui est une conséquence des différents processus de transnationalisation du projet de recherche. En tant que chercheuse de langue maternelle allemande, j'ai d'une part évolué dans un espace germanophone afin de recueillir les récits de migrant-e-s pour qui l'allemand était majoritairement une langue étrangère. J'ai d'autre part évolué moi-même, en tant que locutrice de langue étrangère, dans un espace francophone afin d'échanger avec des individus qui, la plupart du temps, étaient tout comme moi des locuteur-rice-s de langue étrangère. Les récits biographiques ont été élaborés en français, en allemand, mais aussi en anglais en tant que langue tierce commune. Les locuteur-rice-s natif-ve-s ont ainsi été des médiateur-rice-s important-e-s pour l'interprétation de la transcription de passages clefs.

Malgré des connaissances linguistiques suffisantes, je n'ai parfois pas saisi quelques tournures et concepts, ou bien mes partenaires d'entretiens manifestaient certaines lacunes linguistiques. J'ai ainsi tout d'abord redouté que ces « insuffisances » ne puissent remettre en question mes résultats de recherche. Dans un ouvrage collectif consacré à la recherche qualitative par entretiens en langue étrangère, et avec des langues étrangères, Kruse et Schmiede constatent : « Mener une recherche en langue étrangère, et avec des langues étrangères comprend [...] un avantage : on doit d'ores et déjà se confronter à la langue en tant que médium vague et limité de la construction de sens » (Kruse & Schmieder, 2012 : 272, traduction effectuée par LC). Les différents niveaux de langue ont parfois conduit à des situations au sein desquelles mes partenaires d'entretiens ont décrit certains éléments de façon particulièrement détaillée, afin de les rendre davantage compréhensibles. Lorsque je ne comprenais pas quelque chose, certains éléments étaient décrits plusieurs fois jusqu'à ce que je saisisse manifestement ce dont il était question.

Concernant les recherches mobilisant plusieurs langues, un processus de compréhension de l'Autre s'opérant dans le traitement symbolique des langues (étrangères) s'ajoute au processus de compréhension de l'Autre qui advient dans la reconstruction d'une histoire de vie racontée. Si les personnes interviewées veulent mettre en évidence quelque chose qu'elles ne peuvent elles-mêmes pas expliciter à partir de leur répertoire langagier, elles me racontent alors souvent en intégralité l'histoire précédant les faits afin de parvenir à se faire comprendre. L'exploration d'un phénomène mondialisé, transnational, de surcroît sur la base d'un protocole de recherche binational, comprend ainsi peut-être également des avantages en termes de recueil des données. La langue, « en tant que médium vague ou limité de la construction de sens » et « moyen empirique » (Kruse & Schmieder, 2012 : 272), peut donc à l'inverse justement favoriser dans la pratique une transmission de construction de sens plus précise.

Tandis que l'on suppose que l'intervieweuse de langue maternelle sait déjà ce dont il est question, et que par conséquent certaines choses ne sont pas mentionnées, la locutrice de langue étrangère est davantage associée au processus de compréhension.

3.2 Les étapes du parcours de vie jusqu'à l'entrée dans le secteur de l'assistance maternelle : une solution commune à des situations divergentes

Tout d'abord, les étapes du parcours de vie des migrantes et des migrants jusqu'à leur entrée dans le secteur de l'assistance maternelle doivent être présentées via l'exposition de cas individuels en Allemagne et en France. Ces cas ont été sélectionnés car ils soulignent les principaux mécanismes qui conduisent à s'orienter vers le champ d'activité. Par la suite, le processus a été catégorisé par comparaison.

Les assistant-e-s maternel-le-s issu-e-s de l'immigration interrogé-e-s en Allemagne de l'Ouest dans le cadre de cette étude sont âgé-e-s de 35 à 51 ans. Les interviewé-e-s viennent majoritairement des États de l'ex-Union soviétique ou de l'ex-Yougoslavie. Parmi les pays d'origine situés à l'est de l'Allemagne se trouvent : la Slovaquie, la Biélorussie, la Serbie, la Pologne, le Kazakhstan, la Russie. En second lieu figurent des pays du Sud : la République dominicaine, le Mexique, le Maroc et l'Afrique du Sud. Ils-elles ont en moyenne cinq frères et sœurs. En 2012, la part des femmes employées dans le domaine de l'assistance maternelle s'élève à 96 % sur l'ensemble du territoire fédéral (Destatis, 2012 : 24). Sur les douze personnes interrogées, deux hommes sont néanmoins partie prenante de la présente étude.

Les assistant-e-s maternel-le-s issu-e-s de l'immigration interrogé-e-s en France dans le cadre de cette étude sont typiquement des femmes d'âge moyen – entre 30 et 50 ans – d'origine maghrébine. La plupart du temps, elles ont immigré en France depuis l'Algérie ou la Tunisie. Elles ont en moyenne sept frères et sœurs. Seules deux personnes viennent d'autres régions du monde, d'Amérique du Sud et d'Afrique subsaharienne. L'histoire des colonies françaises et le développement postcolonial expliquent la présence importante des assistantes maternelles maghrébines. Avant la première migration, elles disposent déjà, la plupart du temps, de bonnes connaissances de la langue française et de la structure institutionnelle. Des demandes ciblées n'ont pas non plus permis de rencontrer des interlocuteurs masculins. En 2008, la part des hommes travaillant comme assistant maternel à domicile est seulement de 0,4 % (cf. Insee).

3.2.1. Les carrières professionnelles contrariées en Allemagne : Amalia, Marja et les époux Welter

Amalia, l'infirmière contrariée

Je rencontre Amalia[17] dans son appartement, dans un quartier résidentiel simple et calme d'Allemagne de l'Ouest. Elle a 51 ans. Ses enfants jouent dans la chambre d'enfants pendant que nous discutons. Son mari n'est pas là. Amalia élabore son récit de vie de manière très généalogique, calmement, et dans un allemand courant.

Le récit d'Amalia débute avec son enfance, passée dans une famille nombreuse de la République socialiste tchécoslovaque (ČSSR). Ses deux parents travaillent. Sa famille nourrit une attitude critique par rapport au gouvernement communiste. Cette attitude – ses parents n'adhèrent pas au

[17] Les noms, les lieux et les autres indications relatives aux personnes de cette étude ont été modifiés afin de garantir leur anonymat.

Parti communiste – a des conséquences négatives sur sa formation institutionnelle. Sa vie sous le socialisme, selon sa description, est conditionnée de l'extérieur. Les études lui sont refusées, elle suit à défaut une formation d'infirmière puéricultrice et travaille ensuite dans un foyer pour enfants. De là, elle est mutée au service de soins intensifs d'une clinique, et travaille en outre pour un service ambulancier et un sanatorium pour asthmatiques.

Lorsque les sorties du territoire de la ČSSR sont officiellement autorisées en 1989, elle en sollicite une immédiatement. Grâce à sa qualification professionnelle en tant qu'infirmière puéricultrice, elle participe à un programme de recrutement ciblé. Elle est directement transférée dans une clinique universitaire à la recherche de personnel qualifié en Allemagne. Après une phase de reconnaissance, au cours de laquelle elle apprend l'allemand et reprend des éléments de sa formation dans le système de santé allemand, une nouvelle vie quotidienne et professionnelle débute pour elle à l'âge de 31 ans. Au total, elle travaille onze ans en service continu dans les équipes d'une clinique universitaire en Allemagne de l'Ouest, avec lesquelles elle maintient un réseau stable de contacts sociaux. Avec un permis de séjour et de travail à durée indéterminée ainsi qu'un emploi fixe, Amalia est totalement intégrée au monde du travail.

Avec son mari, également migrant d'Europe de l'Est, qui travaille en service continu en hôtellerie, elle fonde une famille. Elle décrit ainsi les processus sous-jacents à la nouvelle orientation professionnelle résultant de cette situation :

> *Alors alors, le travail me plaisait beaucoup. Hem beaucoup. Et ensuite je me suis mariée. J'ai eu ensuite mon premier enfant en 1996. Bien. Et ensuite hem, c'était un peu plus difficile pour moi avec le travail. Mais je l'ai quand même fait encore relativement longtemps. Euh c'était difficile parce que mon mari travaillait aussi en service continu. Dans=dans le domaine de l'hôtellerie, et*

euh, avec l'enfant c'était un peu, oui, nous devions un peu toujours nous mettre d'accord, avec le tableau de services, etc. Et, bon, avec un enfant ça fonctionnait encore très bien. Euh quatre ans après nous avons eu un deuxième enfant. Oui, et à partir de là, c'était encore plus difficile pour moi. Mais nous avons euh continué encore trois ans. J'étais en partie, j'ai été un an ensuite à la maison, complètement. En congé maternité – enfin en congé parental. Et euh quand la fille ensuite, donc la fille est la plus âgée, elle est allée à l'école et mon fils est allé à la maternelle. Et à partir de là, nous avons pensé que ce n'était plus possible que nous travaillions tous les deux. [Hm.] Parce que euh, oui, déjà à cause de l'école. Qui, oui, en Allemagne commence, enfin vous connaissez sans doute ça, que l'école commence parfois à huit heures, parfois à neuf heures moins le quart, ou à neuf heures et demie. Et euh oui, au début nous n'avions pas eu de place en garderie. Eh oui, au début mon fils n'allait à la maternelle que le matin, jusqu'à douze heures. Et euh, avec le service en service continu ce n'était euh plus possible. Et ensuite j'ai vraiment démissionné. Après onze ans, et euh au début je suis restée à la maison. Et j'ai remarqué relativement vite que financièrement, mais aussi en général, ça n'allait pas, ça n'allait plus. Et hem, j'ai cherché des alternatives. Et à cette époque l'agence d'assistance maternelle se trouvait au coin de la rue, dans la rue. Et euh j'y suis allée un jour, et j'ai demandé euh ce qu'il était possible de faire là-bas, et là j'ai vraiment rencontré une dame très gentille alors. Et elle m'a tout expliqué, le fait que j'avais la possibilité de devenir assistante maternelle. Et euh, j'ai été inscrite relativement rapidement à un cours, le premier cours de qualification. Et donc je l'ai fait ensuite[18].

---

[18] Version originale en allemand : *„Also, also, die Arbeit hat mir sehr gut gefallen. Ähm gut. Und dann hab ich geheiratet. Hab ich dann mein erstes Kind bekommen in 1996. Gut. Und dann ähm, dann war's bisschen schwieriger für mich mit der Arbeit. Hab ich's aber noch relativ lange dann gemacht. Äh schwierig war das wegen, mein Mann hatte auch im Schichtdienst gearbeitet. In=in Hotelbereich und äh mit dem Kind war das bisschen, ja, wir mussten uns bisschen immer absprechen, mit dem Dienstplan usw. Und, gut, mit einem Kind hat das noch ganz gut geklappt. Äh vier Jahre später bekamen wir noch zweites Kind. Ja, und ab da war das für mich äh noch schwieriger. Wir haben das aber noch drei Jahre dann äh ja durchgezogen. Teilweise war ich, ein Jahr war ich dann zu Hause, ganz. In Mutter-*

Le cas de figure d'Amalia montre à quel point la vie professionnelle en Allemagne, pour une migrante qualifiée et intégrée, se trouve radicalement compliquée par la maternité. Tandis que l'organisation familiale demeure possible dans le cas d'un enfant, les déficits en termes de garde ne peuvent plus être comblés dans le cas d'un deuxième enfant. Le récit d'Amalia illustre la situation classique d'incompatibilité entre famille et travail qui en Allemagne reste problématique lorsque l'enfant atteint ses trois ans. Le monde du travail, les structures institutionnelles (écoles et écoles maternelles) ainsi que le travail en service continu de son mari exigent d'Amalia plus de flexibilité qu'elle ne peut en dispenser. Les congés d'éducation (dont le congé parental subventionné pendant un an) constituent une solution temporaire, mais ils compliquent la réinsertion dans le domaine professionnel lorsque les enfants commencent à fréquenter la maternelle

---

äh also in Elternzeit. Und äh als die Tochter dann, also die Tochter ist die ältere, ist dann in die Schule gegangen und mein Sohn ins Kindergarten. Und ab da haben wir gedacht, das ist nicht mehr möglich, dass wir beide arbeiten. [Hm.] Weil äh, ja, schon allein wegen der Schule. Das, ja, in Deutschland fängt, also, das kennen Sie aber bestimmt, dass die Schule mal um acht, mal viertel vor neun anfängt oder um halb zehn. Und äh ja, wir hatten auch kein Hortplatz erst mal bekommen. Und ja, mein Sohn war in Kindergarten erst mal nur Vormittag bis zwölf Uhr. Und äh, mit der Schichtarbeit war das dann äh nicht mehr möglich. Und dann hab ich wirklich gekündigt. Nach elf Jahren und äh bin ich erst mal zu Hause geblieben. Und hab ich aber relativ schnell gemerkt, so finanziell, aber auch überhaupt, geht das nicht=nicht lange gut. Und ähm ja hab ich nach Alternative gesucht. Und damals war die Tagepflegevermittlung hier um die Ecke, in der Straße. Und äh da bin ich eines Tages hingegangen und hab ich dann äh gefragt, was da überhaupt möglich ist zu machen und ich habe da wirklich ganz nette Dame getroffen damals. Und sie hat mir das alles erklärt, dass ich die Möglichkeit habe, Tagesmutter zu werden. Und äh hab ich dann auch relativ schnell ein Kurs bekommen, also, diese erste Qualifikationskurs. Und das hab ich dann auch gemacht.“

et l'école. Pour Amalia, qui est très orientée vers le marché du travail, l'assistance maternelle représente ainsi tout du moins une solution pour *demeurer* professionnellement active.

Marja, une orientation dirigée vers le care

Marja est une assistance maternelle polonaise de 40 ans vivant dans une banlieue urbaine d'Allemagne de l'Ouest. Ses parents, comme Amalia, travaillaient tous les deux, elle a trois frères et sœurs et parle couramment l'allemand. Après le baccalauréat, elle suit une formation dans le domaine du tourisme. En 1996, alors que la Pologne ne fait pas encore partie de l'UE, elle travaille un an en tant que jeune fille au pair au domicile d'une infirmière de bloc opératoire, mère célibataire : elle s'occupe de sa fille et apprend l'allemand. Par la suite, elle s'inscrit à l'université dans un cursus de pédagogie (par l'art).

Une nouvelle étape de la vie de Marja commence lorsqu'elle tombe enceinte pendant ses études. Le bouleversement de sa vie professionnelle, de ses études à son ancrage dans le domaine du *care,* est indissociable de l'éducation de son fils, né en 2000 :

> *Hem oui, je dois réfléchir, oui entre-temps je me suis mariée. Et puis j'ai étudié. Et ensuite j'ai eu mon enfant. Et j'ai étudié ((rires)). Et euh oui et ici, en banlieue, j'ai constaté que la thématique de la garde d'enfants était euh encore très peu développée. Hem ce qui veut dire euh pour étudier il fallait que nous nous organisions vraiment entre nous, pour que je puisse me rendre en ville. Parce que hem, on ne pouvait tout simplement pas avoir de place en garderie quand on ne travaillait pas. Et c'était aussi vraiment très compliqué. Il fallait en fait inscrire les enfants dès la naissance pour pouvoir avoir une place. [Hm.] Et hem c'était vraiment, vraiment très compliqué et hem, oui après les études, mon fils était en fait, je dois réfléchir, il avait déjà presque terminé l'école maternelle, il devait aller à l'école. [...] Euh à ce moment j'avais aussi une offre ici, à l'école primaire. Que je pouvais proposer quelque chose comme ça pour les enfants, mais c'était*

toujours le problème : qu'est-ce que je fais de mon enfant pendant ce temps. Parce que mon mari rentrait tard à la maison, l'après-midi ou le soir, et hem soit je devais l'emmener avec moi, ou bien organiser quelque chose pour lui. Et comme je savais à l'époque que ce serait, qu'il resterait mon seul enfant et hem, je voulais hem être un peu à ses côtés quand même, hein ? [Hm.] Euh j'ai pensé que je trouvais ça dommage que mon enfant soit gardé par des étrangers pour, enfin, pour que je garde d'autres enfants. [Hm] Et hem à l'école maternelle euh il y avait une assistante maternelle dans notre cercle de connaissances. Et nous avons fait beaucoup de choses avec les enfants et j'ai pu un peu suivre comment ce, comment c'était organisé. Et euh j'ai pensé que peut-être, c'est une alternative pour la période de l'école primaire, dans un premier temps. Euh pour concilier tout ça. Que je pouvais donc travailler dans ce domaine, dans le domaine pédagogique donc. Et quand même être là pour mon enfant. Oui, pour qu'il puisse rentrer à la maison après l'école. Et je suis là, et il a quand même des contacts avec d'autres enfants. Et euh que c'était peut-être une bonne idée. Et quand même, je peux aussi faire quelque chose professionnellement et aussi avec l'art, parce qu'avec les petits, évidemment, on peut aussi faire beaucoup de choses. Et euh oui, et après je me suis renseignée en ville pour voir comment ça se présentait. Et là, j'ai été entraînée là-dedans très rapidement, pour ainsi dire. Parce ce que c'est très ((rire)), enfin oui, à l'époque c'était aussi, jusqu'à maintenant c'est très recherché, on recherchait des personnes dans le secteur de l'assistance maternelle. La ville voulait développer ça et hem oui, j'ai fait le premier cours comme ça et hem, ça a duré à peu près trois mois. Hem et après, après quatre autres mois, j'ai déjà eu mon premier enfant en garde, ici[19].

---

[19] V.o. : *„Ähm ja, muss ich überlegen, ja zwischendurch hab ich geheiratet. Und dann studiert. Und dann hab ich mein Kind bekommen. Und studiert ((lacht)). Und äh ja und hier in der Vorstadt hab ich festgestellt dass die, dass das Thema Kinderbetreuung äh noch sehr unterentwickelt war. Ähm das heißt ähm um zu studieren, mussten wir das wirklich privat organisieren, dass ich in die Stadt fahren konnte. Weil ähm, also man hat einfach keinen Betreuungsplatz bekommen, wenn man nicht gearbeitet hat. Und das war auch eigentlich auch sehr kompliziert. Musste die Kinder wirklich schon bei der Geburt anmelden, um hier den Platz zu bekommen. [Hm.] Und ähm das war wirklich, wirklich sehr schwierig und ähm tja nach dem*

Après que Marja, pendant son année en tant que jeune fille au pair, ait contribué à équilibrer le déficit de *care* d'une mère célibataire, elle se trouve elle-même confrontée à cette problématique. Comme beaucoup d'autres mères en Allemagne, la naissance de son enfant l'incite à reporter pour plusieurs années l'exercice d'un travail rémunéré. Parallèlement au déficit en termes de services publics de garde en Allemagne, l'immigration de Marja (et probablement, également de son mari) prive de l'aide apportée par des parents résidant à proximité. Marja doit

---

Studium war mein Sohn eigentlich, muss ich überlegen, der war eigentlich schon fast fertig mit dem Kindergarten, sollte in die Schule. [...] Äh da hatte ich auch so ein Angebot hier in der Grundschule. Dass ich so was für die Kinder anbieten könnte, aber da war immer das Problem: was mach ich mit meinem Kind, in der Zeit. Weil mein Mann auch erst spät, nachmittags oder abends, nach Hause kam und ähm entweder musste ich dann ihn mitnehmen oder für ihn was Organisierung. Und da ich damals wusste, dass es, dass er mein einziges Kind bleibt und ähm ich wollte das schon so ein bisschen ähm begleiten, ja? [Hm.] Äh hab ich mir gedacht, ist mir schade, wenn, wenn mein Kind dann von Fremden betreut wird, um, also, damit ich andere Kinder betreue. [Hm] Und ähm im Kindergarten äh hatten wir im Bekanntenkreis eine Tagesmutter. Und wir haben viel mit den Kindern unternommen und ich konnte das so ein bisschen so verfolgen, wie das so, wie das organisiert wird. Und eh ich dachte vielleicht ist es erst mal eine Alternative für die Grundschulzeit. Äh um das alles zu vereinbaren. Dass ich so in diesem Bereich, also, pädagogischen Bereich arbeiten kann. Und trotzdem für mein Kind da bin. Ja, dass er dann nach der Schule nach Hause kommt. Und ich bin hier und trotzdem hat er Kontakt zu anderen Kindern. Und äh dass es vielleicht eine gute Idee wäre. Und trotzdem kann ich dann auch so beruflich was machen und auch mit Kunst, weil mit Kleinen kann man natürlich auch viele Sachen machen. Und ähm ja und dann hab ich in der Stadt nachgefragt wie das aussieht. Und da bin ich irgendwie so ganz schnell reingerutscht. Weil es sehr ((lacht)) also so ja, damals war das auch, bis jetzt ist es sehr gesucht, also Personen gesucht für die Kindertagespflege. Die Stadt möchte das ausbauen und ähm ja hab ich so den ersten Kurs gemacht und ähm ja das hat auch so drei Monate gedauert. Ähm und dann nach weiteren vier Monaten hab ich schon meine ersten Kinder betreut, hier."

elle-même prendre en charge les problèmes de garde de dernière minute. Le mari de Marja – un Allemand qui a lui-même immigré depuis la Pologne – devient temporairement la seule source de revenu de la famille, ce qui explique qu'il assume moins de travaux de reproduction au sein de la famille. Pendant le congé parental, Marja développe un désir de *care* explicite. La garde potentielle de son propre fils par un tiers menace désormais cette position. Au moment où elle appréhende la menace de la garde de son propre fils par un tiers, Marja souligne ainsi la valeur du travail de *care.* Finalement, Marja transfère son rôle d'assistante familiale et sa formation pédagogique et artistique vers le secteur de l'assistance maternelle. En tant qu'assistante maternelle professionnelle, elle met l'accent sur l'impulsion créative de son nouveau travail.

L'entrée de Marja dans le champ professionnel de l'assistance maternelle en 2009 coïncide avec le programme étatique destiné à augmenter les taux de garde, et s'accorde ainsi avec la volonté des institutions d'ouvrir la branche professionnelle. Le paradoxe, qui consiste à considérer d'un point de vue critique la garde de son propre enfant par un tiers, et dans le même temps à prendre en charge professionnellement d'autres enfants par le biais de l'assistance maternelle, se retrouve dans la plupart des récits.

Les époux Welter : de la perte et de la (ré)appropriation d'une activité pourvoyeuse de sens

Monsieur et Madame Welter vivent dans une ville moyenne d'Allemagne de l'Ouest. Dans cette même ville vivent les catégories de la population dotées des plus faibles revenus, parmi lesquelles beaucoup de migrantes et de migrants. Les habitats, alignés les uns après les autres, s'apparentent à des logements sociaux. Les places sont animées. Madame Welter, au moment où nous nous rencontrons, est âgée de 55 ans, Monsieur Welter de 57 ans. Ils ont deux enfants et deux petits-enfants. Tous deux ont l'air enjoué. Au cours de notre rencontre, ils interagissent comme s'ils dansaient une chorégraphie fusionnelle.

Le récit de Monsieur Welter remonte à la fin du XVIIIe siècle, au temps de la Grande Catherine. Ses ancêtres-aïeules étaient des immigrant-e-s allemand-e-s qui avaient trouvé du travail dans la République allemande de la Volga (probablement dans le domaine agricole). Après l'attaque de l'Union soviétique par l'Allemagne hitlérienne et la dissolution de la République allemande de la Volga en 1941, sous Staline, ils-elles sont déplacé-e-s de force. Monsieur Welter naît ainsi dans les années 1950 dans une famille allemande de Russie, dans un village kazakh. Monsieur Welter vit ensuite une jeunesse villageoise dans le nord du Kazakhstan, et obtient un diplôme de l'enseignement secondaire. Il étudie ensuite l'art dans une école spécialisée du supérieur. Ses études sont interrompues par le service militaire. Il poursuit ensuite ses études en Russie et obtient un poste de chorégraphe dans un théâtre. Il y rencontre une metteure en scène de théâtre et en tombe amoureux, il s'agit de sa femme : « *Et puis, donc, c'est là que je l'ai rencontrée ((rires))* – Madame Welter : *Tout de suite des enfants ! – Oui, nous avons tout de suite eu un enfant.* »[20]

Madame Welter est née dans une grande ville russe, et y grandit avec ses deux sœurs. Pour ses études, elle déménage dans une autre ville de Russie. « *Et c'est là que j'ai rencontré ce fou.* – Monsieur Welter *: Un Allemand ! – Un Allemand, et bien sûr mes parents l'étaient aussi, mes deux parents avaient participé à la Seconde Guerre mon-*

---

[20] V.o.: „*Dann, also, da habe ich sie getroffen ((lachen))* – Frau Welter*: Sofort Kind gekriegt! – Ja, wir haben sofort ein Kind gekriegt.*"

diale. »[21] Les deux époux forment un couple atypique. Les Welter se marient, même si les deux familles désapprouvent ce « mariage mixte ». Tout de suite après leurs études, ils ont leur première fille – Madame Welter a un peu plus de vingt ans –, et peu de temps après encore un fils. Au théâtre, ils concilient travail de mise en scène et chorégraphie au sein de projets communs. Ils acquièrent une bonne réputation dans le milieu, ils sont connus et estimés.

Après la chute du rideau de fer, la Russie est sous pression économiquement. Monsieur et Madame Welter craignent de ne pas pouvoir se maintenir à flot durablement avec leur métier. Ils songent à l'avenir de leurs enfants, à qui ils voudraient pouvoir assurer un haut niveau de formation. Ils migrent vers l'Allemagne via le statut de rapatrié (la loi sur les personnes déplacées – *Bundesvertriebenengesetz* – de 1970 permet aux Allemands de la Volga d'entrer sur le territoire allemand et d'obtenir la naturalisation). À cette époque, les enfants sont jeunes.

Aucun des deux époux Welter ne peut continuer à travailler dans le domaine théâtral, notamment à cause de connaissances linguistiques approximatives. Les conséquences de la migration les astreignent à une réorientation de leur vie professionnelle. Ils se trouvent bientôt contraints d'accepter un travail à l'usine fourni par le beau-frère de Monsieur Welter. Ce travail va fortement à l'encontre de leurs conceptions intellectuelles et artistiques.

> Monsieur Welter : *Et e n s u i t e, nous avons travaillé dans une usine pendant cinq ans.*
> Madame Welter : *Oui, comme dans une prison.*
> Monsieur Welter : *Nous-*

---

[21] V.o. „*Und da habe ich diesen Verrückten getroffen.* – Herr Welter*: Ein Deutscher! – Ein Deutscher, und natürlich meine Eltern waren auch, beide waren die Zweite Weltkrieg Teilnehmer.*"

Madame Welter : *C'était une erreur.*
Monsieur Welter : *C'était, ce n'était absolument pas notre, en fait, euh ça ne nous correspondait pas du tout. C'était la vraie prison pour nous, nous avons gagné notre vie là-bas, mais ce n'était vraiment pas beau, pour notre esprit (rires), pour notre âme, tout. Et pour nos corps. Nous souffrons encore toujours de, de euh, nous avons toujours, encore, le...*
Madame Welter : *Quoi ? !*
Monsieur Welter : *Que ((dit quelque chose en russe))*
Madame Welter : *Conséquence.*
Monsieur Welter : *La conséquence de, de l'usine. Oui, les épaules sont foutues, les coudes [hm]*[22].

Le nouveau travail, ressenti comme une aliénation, conduit à une crise émotionnelle. Pour tous deux, le changement n'est pas seulement de nature économique, même s'il advient à partir de prémisses économiques. Leur aspiration artistique à l'autonomie, qui est dans le même temps leur moyen d'expression *intellectuel,* est soudainement vidée de sa substance. Le travail à la chaîne remplace la libre pensée créative.

Madame Welter explicite plus précisément comment la réalité complexe du marché du travail, après la migration, conduit à une réorientation dans le domaine de l'assistance maternelle :

Madame Welter : *Nous avons tout de suite signé un contrat fixe. Et pour nous, c'était catastrophique. Parce que nos enfants étaient*

[22] V.o.: Herr Welter: *Und d a n n arbeiten wir in ein Fabrik fünf Jahre lang.* – Frau Welter: *Ja, wie in eine Gefängnis.* – Herr Welter: *Wir-* – Frau Welter: *Das war eine Fehler.* – Herr Welter: *Das war, das war absolut nicht unsere, also, äh das passte zu uns gar nichts. Das war die eigentliche Gefängnis für uns (), wir haben unseren Lebensunterhalt dort verdient, aber das war wirklich nicht schön, für unsere Geist, ((lacht)), für unsere Seele, alles. Und für unsere Körper. Wir leiden immer noch von der, von der äh wir haben immer noch die...* – Frau Welter: *Was?!* – Herr Welter: *Was ((sagt etwas auf Russisch))* – Frau Welter: *Nachfolge.* – Herr Welter: *Die Nachfolge von der, von der Firma. Ja, die Schultern sind kaputt, die Ellenbogen [hm].*

encore à l'école. Et euh nous n'avions pas d'argent. Donc nous ne pouvions pas simplement démissionner, parce qu'ensuite, nous n'aurions pas eu de revenus pendant trois mois euh de la part de l'agence pour l'emploi et du bureau d'aide sociale. Et c'était vraiment – ((elle s'exprime brièvement en russe)).
Monsieur Welter : *Oui, comme un piège.*
Madame Welter : *Comme un piège. Parce que d'un côté nous ne voulions pas travailler, de l'autre nous ne pouvions pas démissionner. Et ça a duré. C'était horrible. C'était la pire période, cinq ans, la période la pire de notre vie, du temps perdu. Parce que moi, personnellement, à la fin de la cinquième année, je voulais tout simplement mourir. Vraiment. J'ai ouvert les yeux. Je ne veux plus continuer à vivre. Et là, mon mari m'a sauvée.*
Monsieur Welter : *Sauvée ((rires)).*
Madame Welter : *Sauvée, oui. Un jour, oui, notre fille avait eu son premier enfant. Pendant les études. L'enfant était très petit et euh, et ils habitaient ici, euh, à côté. Et nous ne pouvions voir notre petit-enfant euh seulement une fois toutes les deux semaines. C'était dur. Bien sûr, nous voulions le voir plus souvent, c'était notre premier petit-enfant. Et ensuite notre chef a fait une proposition à mon mari. Donc euh le salaire maximal ((rires)) donc et-*
Monsieur Welter : *En tant que conducteur de charriots élévateurs.*
Madame Welter : *Oui ((rires)) et il a dit euh : Licencie-moi plutôt. Et nous avons été licenciés. Et là, nous avons eu la chance de pouvoir commencer quelque chose de nouveau. Parce que j'avais déjà eu une idée. Une de mes collègues, une collègue allemande, aussi dans cette usine, m'a dit une fois : Je ne comprends pas, pourquoi hem tu ne fais pas de l'assistance maternelle ? Moi : Qu'est-ce que, qu'est-ce que c'est l'assistance maternelle ? Parce qu'en Russie euh, à l'époque ça n'existait pas. Il n'y avait que des crèches et des maternelles étatiques. C'était tout. Et euh après j'ai regardé sur Internet ce que c'était en fait l'assistance maternelle et hem c'était, c'était à l'époque de Schröder, il y avait ce programme pour les travailleurs indépendants. Et euh j'ai réfléchi, oui, nous pouvons faire ça, vraiment. Et je lui ai parlé de mon concept. Que nous gardons des enfants, que nous faisons deux langues, que nous parlons russe avec les enfants. Peu importe les enfants que nous avons, s'ils sont allemands ou russes. Ou bien, maintenant nous avons des Américains, etc. Mais nous parlons russe, allemand, et... ça a marché. Simplement... C'était une idée et ça a marché. Et euh la euh l'ambiance c'était notre propre euh petits-enfants, parce que justement, à ce moment-là notre fils nous avait annoncé que euh la copine, à l'époque c'était la copine, et ils*

habitaient tous les deux chez nous, elle était enceinte. Et elle allait encore à l'école. Et ensuite nous avons compris, nous n'avons pas d'autres–

Monsieur Welter : *Il faut s'occuper de ça.*

Madame Welter : *-pas d'autre choix que de, maintenant, faire vraiment cette assistance maternelle. Et nos premiers enfants en garde étaient nos propres petits-*

Monsieur Welter : *Quand l'enfant est né, là nous avons tout de suite fait la, le métier. Et nous, nous euh avons tout de suite mis en place la crèche de jour.*

Madame Welter : *Notre soutien n'était pas euh financier, si financier, mais très faible, parce que euh tout d'abord nous avons aussi très, très peu gagné, et nous n'avions pas assez d'argent pour nous. Euh au lieu de ça nous avons, ils étaient tous exactement comme nous. Ils se sont mariés tôt, ils ont eu tôt des enfants, après les études. Euh et notre fils a euh eu un enfant juste après le lycée.*

Monsieur Welter : *Aussi, aussi-*

Madame Welter : *Aussi avec une jeune femme et euh ils étaient tous chez nous et après, nous avons simplement pris cette décision euh, de faire de l'assistance maternelle ici...*

Monsieur Welter : *C'était-*

Madame Welter : *À cause de nos propres petits-enfants et euh enfants, parce qu'ils devaient continuer à étudier ((rires)). Et ils devaient bien avoir une possibilité. [...]*

Monsieur Welter : *Maintenant nous faisons vraiment quelque chose euh qui a du s e n s.. Hem avec notre nouveau, nouveau travail, avec les enfants. Ça a vraiment du sens ((rires)). D'une certaine manière, tout ça est vécu d'une façon nouvelle euh nouvelle, ou comme euh nous percevons tout ça différemment, déjà. Ce que nous avons fait avant et ce que nous faisons maintenant. Ce que nous faisons maintenant, pour nous euh ça joue un rôle beaucoup plus important que euh notre passé. Les gens nous respectent aussi et nous les respectons aussi-*

Madame Welter : *Nous avons un bon sentiment, que nous faisons un euh travail qui est vraiment nécessaire*[23].

[23] V.o.: Frau Welter: *Wir haben sofort eine fest Vertrag bekommen. Und das war für uns Katastrophe. Weil unsere Kinder haben gelernt noch. Und ähm wir haben keinen Geld gehabt. Also wir könnten nicht einfach uns kündigen, weil dann sollten wir drei Monaten keine Unterhalt äh von Arbeitsamt und Sozialamt bekommen. Und es war wirklich- ((spricht kurz auf Russisch))* – Herr Welter: *Ja, wie eine*

Falle. – Frau Welter: *Wie eine Falle. Weil von andere Seite wir wollten dann nicht arbeiten, von andere, wir konnten nicht kündigen. Und es hat gedauert. Das war furchtbar. Das war die schlimmste Zeiten, fünf Jahren, die schlimmsten verlorenen Zeiten in unsere Leben. Weil ich persönlich am Ende fünfte Jahre ich wollte einfach sterben. Wirklich. Ich habe die Augen geöffnet. Ich will nicht leben weiter. Und dann hat mein Mann mir geretten.* – Herr Welter: *Gerettet ((lacht)).* – Frau Welter: *Gerettet, ja. Ein Tag, ja, unsere Tochter hatte erste Kind bekommen. Bei Studium. Kind war sehr klein und äh sie haben hier äh in Ort gewohnt. Und wir können unsere Enkelkind äh nur einmal in zwei Wochen sehen. Das war schwer. Wir wollen natürlich mehr sehen, das war erste Enkelkind. Und dann unsere Chef hat meinem Mann eine Vorschlag gegeben. Also äh die höchste Gehalt ((lacht)), also und-* – Herr Welter: *Als Stapelfahrer.* – Frau Welter: *Ja ((lacht)) und er hat gesagt äh: Besser kündige mir. Und wir waren gekündigt. Und dann haben wir eine Chance bekommen was Neues anzufangen. Weil ich habe schon eine Idee gehabt. Eine von meine Kollegen, deutsch Kollegin da ist, auch diese Betrieb, hat mir einmal gesagt: Ich versteh nicht, wieso ähm machst du nicht Tagespflege? Ich: Was, was ist Tagespflege? Weil in Russland äh war, damals gab sowas nie. Das war nur staatliche Krippe und Kindergarten. Das war's. Und äh dann habe ich im Internet geguckt, was eigentlich ist Tageskinderpflege und ähm da war im, das war die Zeiten von Schröder, war diese Programm für Selbstständige. Und äh ich habe überlegt, ja, das können wir tun, wirklich. Und ich habe ihm meine Konzept erzählt. Dass wir nehmen Kinder, dass wir machen zwei Sprachen, dass wir sprechen Russisch mit Kindern. Egal, was für Kinder wir haben, ob sie Deutsche sind oder Russen. Oder, jetzt haben wir Amerikaner, usw. Aber wir sprechen Russisch, Deutsch und... es hat geklappt. Einfach... Das war eine Idee und das hat geklappt. Und äh die äh die Stimmung war unsere eigene äh Enkelkinder, weil gerade in diesem Moment hatte mein Sohn uns benachrichtigt, dass äh die Freundin, die war damals Freundin und sie haben beide bei uns gewohnt, dass sie schwanger. Und sie war noch Schülerin. Und dann haben wir verstanden, wir haben keine andere-* – Herr Welter: *Das muss gesorgt werden.* – Frau Welter: *-keine andere Wahl haben, als jetzt wirklich diese Kindertagespflege zu machen. Und erste Kindertageskinder waren unsere eigene Kind-* – Herr Welter: *Wenn das Kind geboren sind, dann machen wir sofort die, das Beruf. Und wir, wir äh gründen sofort die Tageskrippe.* – Frau Welter: *Unsere Unterstützung war nicht eh finanziell, finanziell schon, aber sehr wenig, weil äh zuerst haben wir auch sehr, sehr*

Le cas des époux Welter montre comment des migrant-e-s plus âgé-e-s, suite à des circonstances familiales, peuvent également exercer le métier d'assistant-e-s maternel-le-s. La brève constatation de Monsieur Welter : « *Il faut s'occuper de ça* » contient toutes les indications permettant de comprendre et d'interpréter le basculement dans le domaine de l'assistance maternelle. Il *faut* s'occuper des enfants, des enfants qui sont eux-mêmes encore pris en charge (qui habitent en partie encore dans le foyer personnel), c'est-à-dire des enfants mais aussi des petits-enfants. Le déficit de *care* familial, les lacunes actuelles amplifiées en termes de garde exigent un travail de prise en charge afin que le projet familial par rapport à ses propres enfants n'échoue pas. Il est intéressant de constater que le soutien (grand) parental ne concerne pas seulement des transferts financiers. Ces biens sont rares. Le soutien concerne des prestations de services privées relatives aux petits-enfants, et transférées dans un travail salarié public. Le concept d'éducation multilingue dans le secteur de l'assistance maternelle fait écho à l'exigence

---

wenig verdient und wir hatten nicht für uns Geld genug. Äh sondern wir haben, die waren genauso alle wie wir. Die haben früh geheiratet, früh Kinder gekriegt, nach dem Studium. Äh und unsere Sohn hat das äh gerade nach dem Gymnasium ein Kind gekriegt. – Herr Welter*: Auch, auch-* – Frau Welter*: Auch mit eine junge Frau und äh die waren alle bei uns und dann haben wir einfach diese Entscheidung getroffen äh Tagespflege hier zu machen...* – Herr Welter*: Das war-* – Frau Welter*: wegen unsere <u>eigene</u> Enkelkinder und äh Kinder, weil die sollen doch weiter studieren ((lacht)). Und die sollen doch eine Möglichkeit haben. [...]* – Herr Welter*: Wir machen jetzt wirklich was () äh was das S i n n macht. Ähm mit unsere neue, neue Beruf, mit den Kindern. Das macht <u>wirklich</u> Sinn. ((Lacht)) Irgendwie dass alles wird neu äh neu gelebt oder wie äh wir betrachten das alles schon anders. Was wir früher gemacht haben und was machen wir jetzt. Das was wir jetzt machen für uns äh spielt viel größere Rolle als äh unsere Vergangenheit... Die Leute respektieren und auch und wir respektieren die auch-* – Frau Welter*: Wir haben eine gute Gefühl, dass wir machen eine äh Arbeit die braucht man wirklich.*

intellectuelle des époux Welter et à la créativité qui l'accompagne (nous reviendrons sur ce point). Dans la mesure où ils accordent de nouveau du sens à leur activité professionnelle, ils peuvent surmonter le sentiment de déclassement lié au travail à l'usine.

3.2.2 Parcours en France : Lydia, Kaya et Noura

Lydia : le parcours classique

Lydia est une femme algérienne, que j'ai connue par le biais d'une travailleuse sociale dans un centre pour assistant-e-s maternel-le-s en France. C'est une jeune trentenaire, mariée depuis 13 ans, et qui a quatre enfants. Elle est pleine de vie et ouverte par rapport à mon projet. Alors que nous sommes encore en présence d'autres assistantes maternelles et de travailleuses sociales, elle propose de me raconter son parcours de vie, et se lance spontanément dans le récit suivant :

> *Bonjour. Je suis, je suis une assistante maternelle qui est née dans un pays étranger. Euh des années 80 alors je suis la 12e enfant d'une grande famille. Euh j'ai vécu une enfance très heureuse. Je, j'ai fait mes études comme tout le monde en primaire, parce qu'il n'y avait pas de maternelle. Et puis collège. Puis lycée. Euh j'étais, j'étais donc, au lycée j'étais en classe hem sciences, sciences naturelles. Euh j'ai passé des bons moments au lycée et pareillement au collège. J'ai pas, j'ai pas eu mon bac, parce qu'on m'a envoyé des photos de mon futur mari ((rires)). Alors euh voilà j'étais plus concentrée sur mon futur mari que, que mes études. Neuf mois après mon arrivée en France j'ai eu mon premier bébé.*

Puisque Lydia, après quelques phrases, en vient déjà à évoquer son parcours scolaire et le connote positivement, il semblerait que ce parcours ne joue pas un rôle accessoire dans sa vie actuelle. La rupture de la scolarité s'explique par la priorité qu'elle accorde au fait de fonder sa propre famille et à l'idée de devenir une femme mariée.

Alors que Lydia attend les papiers nécessaires pour pouvoir devenir membre de la famille de son mari, qui vit en France, elle suit une formation en tant que couturière : « *Euh entre-temps j'ai appris la couture en attendant que mon mari prépare mes papiers. J'ai fait des études, j'ai fait une formation de couturière. Euh pendant six mois. Sachant que je pratique même pas la couture.* » La formation de couturière, qu'elle considère dissociée de son parcours, relègue de nouveau les ambitions scolaires à l'arrière-plan. Pour la vie maritale qu'elle vise, les qualifications scolaires semblent n'occuper qu'une place marginale. À cette époque, la photo du mari exerce de plus un pouvoir symbolique qu'elle relie à un futur rôle de mère : « *Pour venir et construire ma propre famille ici.* » Le projet du mariage, essentiel dans sa vie en tant que projet de fonder une famille et promesse de bonheur personnel annoncé, peut être souligné rétrospectivement par Lydia car, au moment de l'entretien, il a été réalisé avec la naissance de quatre enfants. L'idéal de la mère de famille nombreuse et de la femme au foyer est solidement ancré dans son parcours de vie.

La nouvelle vie en France est déterminée par l'insertion au sein de la nouvelle famille. Le mari, qui lui-même parle très peu arabe, aide Lydia à améliorer son français. Avec sa belle-mère et sa belle-sœur, elle mène une vie au sein de la sphère domestique, certes accompagnée de conflits, mais qui se rapproche des sentiments familiers liés à la vie au Maghreb :

> *Et avec ma belle-maman et avec euh lui euh je connaissais pas encore la France, comment ça fonctionnait, comment, comment les gens ils pensent, comment ça marche dehors, je, euh sachant que j'aimais pas trop sortir dehors, parce que comme ça je sentais pas l'éloignement de ma famille, je sens pas que je suis dans un pays étranger.*

Pendant plusieurs années, cette concentration importante autour de la vie familiale conduit à un isolement par rapport à la société d'accueil. À cette époque, elle a trois enfants. En outre, le chômage du mari impacte la vie en

France. Le conducteur de chariot élévateur qualifié, pendant plusieurs années, ne trouve pas d'emploi fixe, et se procure seulement de petits boulots de différentes sortes, peu payés. Cette situation entrave l'indépendance du jeune couple. Ils ne peuvent participer à la société que modestement, puisque l'argent leur manque pour des achats ou des activités matérielles.

Cette situation précaire incite Lydia à rechercher pour la première fois une possibilité de gagner de l'argent en France. À cette époque, ses trois enfants sont encore jeunes, et sa volonté de préserver sa propre identité au sein du travail familial est importante. Elle cherche ainsi un moyen de gagner de l'argent sans devoir laisser la garde de ses enfants à un tiers. De plus, elle souhaite continuer à porter son voile pendant son activité : « *Et vu que je suis musulmane et je ne peux pas, j'ai pas, au moins de moi-même je peux pas enlever mon foulard pour sortir dehors.* » En France, l'interdiction d'exhiber des « symboles religieux ostensibles » dans les institutions publiques complique ainsi la recherche d'une activité appropriée. Depuis 2004, la France laïque considère le voile comme un symbole religieux. De surcroît, la rupture de l'éducation scolaire s'apparente désormais à un manque de qualification visible sur le marché du travail français. Elle constate que ses belles-sœurs ont vécu un conflit semblable, et qu'elles travaillent désormais en tant qu'assistantes maternelles chez elles, à domicile. Suite à cette observation elle décide également de travailler dans le domaine de l'assistance maternelle : « *Enfin bref, pour moi c'était la seule, la seule euh la seule porte de sortie pour euh pour travailler en fait. Je pouvais pas faire un autre travail.* » Lydia prend ainsi la voie de l'assistante maternelle via sa propre « porte d'entrée ».

Kaya : travail de care hétéronome vs travail de care autodéterminant

Kaya est la fille d'un couple algérien. Elle a 47 ans, trois enfants, elle est mère célibataire et travaille depuis sept ans en tant qu'assistante maternelle. Nous nous retrouvons dans le centre-ville où elle habite et nous rendons dans son appartement. Ses cheveux bouclés sont teints en blond. Elle porte un jean et un T-shirt. Kaya allume une cigarette et, spontanément, débute son récit par la phrase suivante : « *Euh .. déjà () moi, en fait quand je suis arrivée euh en France j'avais <u>pas de métier !</u>* »

Ce n'est pas par hasard que Kaya commence son récit par sa vie de femme adulte en France. Ses expériences en tant que mère célibataire de 33 ans, qui commence à se réinventer en France, marquent une coupure dans son histoire de vie, qui contraste fondamentalement avec sa vie antérieure en Algérie. Les migrations ont toujours conféré à la vie de Kaya une tournure particulière. Elle construit sa vie en trois parties, suivant ses différents domiciles : l'enfance en France, la vie en Algérie et la période adulte en France.

Kaya est née en France, dans une famille de huit personnes, et elle va aussi à l'école en France. Son père a migré en France dans les années 1950 suite à un recrutement, probablement dans l'un des secteurs du boom industriel. Après 1974, avec le changement de tendance de la politique migratoire, les rémigrant-e-s se voient promettre des primes financières sous la présidence de Giscard d'Estaing. Le père de Kaya décide alors de retourner en Algérie avec sa famille. À l'époque de la rémigration, Kaya a 14 ans, elle est socialisée au sein de la France républicaine et a internalisé des valeurs apprises dans la société française. Sa vie se transforme ensuite abruptement. Elle est mariée à 15 ans et « apprend » ce que peut signifier le statut de femme mariée en Algérie.

Elle quitte le parcours éducatif institutionnel commencé en France et vit un repli traumatique au sein de la sphère privée. Elle relate :

> *Je me suis mariée très jeune, parce que après j'en euh non, c'est des situations qui étaient les nôtres à un autre temps. C'est sur familial. Je me suis mariée. Je suis restée, bon bah. .. je suis restée euh 18 ans mariée avec euh le même homme. Entre-temps bah j'ai eu ma fille qui a maintenant 27 ans. Et j'ai vécu bah j'ai vécu en Algérie euh la vie euh, on va dire, très banale ! .. Très banale et très conne aussi, parce qu'en restant aussi à la maison euh, je restais que à la maison, hein ? ! Je travaillais pas, en restant à la maison et en fin de compte, quand je me suis mariée je me suis retrouvée dans un clan, d'une famille. C'est plusieurs frères qui vivaient dans la même maison. Mariés tous, mais avec leurs enfants, mais euh c'était euh une grande maison. Tout le monde y habitait .. En fin de compte pour la base euh c'est vrai que j'ai eu une autre éducation, parce que c'était pas la même parce que- moi j'en avais eu une française, on va dire. J'ai vécu en France. Après ça, je passais à une éducation de femme mariée. Mais très jeune et moi qui passe, qui connaissais presque rien de la vie euh. À 15 ans, on connaît rien. Et qui passe directement dans une situation comme ça, une situation de femme mariée et qui a des euh obligations, des=des choses qui- à cet âge-là, quand on se marie, on n'y pense pas. Après bon bah, avec le temps bah, on va dire, j'ai mes belles-sœurs, il a fallu que j'apprenne à faire à manger, il a fallu que j'apprenne euh .. à m'occuper d'un homme. Parce que euh pour moi, ce que j'avais eu, c'était des petits copains. C'était pas être une femme mariée.*

D'après le récit de Kaya, on peut tout d'abord déduire qu'elle a été impliquée dans les activités domestiques par le biais d'un mariage arrangé précoce, et que ces activités sont en contradiction avec son parcours de vie antérieur. La norme à laquelle elle s'adapte à contrecœur en Algérie est liée à une connotation féminine. Et ce, d'autant plus qu'à d'autres endroits du récit, elle se définit comme « *garçon manqué* ». L'éducation pour devenir une bonne épouse, qui se charge des responsabilités qui lui sont attribuées, implique des prestations de services de *care* non seulement envers son propre enfant et son mari, mais aussi envers l'ensemble de la communauté familiale. Des connaissances liées à la maternité, à la couture, à l'assemblage des tapis, au ménage, à la cuisine, à la garde des enfants et à l'administration de soins s'accumulent, sous le contrôle des belles-sœurs. Il est cependant indéniable que l'autonomie de Kaya est fortement réduite sous l'influence d'une famille élargie imposante et de conditions de vie patriarcales.

La perte d'autonomie de Kaya ne peut plus être niée lorsqu'elle entre dans l'âge adulte. Elle souhaiterait vivre de façon autodéterminée. À l'âge moyen, Kaya met fin à son existence en Algérie et quitte son mari. Elle émigre tout d'abord seule en France, avant de faire venir dans de brefs délais sa fille, alors âgée de 14 ans. Jusqu'à aujourd'hui, le divorce avec son mari n'a pas pu être entériné suivant la loi algérienne. Kaya peut cependant faire appliquer son droit à la double nationalité, puisqu'elle est née en France.

En France, Kaya doit brusquement subvenir aux besoins de sa famille, elle est mère célibataire et sans diplôme. Elle trouve temporairement une activité peu rémunérée. Un ou deux ans après la migration, elle a de plus une deuxième fille, et peu de temps après cela encore un fils. Elle est logée à l'étroit, ses moyens demeurent limités. Malgré une situation initiale précaire, elle décrit le bouleversement déclenché par la migration comme le début d'une nouvelle vie autonome :

> *Et bon bah j'ai refait ma vie, j'ai refait ma vie eh, j'ai refait ma vie comme moi je voulais. On va dire ((sourire)). Ça change de euh que ça soit un homme qui m'impose ma vie .. Parce que, quand on est en Algérie, la force de la femme elle y est pas. C'est ce que dit l'homme. Que là j'avais mes droits à moi euh, c'est vrai que=qu'en arrivant là j'ai trouvé cette situation de liberté. Qui m'a quand même avancé dans la vie. [...] Il a fallu que je réapprenne .. à vivre en tant que femme libre e t =et sociale. Parce que il faut retrouver une vie sociale ici.*

La migration fait fonction d'un acte de libération par rapport à l'oppression exercée par les structures sociales, qui limitent fortement les libertés de la femme. Il ne s'agit ainsi pas seulement de sa liberté personnelle, mais aussi de la liberté de fréquenter d'autres individus.

En France, la naissance de ses deux autres enfants permet à Kaya de percevoir une aide destinée aux parents célibataires d'environ 950 € jusqu'au troisième anniversaire de son plus jeune enfant : l'allocation de parent isolé, qui est intégrée au Revenu de solidarité active (RSA) depuis 2009. Avant le troisième anniversaire de son plus jeune enfant, Kaya obtient ensuite l'agrément pour devenir assistante maternelle :

> *Et ma fille, moi j'avais ma fille qui avait déjà euh deux ans et mon fils avait un an et demi. Après ça faisait en même temps, c'est=c'est deux choses. <u>C'est vrai que ce travail-là,</u> il euh euh c'est un travail à domicile, alors c'est facile de pouvoir s'occuper de ses enfants et des enfants des autres. [...] Au début, c'est vrai, c'était un travail .. pour pouvoir se nourrir et pour pouvoir euh au fur et à mesure c'est vrai qu'avec le temps moi j'aimais euh j'aimais ce travail... c'est presque qui m'a fait rentrer dans ce métier, c'est plutôt mes enfants, au début. Tu cherches du travail pour avoir une vie sociable, pour pouvoir euh avoir euh comme tout-le-monde une retraite plus tard, pour travailler. Et pour ça il fallait que je fasse garder mes enfants ou que je garde d'autres enfants. C'est vrai que ce métier était euh adapté, pour moi euh, c'était euh je trouvais le métier, que- c'était le plus adapté pour moi. Pour ma situation. En n'ayant aucun diplôme.*

L'intégration au sein de la profession d'assistante maternelle semble pragmatique. La (ré)migration, le manque d'argent, le statut de mère célibataire lié à un agrandissement concomitant de la famille, ainsi que le déficit de diplômes conduisent à l'option, disponible en France, de l'assistance maternelle. Il est manifeste ici que Kaya souhaite concilier la garde de ses propres enfants avec une activité salariée lui permettant de sécuriser sa situation économique. C'est-à-dire un travail qu'elle puisse assurer à domicile. Au fil du temps, elle découvre la valeur que revêt pour elle un travail en grande partie autodéterminé : elle approuve expressément ce travail, contrairement aux prestations de services imposées au sein de sa famille élargie en Algérie. L'assistance maternelle devient un facteur d'inclusion au sein de la société française. Via l'intégration au système social et la prise en charge de ses enfants, elle permet la participation à la vie sociale et culturelle.

Noura : une existence essentielle sur le marché du travail

Noura est une Tunisienne de 32 ans. Elle a quatre filles avec son mari et vit aujourd'hui en banlieue, où nous nous retrouvons. Elle débute son récit avec un verre de thé et une pâtisserie. Noura grandit dans un village de Tunisie avec ses quatre frères et sœurs. Sa mère est femme au foyer, son père meurt à l'âge d'environ 60 ans. La famille est sans ressource. Rapidement, elle aide sa sœur à s'occuper de ses enfants. À l'âge d'environ douze ans, elle arrête l'école au collège pour travailler dans une usine allemande de vêtements en Tunisie, pour pouvoir déjà gagner un peu d'argent. Elle est fiancée à 15 ans et se marie à 19 ans. Elle ajoute : « *Parce que c'est la famille, mon mari.* » Son mariage est probablement une union arrangée avec un homme de son cercle de parents. Comme ce dernier vit en Italie, elle migre également là-bas. Épisodiquement, elle l'aide en tant que plongeuse dans un restaurant snack. Elle a sa première fille. Ils vivent quatre ans en Italie, mais leurs connaissances en italien demeurent insuffisantes pour qu'ils puissent trouver leurs marques dans la société. Ils décident de poursuivre leur migration en France. Plusieurs facteurs plaident en faveur du pays voisin : des connaissances linguistiques meilleures, sinon courantes, les réseaux familiaux du mari, dont le frère peut fournir du travail, des perspectives d'éducation plus favorables pour les enfants.

En France, ils aident tout d'abord le beau-frère de Noura à tenir son restaurant. S'ensuit une longue période de chômage. Ils sont ensuite employés dans un restaurant turc. Finalement, ils achètent eux-mêmes un petit restaurant snack. Parce qu'il n'est pas rentable, ils sont obligés de le vendre et perdent beaucoup d'argent. Leur situation précaire s'aggrave ainsi drastiquement. De nombreuses dettes s'accumulent à la banque. Ils doivent les régler mensuellement, et à cela s'ajoutent d'autres crédits, demeurés ouverts. Leurs finances sont surveillées par un notaire, si bien qu'il ne leur reste plus que les sommes considérées comme nécessaires pour vivre. Avec ses quatre enfants et son mari, elle vit aujourd'hui dans un cinq-pièces dont les murs (tout comme ceux d'avant) sont humides. Une de ses filles souffre de problèmes de santé à cause de cette humidité. Le mari travaille maintenant comme employé dans son ancien restaurant snack qui a été vendu.

Tandis que la situation du couple s'aggrave, dans les conditions exposées ci-dessous, Noura s'engage dans le domaine de l'assistance maternelle. L'achat du restaurant snack nécessite beaucoup de capital. À l'époque de cet achat, Noura commence à chercher un travail en France. Elle raconte :

> *Et j'ai commencé chercher un travail euh ici. Euh parce que ici en France, on ne peut pas travailler avec le foulard, il n'y est a rien, parce que je parle un peu le français aussi, parce que j'ai pas terminé mes études et tout euh je faisais juste le ménage, mais mon mari il veut pas que je travaille pour faire le ménage en dehors de la maison. Avec la petite et après .. euh .. ((gémissement)) [hm] j'ai eu le deuxième garçon. Et j'ai eu une autre fille aussi et une autre fille. J'ai quatre enfants. Trois filles, un garçon. [Hm.] J'ai pensé demander un agrément pour travailler à la maison. Agrément d'assistante maternelle .. Et j'ai fait la demande, ils m'acceptaient. Euh j'ai travaillé longtemps, avec beaucoup, quand*

j'ai pris l'agrément j'ai travaillé tout de suite. Je suis pas restée sans travail. Je travaillais beaucoup, avec presque six enfants.

Le parcours de Noura dans le domaine de l'assistance maternelle permet de rendre manifeste le fait qu'au sein des contextes de départ des familles de migrant-e-s dans le système européen de protection sociale, le secteur des prestations de services offre aux femmes une chance d'accéder à un emploi, même si leur situation est fortement discréditée et déconsidérée. Les difficultés financières contraignent Noura à participer aux besoins de la famille. L'assistance maternelle fournit à Noura un moyen de concilier la garde de ses propres enfants avec son activité professionnelle. Ainsi, un processus de transformation du savoir pratique familial se met en place. Il repose sur des ressources subjectives, plus précisément sur les expériences biographiques de Noura en tant que mère de famille. L'accès au marché du travail provoque une mutation des attributions traditionnelles associées au genre et au travail salarié. Cependant, puisque l'emploi en tant que travailleuse du *care* demeure dans le même temps dans la lignée de la division du travail binaire et genrée typique pour les familles maghrébines, il ne remet pas fondamentalement en question le système de valeurs reliant la maternité au contexte domestique du foyer.

3.2.3 Comparaison typisée

Les projets des assistantes maternelles maghrébines, à la différence de ceux des assistant-e-s maternel-le-s issu-e-s des anciens pays socialistes, sont davantage déterminés par la famille. Les normes de l'ordre familial sont internalisées dès le plus jeune âge. Elles grandissent la plupart du temps en milieu rural, dans des grandes familles plutôt de conditions modestes. Les femmes interviewées ont, en partie, fréquenté seulement une école primaire, ou bien elles ont tôt ou tard dû interrompre leur cursus scolaire ultérieur, par exemple, à cause des longues distances à parcourir pour se rendre à l'école. La génération de leurs parents, moins urbaine, elle-même davantage orientée vers les métiers manuels, semble ne pouvoir transmettre qu'une répartition des rôles de genre stricte, au sein de laquelle les champs des possibles pour les filles s'esquissent principalement dans le domaine du travail familial. Les réseaux familiaux transnationaux entre la France et le Maghreb, qui se mettent en place sur plusieurs générations et qui sont issus de l'interdépendance historique liée à l'époque coloniale française, sont utilisés par *l'ensemble de la famille* sous la forme d'une migration matrimoniale le plus souvent arrangée, destinée à assurer la cohésion de la famille. La politique migratoire postcoloniale de la France, qui accorde des concessions à ses anciennes colonies en ce qui concerne la citoyenneté et le regroupement familial, s'inscrit dans la lignée de ces principes. Avec le mariage, la femme occupe le rôle prévu pour elle. Elle incarne une identité féminine du *care*, qui est assurée par le biais de structures patriarcales au sein du mariage et de la famille. Dans le cadre des normes familiales en vigueur, une construction identitaire alternative est difficilement envisageable. Le choix d'un mari vivant en Europe, issu du cercle de connaissances ou du cercle familial, garantit le rapatriement d'une plus-value sociale et économique au sein de la communauté familiale. Le projet familial devient ainsi partie prenante d'une entreprise et d'un réseau familial transnational.

Le groupe des assistant-e-s maternel-le-s interviewé-e-s en Allemagne semble plus hétérogène que celui des femmes maghrébines en France. D'une part quelques hommes ont été incorporés à l'échantillon, d'autre part les contextes des États-nations qu'ils-elles ont quittés pour immigrer en Allemagne sont plus difficiles à généraliser. Cependant, le principal point commun de l'échantillon est le suivant : les origines de la plupart des interviewé-e-s renvoient à un passé familial dans un État socialiste. Alors que les projets familiaux au sein des familles maghrébines étudiées sont orchestrés en tant qu'espaces familiaux plutôt fermés ; dans les pays postsocialistes, les familles soutiennent la migration individuelle des femmes et des hommes que j'ai interviewé-e-s. En s'appuyant sur une génération de mères actives sur le marché du travail, plus précisément sur les expériences d'une politique familiale socialiste, les parents transmettent à leurs enfants l'idée que l'éducation est la clef du succès. L'accent mis sur l'éducation par les femmes et les hommes qui m'ont relaté leur parcours de vie est manifeste. Ils-elles ont tous fréquenté l'école dans leur pays d'origine, et ont au moins obtenu le baccalauréat. En règle générale, ils-elles sont tou-te-s diplômé-e-s d'un établissement d'enseignement supérieur après l'école, ou bien ils-elles acquièrent des qualifications spécialisées via une formation spécifique. Pourtant, leurs aspirations à l'éducation ne peuvent pas toujours se concrétiser dans leur pays d'origine. Dans les anciens États soviétiques, par exemple, la réalisation de leurs ambitions est entravée faute de pots-de-vin, ou bien si la famille n'est pas membre du parti – ou plutôt si elle est membre du mauvais parti. Tandis qu'au Maghreb, les aspirations à l'éducation semblent soudain insignifiantes à la lumière d'un mariage pour les femmes, les migrantes et les migrants de l'ancienne Union soviétique, de l'ancienne Yougoslavie et de la Pologne ambitionnent *au contraire* une ascension sociale via l'éducation. Ils ou elles opèrent leur migration, par exemple, par le biais d'une année au pair, d'un visa d'étude ou, comme dans le cas des Welter, par le biais du statut de rapatrié. Contrairement aux migrantes maghrébines, dont les connaissances en français sont reléguées au second plan lorsque la famille est fondée dans le pays d'accueil, les migrantes et les migrants d'Europe de l'Est souhaitent apprendre l'allemand. Leurs projets migratoires, bien plus que ceux des migrantes maghrébines, sont liés à leur volonté de conquérir leur autonomie personnelle par le biais de l'éducation. Ils-elles ne présument pas un conflit entre le genre, la famille et le travail.

Bien que les migrantes et les migrants issu-e-s des pays postsocialistes n'accèdent que difficilement au marché du travail, et malgré le problème représenté par l'apprentissage de la langue, ils-elles s'intègrent relativement rapidement à la société d'accueil. Au cours du processus de la difficile phase de reconnaissance de leurs qualifications déjà acquises, ils-elles se réorientent sur le marché professionnel et dans le système de formation. Cependant, ils-elles ne basculent pas dans une situation de chômage durable. Contrairement aux femmes maghrébines en France, le manque de qualification ne constitue donc pas un problème, mais s'apparente plutôt à un retour en arrière par rapport à un statut déjà acquis. Tout comme l'accent est mis sur l'éducation, la participation à la société d'accueil est favorisée, et la fondation d'une famille retardée. La politique familiale en Allemagne, qui a pendant longtemps favorisé exclusivement le modèle de l'homme comme soutien de famille, soutient une vie familiale conservatrice par comparaison avec les États postsocialistes. Dans le cadre d'une relation de couple en train de se consolider, ce modèle influence désormais le vécu des migrant-e-s en Allemagne, qui ont pour la plupart choisi un-e partenaire également originaire d'un pays postsocialiste. La découverte de l'Autre semble souvent favorisée par la possibilité de communiquer en russe. Contrairement aux assistantes maternelles immigrées en France, qui ont trois à quatre enfants au moment de l'entretien, c'est seulement après quelques années de séjour dans la société allemande qu'une phase axée sur la fondation d'une famille se met en place. Il en résulte des familles avec moins d'enfants, de deux à trois enfants au moment de l'entretien. La fondation d'une famille en Allemagne contraint en effet d'autant plus les femmes à se désinvestir de la vie active ou des études. Elle déclenche un *turning point* significatif, au sens où l'entendent Tamara Hareven et Kanju Masaoka : "A turning point is a process involving the alteration of life path, of a 'course correction'." (cf. Hareven & Masaoka, 1988 : 272). Pour ces migrantes, la conciliation entre famille et travail devient une question essentielle, classique en Allemagne, et modifie fondamentalement le projet de vie antérieur. La vie professionnelle, qui se déroule la plupart du temps dans les secteurs à faible salaire, est réajustée à cause d'une conciliation insurmontable entre famille et travail. Le changement de trajectoire consiste en une adaptation à la société majoritaire en Allemagne : après la fondation de la famille, les femmes interrompent leur vie professionnelle, souvent pour une longue durée. Leur socialisation libérale par rapport au genre évolue au profit d'une répartition conservatrice des rôles dans la nouvelle communauté de valeurs.

En France comme en Allemagne, les jeunes familles ont la plupart du temps de faibles revenus. Les conditions de travail précaires des maris maghrébins en France sont manifestes. De plus, leurs femmes sont sans emploi. Les partenaires, eux-mêmes souvent immigrés, travaillent dans des métiers typiquement dits « d'homme », avec des possibilités faibles de promotion. Les couples se forment ainsi au sein de couches sociales spécifiques, qui de surcroît se reproduisent par le biais de ce mécanisme. Les ressources économiques se situent au niveau ou en dessous du seuil de pauvreté. C'est pourquoi les femmes déménagent souvent, avec leurs partenaires, dans des habitats sociaux. En Allemagne cependant, les femmes et les hommes immigré-e-s fournissent toujours un salaire d'appoint, et les partenaires ont plus fréquemment déjà un emploi salarié stable. Les femmes issues des pays postsocialistes choisissent de plus leur partenaire de façon plus autonome. En comparaison, le mariage des femmes maghrébines avec des hommes en France, le plus souvent arrangé, est décidé a priori. En France, la mise en pratique du projet familial, celui d'une grande famille avec l'objectif d'avoir beaucoup d'enfants rapidement, s'opère. L'application continue et rapide du projet de fondation de la famille est marquante. Les femmes enfantent leur premier enfant l'année qui suit la migration matrimoniale, aux alentours de 18, 19 ans. Puisque leur principale mission est liée à la reproduction de la famille, les femmes associent largement le sens et le but de leur existence à la fondation d'une famille, ce qui réduit considérablement leur autonomie sociale. Une exploration de la société d'accueil est tout d'abord écartée, comme le souligne ici la remarque de l'assistante maternelle Leila : « *Et moi qui n'ai jamais visité la France, quand je vais, j'avais des enfants et je sortais même pas. C'est comme un a des () on sortait même pas, on est encore attaché à notre pays. À notre famille. [Hm.] On voyait que ça. On voyait pas autre chose.* » L'isolation résultant de la concentration sur la sphère privée est favorisée par la politique étatique du logement, puisqu'elle mène souvent à la formation d'enclaves maghrébines. Le cadre de vie familier est reproduit au sein du nouvel environnement. La proximité avec la langue française, souvent louée dans les pays d'immigration comme étant *la* clef de l'intégration, ne contribue également que très peu à l'établissement d'une adhésion. Dans un premier temps, une dépendance par rapport à l'époux et des normes traditionnelles de genre se manifestent.

Face à ces contrastes, les parcours de vie des femmes et des hommes interviewé-e-s en Allemagne se rapprochent des histoires de vie des femmes maghrébines au moment de la phase de fondation de la famille. Ce rapprochement aboutit dans le souhait partagé de vouloir élever soi-même ses propres enfants, qui représente le point d'orgue de dénominateur commun. D'une façon tout à fait similaire, l'acte de reproduction qu'ils-elles ont accompli au sein de l'entité familiale symbolise une instance concurrente par rapport au monde du travail et aux cadres de vie modernes. La prise en charge des proches doit demeurer une affaire interne à la famille, comme le souligne une assistante maternelle en France : « *Je ne pouvais pas donner ma confiance à qui que ce soit pour laisser les enfants.* » Il en va de même en Allemagne : « *Parce que je veux aussi, je veux .. un travail à côté, par exemple celui-là je peux le mélanger, je peux le mixer avec mes enfants et le travail. Je ne veux pas non plus euh envoyer mes enfants à la garderie ou par exemple dehors.* »[24] Dans un premier temps, avec ce souhait collectif d'une participation à la vie familiale, les mères immigrées (et quelquefois les pères immigrés) n'exercent pas de travail rémunéré, ni en France ni en Allemagne. En Allemagne, le travail familial se poursuit après le congé parental d'un an, la plupart du temps mis à profit ; en France, les migrantes recourent souvent au CLCA jusqu'au troisième anniversaire de leur plus jeune enfant. Les deux voies mènent à un travail familial continu.

Au plus tard après la perception des prestations familiales, la pression économique appelant un deuxième salaire se renforce cependant, en Allemagne comme en France. Le contexte de la politique du marché de l'emploi, au sein duquel, le plus souvent, deux salaires subviennent aux besoins de la famille, contraint les familles au changement. Le mode de vie dans la société d'accueil exige de plus des achats qui étaient auparavant inappropriés au sein de la société d'origine. Alfred Schütz, dans ses études sur

[24] V.o.: „*Weil ich will schon auch, ich will... eine Arbeit neben, zum Beispiel die kann ich zusammen mit mein Kinder und Arbeit auch zusammenmischen. Ich will auch nicht mein Kinder zum Beispiel äh Hort schicken oder z. B. so draußen.*"

l'étranger, évoque l'apprentissage de premières « recettes », les modèles culturels et civilisationnistes qui, pour les migrantes et les migrants, ne disposent pas encore de l'autorité d'un système éprouvé (cf. Schütz, 2002 : 80). Ce mécanisme semble surtout s'appliquer aux familles maghrébines en France, qui n'expérimentent la nouvelle culture du monde du travail salarié que de manière très hésitante. Les couples perçoivent cependant progressivement, à partir de la stagnation de leurs moyens, que l'orientation exclusive des femmes dans le domaine de la reproduction familiale entre en conflit avec l'obtention (ou le maintien) du niveau de vie souhaité.

La pression appelant une activité rémunérée, en France comme en Allemagne, entre pour les migrant-e-s en contradiction avec le souhait de continuer à exercer le travail familial. Toutefois, ce souhait s'appuie sur une différence : les femmes en France défendent l'éthique féminine du *care, internalisée depuis longtemps*, en tant qu'expérience biographique, les femmes et les hommes en Allemagne veulent poursuivre la vie familiale *nouvellement acquise.* L'élargissement de la famille, pour les migrantes et les migrants en Allemagne, renforce la problématique de la conciliation entre travail et famille. En revanche, les migrantes maghrébines n'ont avant tout pas les qualifications nécessaires, et écartent une activité au sein de l'espace public à cause de l'« interdiction du voile ». La déclaration d'une assistante maternelle souligne les effets de cette interdiction : « *Et, et à l'époque je ne pouvais pas aller travailler dehors par rapport à mes enfants et par rapport à mon foulard. C'est ça. C'est pour ça j'ai=j'ai=j'ai dit je travaillais pas.* » Pour la plupart des femmes maghrébines de cette étude, l'interdiction du voile, considéré comme un symbole religieux, complique l'intégration au sein du monde du travail. Le domaine de l'assistance maternelle n'est pour l'instant pas soumis à l'interdiction du voile.

Dans les deux pays, l'assistance maternelle constitue un compromis pour désamorcer les conflits énoncés.

Le domaine d'activités de l'assistance maternelle devient, pour les migrantes et les migrants, un espace de négociation entre leurs propres souhaits et la nouvelle réalité de leurs existences. Un problème temporel, mais aussi spatial, est résolu par la transformation du domicile en lieu de travail. La conciliation entre famille *et* travail est remplacée par la compatibilité de la famille *avec* le travail. Jamila, assistante maternelle en Allemagne, résume ainsi le bénéfice lié au travail familial :

> *Ensuite, l'idée est venue, par exemple, assistante maternelle... Là, je peux aussi beaucoup aider mes propres enfants aussi, parce que ce qui concerne les enfants en garde concerne aussi mes propres enfants, et ce qui concerne mes propres enfants concerne aussi les enfants en garde. Ce qui veut dire que je travaille à la maison, et je suis déjà une mère. Mère ou ((rires)) assistante maternelle, en règle générale je suis de toute façon une mère*[25].

Au-delà, en France, l'exclusion du monde du travail peut ainsi être évitée, malgré la présence du foulard. « *C'est pour ça que je l'ai fait, parce que c'était à la maison, j'étais pas obligée de faire euh le foulard et j'étais pas obligée de laisser mes enfants* », nous dit l'assistance maternelle Oran.

Dans les deux pays, la demande en termes de places de garde est tellement importante que l'accès au métier est fortement favorisé. La multiplicité des mères actives à temps plein en France, et ce, depuis longtemps, et les mères en attente de places de garde en Allemagne dans le cadre de la loi sur l'aménagement de la garde de jour

---

[25] V.o.: „*Dann kommt die Idee zum Beispiel Tagesmutter... Dann kann ich auch meine eigene Kinder viel helfen auch, weil was geht um Tageskinder geht's auch um meine eigene Kinder und was geht um meine eigene Kinder geht's auch um Tageskinder. Das heißt, ich arbeite zu Hause und ich bin schon eine Mutter. Ob Tagesmutter oder ((lacht)) Mutter, ich bin schon generell eine Mutter.*"

(*Tagesbetreuungsausbaugesetz,* TAG) exercent une pression massive sur les agences de recrutement, mais facilitent probablement l'accès à l'emploi pour les migrant-e-s. Finalement, l'accès au secteur de l'assistance maternelle est tout aussi peu problématique pour les femmes peu formées en France que pour les candidates et les candidats hautement qualifié-e-s en Allemagne. Ils-elles se spécialisent gratuitement et n'ont pas besoin de remplir certaines conditions d'accès, ni d'avoir des certificats. La mise en œuvre pratique de la qualification, avec près de 160 heures, est décisive pour tous les assistant-e-s maternel-le-s, qui ont été conduit-e-s à exercer dans le domaine de l'assistance maternelle suite à la fondation de leur propre famille. En Allemagne comme en France, la plupart peuvent déjà débuter le travail après quatre à cinq mois de formation gratuite.

La comparaison des voies d'entrée dans le domaine de l'assistance maternelle que nous venons de décrire est ici représentée graphiquement par le biais d'une superposition :

Origines et contextes familiaux

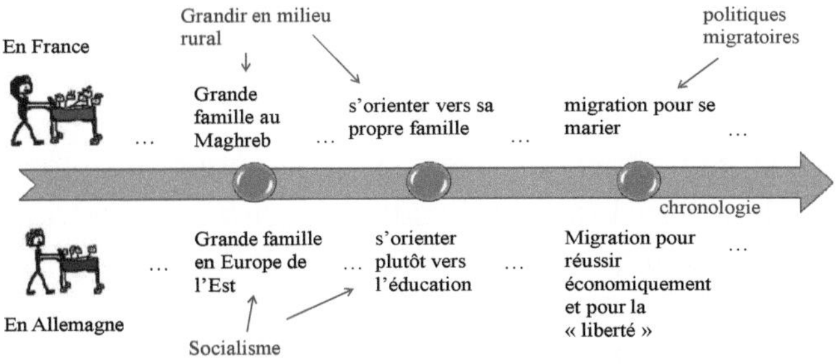

Effets de la migration

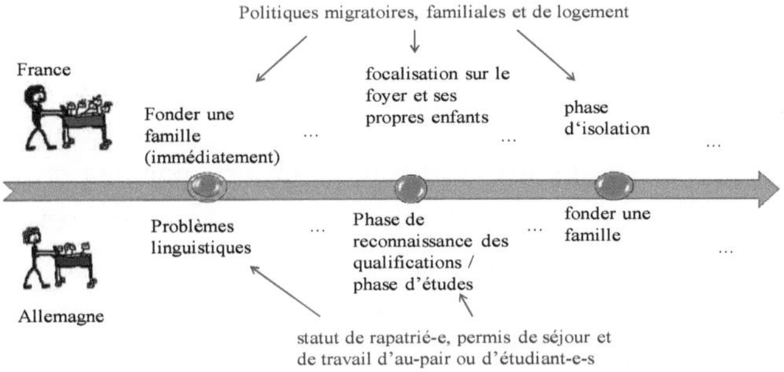

Le domicile personnel comme lieu de travail

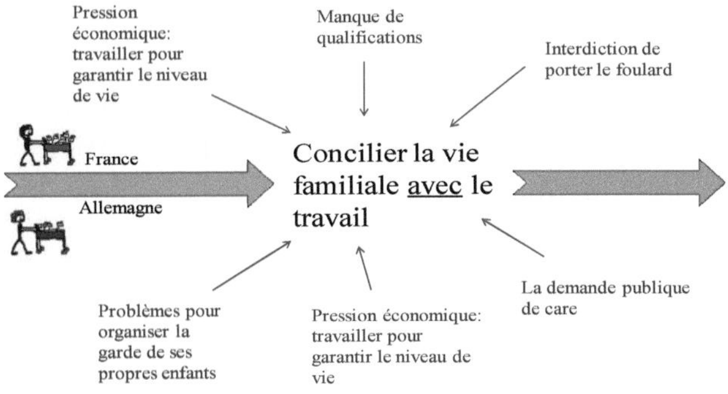

3.3 Mobilité sociale et constructions identitaires dans le domaine de l'assistance maternelle

3.3.1 Gagner de l'argent avec le travail de *care* en France

L'« entrée dans la vie active », pour les femmes maghrébines en France, constitue le *turning point* le plus central. Au contraire, en Allemagne la « fondation de la famille » déclenche une rupture équivalente dans le parcours de vie. En France, le travail salarié ouvre l'accès à la vie publique de la société d'accueil. Les ressources subjectives, formées par expérience biographique comme pourvoyeuses du *care*, constituent maintenant un capital d'expérience biographique. L'exercice de la profession, pour une grande partie des femmes de cette étude, entraîne le gain d'un revenu permettant d'assurer les moyens de subsistance de la famille (1 500 €-2 400 €). Le statut de la profession est pour une large part garanti par des conventions collectives, des allégements fiscaux et des subventions. En tant que salariées du secteur des prestations de services, les assistantes maternelles deviennent également des soutiens de famille. Ainsi, elles ont la possibilité de jouer un rôle plus actif et conscient, au-delà du rôle de genre qu'on leur attribue. Le modèle du soutien de famille doté de privilèges masculins subit une modification. Malgré le cadre familial étroit, un processus de mutation a lieu. Il permet un élargissement de l'identité du *care* au sein de la profession. La signification du travail de *care* se déplace, et revalorise l'identité de l'assistante maternelle en tant que travailleuse du *care* active dans le monde professionnel.

Les conditions de logement gentrifiées de quelques migrantes dans les « quartiers populaires » en France restreignent toutefois le potentiel d'emplois favorisé. Noura, qui n'a elle-même pas de problèmes d'emploi, mais qui vit dans un des quartiers concernés, m'explique la situation :

> *Ici dans le quartier il y a plus de travail. Parce que tout le monde travaille comme assistante maternelle. Il y a presque 80 % d'assistantes maternelles a dit Nicole [la puéricultrice, annotation JG], ici dans le quartier. Parce qu'on a toutes le foulard. On peut pas. Les Turcs et les Arabes, toutes, elles mettent le foulard, elles ne peuvent pas travailler, parce qu'on n'a pas le droit de travailler avec le foulard ici. Les lois. En France. La loi, on ne peut pas travailler.*

Cette forte concentration d'assistantes maternelles musulmanes sur un lieu, qui de plus est discrédité au sein de l'espace public, entraîne une réduction des possibilités d'emploi. Des solutions analogues sont proposées pour des conditions initiales analogues. L'emploi d'assistante maternelle, pour la plupart de ces femmes, constitue une des seules options disponibles. De surcroît, elles gardent elles-mêmes leurs propres enfants, si bien que le sens et le but de la garde rémunérée d'enfants étrangers se neutralisent mutuellement. Le salaire généré, dans un premier temps, ne garantit pas une indépendance financière (500 €-800 €) dans de telles conditions de logement.

Le grand nombre d'enfants des femmes de cette étude appuie l'orientation dans le domaine de l'assistance maternelle et la renforce sur le long terme. Plus elles ont d'enfants, moins elles peuvent s'imaginer travailler en dehors du lieu de travail que représente le domicile. Les périodes de grossesse peuvent également limiter une activité professionnelle continue dans le domaine de l'assistance maternelle. Pendant ces périodes, le complément du libre choix d'activité (CLCA) s'avère être un instrument de politique familiale important en France. Après le congé maternité, le CLCA peut s'élever à 576,20 € par mois si les mères ont auparavant été actives professionnellement pendant deux ans (pour deux enfants : deux ans dans les quatre dernières années, pour trois enfants : deux ans dans les cinq dernières années). Au cours des entretiens biographiques narratifs, j'ai en règle générale incité les femmes, à un moment donné, à évoquer encore un peu plus leur travail quotidien actuel. Certaines d'entre elles m'ont répondu ainsi – ou de manière similaire –, ce qui m'a tout d'abord étonnée :

> *Oh, maintenant je suis en congé parental... j'attends que le petit ait trois ans ..*

> *Maintenant ? Non, maintenant je ne travaille pas. [Vous êtes-] en congé parental. Mais j'ai un agrément de trois enfants. Oui. Mais pour le moment, je travaille pas, je suis en congé parental jusqu'au mois de septembre. Parce que mon dernier il aura trois ans au mois de septembre.*

Il s'est avéré que le CLCA incite ces assistantes maternelles à interrompre leur activité professionnelle jusqu'au troisième anniversaire de l'enfant, c'est-à-dire jusqu'à son entrée à l'école maternelle. C'est seulement par le biais de l'activité en tant qu'assistante maternelle accréditée que beaucoup d'assistantes maternelles obtiennent le droit à l'allocation d'éducation. Cependant, puisque de nouveaux enfants naissent durant l'exercice de la profession, cet instrument de politique familial représente avant tout pour les femmes des quartiers populaires ayant des problèmes d'emploi une incitation à interrompre de nouveau leur activité professionnelle en tant qu'assistante maternelle.

Comment Noura est devenue une source indispensable de revenus

Noura, dont nous venons d'exposer les étapes du parcours de vie jusqu'à son entrée dans le domaine de l'assistance maternelle, s'exprime avec satisfaction par rapport à sa nouvelle vocation en tant que travailleuse du *care* en France : « *J'aime travailler à la maison et j'aime les enfants, moi ((rires)). J'ai la patience avec les enfants et j'aime travailler avec eux.* » Son mariage avec un homme de treize ans son aîné, issu du cercle familial, est suivi d'une migration de pays en pays, accompagnée d'une précarisation dramatique des conditions de vie. Désormais, avec son travail d'assistante maternelle, Noura génère un revenu de 1 400 à 1 600 € par mois. En raison de la situation économique du couple, on peut supposer que le mari ne gagne pas un salaire largement supérieur à ce revenu. À partir d'un certain moment, la dégradation progressive de la situation a rendu nécessaire un rôle actif de l'épouse sur le marché du travail. La charge de travail, rapidement importante, et dont Noura rend compte – « *euh j'ai travaillé longtemps, avec beaucoup, quand j'ai pris l'agrément j'ai travaillé tout de suite. Je suis pas restée sans travail* » – a contribué à ce qu'elle accède à une position économiquement significative. En dépit de cela, Noura perçoit au moment de l'entretien le complément du libre choix d'activité.

Comment Kaya est devenue une salariée avisée

Kaya, qui s'est séparée de son mari en Algérie à l'âge de trente ans, et qui a migré en France sans diplôme, avec sa fille de 14 ans, subvient seule, en tant que mère célibataire, aux besoins d'une famille de quatre personnes. Elle travaille dans un centre-ville bien situé, où la demande d'assistant-e-s maternel-le-s est élevée. Après huit années au sein de cette profession, elle s'exprime ainsi :

> *Parce qu'en France on a le système pour ça et on n'a pas à chercher du travail au noir, parce que on va dire on est bien payé. [Hm.] 2 000 €, c'est pas rien. .. Euh il y a des fois que j'arrive à 2 300. C'est pas rien. Après je vais dire, j'ai 2 300 plus j'ai les 300 € de la CAF des petits. Ça me fait quand même la fin du mois, ça fait à peu près, j'arrive à avoir 2 500 € par mois. Et avec un loyer qui est à 400 € [oui] ce que je paie dans le loyer, dans les 400 euros euh la =l'APL, l'aide au logement, paie 550 dessus. Tu vois, ça fait quand même qu'on a de quoi vivre. Bah je vis très bien. Tu vois, c'est pas, c'est pas. Moi j'ai pu envoyer mes enfants en colonie, ça me coûtait 2 000 euros. .. Pour vingt jours. Vous*

voyez [son fils : vingt et un jours !] c'est vrai que ici c'est- c'est vrai que on y vit, on=on=on vit bien dans, en France. C'est pas euh moi j'ai personne. J'ai que moi et mes enfants. J'ai pas de main à la maison. On va dire que c'est euh c'est mon seul salaire avec lequel on vit. Et ça nous fait bien vivre.

Kaya montre qu'elle peut utiliser le besoin existant dans le secteur du *care* en France pour s'intégrer au marché du travail, bien qu'elle ne puisse pas faire valoir de formation scolaire dans un établissement d'enseignement secondaire et qu'elle ne dispose pas du soutien d'un partenaire ou d'une partenaire. Les mesures de politique familiale s'accompagnent d'autres subventions étatiques, comme l'aide au logement et les allocations pour parent isolé, et rendent possible l'association entre le travail familial et le travail professionnel en vue de subvenir aux dépenses courantes.

La fille de Kaya, qui a emprunté la même voie professionnelle que sa mère, m'expose sur un bout de papier pourquoi le revenu de sa mère demeure exonéré d'impôts :

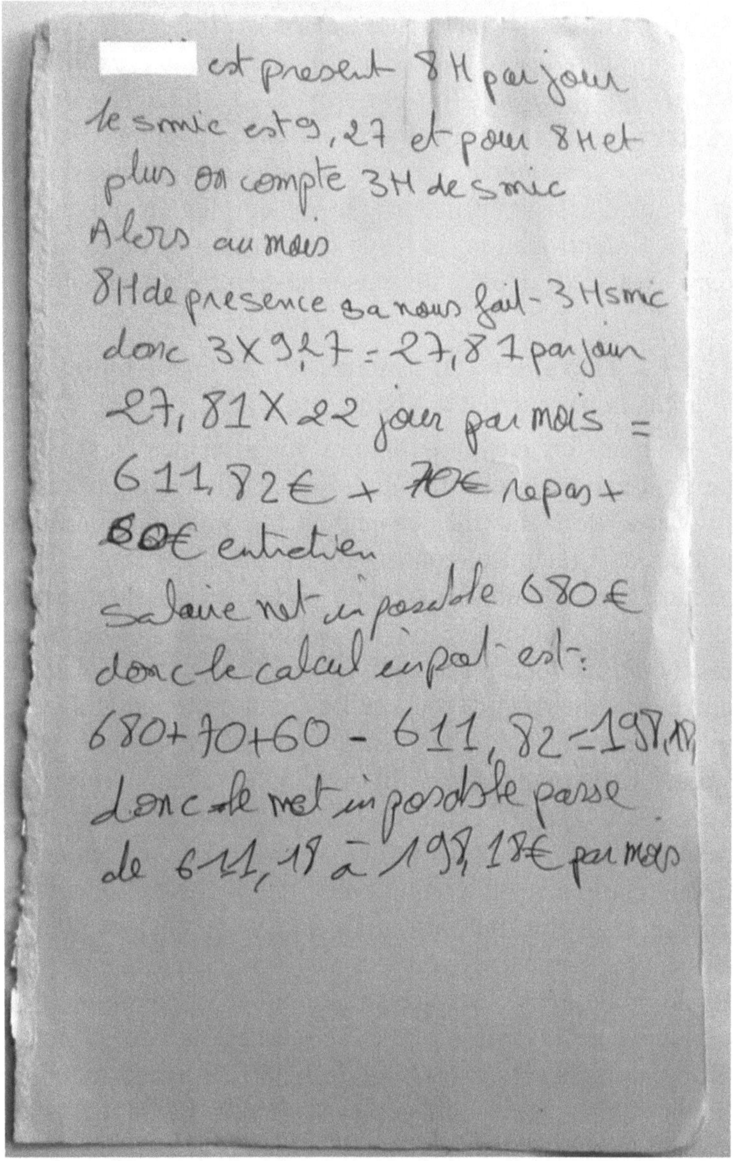

est present 8 H par jour
le smic est 9,27 et pour 8H et
plus on compte 3H de smic
Alors au mois
8H de presence ça nous fait - 3Hsmic
donc 3X9,27 = 27,81 par jour
27,81 X 22 jour par mois =
611,82€ + 70€ repas +
60€ entretien
salaire net imposable 680€
donc le calcul impot est:
680+70+60 - 611,82 = 198,18
donc le net imposable passe
de 611,18 à 198,18€ par mois

Le calcul permet de montrer que la somme résiduelle destinée aux impôts est si faible que Kaya doit demeurer exonérée d'impôts. Kaya ne travaille pas en dessus de

3,5 € par enfant et par heure : « *On va dire, entre guillemets, ça me ramène rien. C'est quand même, c'est quand même, un salaire. C'est un travail. 3,5 €, après on ne gagne rien. Mais on a=on a beau aimer le métier, mais il y a aimer le métier et gagner sa vie.* » La reconnaissance en tant qu'assistante maternelle est de plus en plus associée à l'identification de Kaya en tant que travailleuse du *care* sûre d'elle-même, qui raisonne de manière calculée.

3.3.2 Travailler (en apparence) de façon autonome dans la précarité en Allemagne

À la différence des femmes maghrébines, les assistant-e-s maternel-le-s immigré-e-s en Allemagne, après la fondation de la famille, échangent une autonomie économique déjà acquise contre un travail d'assistance non rémunéré, et subissent une perte de statut social. L'exercice de la profession d'assistant-e maternel-le qui en résulte correspond à une activité précarisée avec un degré élevé de vulnérabilité sociale. Le statut de travailleur-euse indépendant-e – ils-elles s'installent à leur compte, leur statut s'apparente alors à celui d'un-e auto-entrepreneur-euse – des assistant-e-s maternel-le-s en Allemagne représente le problème principal. Selon les réglementations régionales ou communales, les villes prennent en charge les coûts partiels, mais imposent également aux assistant-e-s maternel-le-s des devoirs. L'autonomie professionnelle des assistant-e-s maternel-le-s, qui stipule que l'exercice de la profession se déroule sur la base de leurs propres risques financiers et sociaux, est ainsi, dans le même temps, liée à différentes contraintes étatiques. Les conditions de travail, présentées comme autonomes, peuvent revêtir des caractéristiques de travail employé, et rapprochent ainsi le travail d'une autonomie fictive. En outre, l'autonomie professionnelle occasionne des frais importants à travers les prélèvements d'impôts sur le revenu, les cotisations auprès de l'assurance maladie et de l'assurance retraite (qui sont proportionnellement financées dans certains *Länder*) et de l'assurance de responsabilité civile pour les assistant-e-s maternel-le-s. D'autres frais de travail, comme le financement du logement, qui est bien un lieu de travail, et les équipements comme les poussettes, les jeux, ou encore les coûts relatifs à une alimentation de qualité conditionnent le calcul du revenu.

La plupart du temps, les assistant-e-s maternel-le-s de cette étude en Allemagne en viennent, à la fin de leurs récits, à évoquer en détail les problèmes bureaucratiques liés à l'autonomie et au revenu. Lorsqu'on leur demande d'en dire plus par rapport à leur salaire, les interviewé-e-s s'éloignent de leur fil conducteur et se perdent dans les données. Au final, aucun-e des assistant-e-s maternel-le-s interrogé-e-s n'a pu répondre clairement à ma question relative au montant net réel de leurs rétributions. Au vu de la complexité des réglementations, la situation des revenus ne peut être représentée que sous la forme d'une estimation. Le montant de l'argent perçu par les assistant-e-s maternel-le-s après les déductions des taxes ou d'autres remises se situe entre 400 et 1 500 € maximum. Il faut tenir compte du fait que les déductions opérées sont peu claires (les frais d'exploitation et d'alimentation sont-ils, par exemple, pris en compte ?). Le revenu du partenaire ou de la partenaire s'avère être la condition essentielle de l'entrée dans le domaine de l'assistance maternelle. Souvent, des compléments de revenus privés, en partie irréguliers, sont perçus. L'activité d'assistant-e maternel-le en tant que parent célibataire est ainsi difficilement réalisable en Allemagne.

En Allemagne, le transfert de l'assistance maternelle organisée par la sphère privée à un secteur subventionné publiquement débute en 2004, tandis que la France, à la même époque, introduit déjà une convention tarifaire nationale pour les assistant-e-s maternel-le-s. De plus, le déficit de conciliation entre famille et travail en Allemagne signifie que les horaires de travail des assistant-e-s maternel-le-s sont souvent irréguliers ou réduits (par exemple, sous la forme d'arrangement de temps partiel). Les horaires de travail des assistant-e-s maternel-le-s en Allemagne et en France sont ainsi toujours liés aux situations familiales personnelles, aux réalités respectives du marché du travail et aux horaires de travail des parents de leur zone résidentielle. Les assistant-e-s maternel-le-s des quartiers populaires en France ont également souvent des horaires de travail irréguliers.

Le graphique suivant illustre, de façon comparative, les ruptures décisives des étapes du parcours de vie des assistant-e-s maternel-le-s immigré-e-s dans la société d'accueil, et leurs conséquences sur la mobilité sociale :

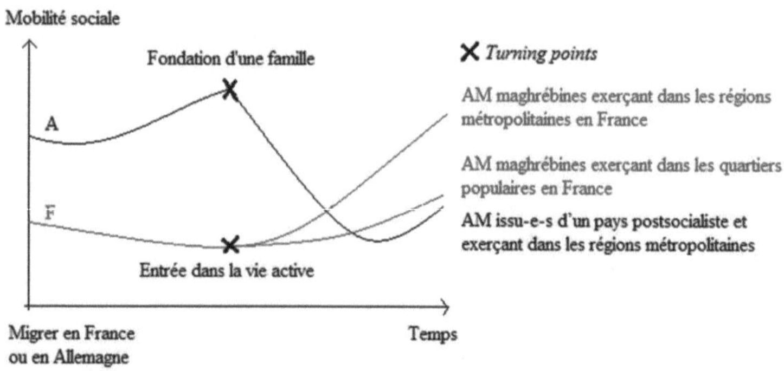

3.3.3 La fonction des espaces de rencontre et le rôle des administrations municipales

L'intégration des femmes maghrébines dans la société d'accueil par le biais de l'assistance maternelle est fortement soutenue par les relais d'assistant-e maternel-le (RAM). Les travailleur-euse-s sociales employé-e-s par les relais mettent en contact les assistant-e-s maternel-le-s avec les mères ou les pères correspondant-e-s. En outre, ils-elles prodiguent des conseils et organisent des manifestations. Parallèlement à l'aide personnelle fournie par ces femmes (et quelquefois des hommes), qui agissent en tant que personne référente pour toutes les fonctions juridiques et médiatrices, les Maisons de l'enfance, mises à disposition par l'État, favorisent la communautarisation. Elles permettent, par exemple, d'organiser des activités comme des projets théâtraux communs. Les lieux de rencontre, qui sont mis à disposition par les institutions, ouvrent ainsi un espace permettant de paraître en public et de nouer des contacts sociaux, comme le raconte Oran :

> *Y avait un contact avec les enfants, un contact avec les parents. On n'est pas seul, c'est ça. On a un contact fort avec Angélique [la puéricultrice, annotation JG] aussi. [...] C'est pour ça j'ai aimé ce métier, parce qu'il y a les parents, il y a les enfants, il y a Angélique. Il y a des copines, les assistantes maternelles.*

Le rôle des employé-e-s municipaux-ales, en tant que personnes référentes, contraste de manière frappante avec la fonction ambivalente de ces dernier-ère-s en Allemagne. Leur mission principale consiste à aménager une liberté de choix pour les parents entre la crèche et l'assistance maternelle, celle-ci étant, aujourd'hui encore, basée sur la situation précaire des assistant-e-s maternel-le-s. Leur position, du côté des assistant-e-s maternel-le-s de cette étude en Allemagne, engendre ainsi plutôt de la méfiance.

3.3.4 Demande et médiation comme facteurs d'une situation professionnelle prospère

Dans les deux pays, la demande en termes d'options de garde pour les jeunes enfants est importante. En France, cette demande est essentiellement traitée par le biais de l'assistance maternelle. La majorité des jeunes enfants en Allemagne est, au contraire, prise en charge via des structures publiques comme les crèches. En Allemagne, les assistant-e-s maternel-le-s sont plutôt confronté-e-s à des parents qui ne sont pas en premier lieu à la recherche de leurs services. Ils sont davantage utilisés comme une alternative aux structures institutionnelles surchargées – et sont ainsi plus souvent contactés en urgence. Il est manifeste que les assistant-e-s maternel-le-s immigré-e-s, malgré un important déficit de *care,* doivent tout d'abord faire connaître eux-elles-mêmes leur métier au sein de l'espace public. Alors que des connaissances en allemand lacunaires, perceptibles à l'oreille, suscitent des attitudes sceptiques, le plurilinguisme des assistant-e-s maternel-le-s peut être valorisé et commercialisé.

L'idée commerciale des Welter : l'assistance maternelle plurilingue

Une langue étrangère, dans le cadre d'une intégration difficile à la société d'accueil, peut représenter un obstacle à un modèle de prise en charge réussie, mais il peut cependant constituer un avantage qui s'évalue à l'aune de son caractère de ressource. Avant que les époux Walter ne commencent à travailler en 2006 dans le domaine de l'assistance maternelle en Allemagne, ils développent une idée commerciale spécifique, que nous citons de nouveau ici :

> Madame Welter : *Et euh j'ai réfléchi, ça nous pouvons le faire, vraiment. Et je lui ai expliqué mon concept. Que nous gardons des enfants, que nous faisons deux langues, que nous parlons russe avec les enfants. Peu importe les enfants que nous avons, s'ils sont allemands ou russes. Ou bien, maintenant nous avons des Américains, etc. Mais nous parlons russe, allemand, et...*[26]

[26] V.o.: Frau Welter: *Und äh ich habe überlegt, ja, das können wir tun, wirklich. Und ich habe ihm meine Konzept erzählt. Dass wir nehmen Kinder, dass wir machen zwei Sprachen, dass wir sprechen Russisch mit Kindern. Egal, was für Kinder wir haben, ob sie Deutsche sind oder Russen. Oder, jetzt haben wir Amerikaner, usw. Aber wir sprechen Russisch, Deutsch und...*

Le procédé publicitaire s'est développé de la manière suivante :

Monsieur Welter : *Nous avons aussi fait beaucoup de publicité. Nous avons fait plus de places. Nous avons –*
Madame Welter : *Mais au début c'était très, très difficile. Au début, nous n'avons reçu que deux enfants. Et ça se passait comme ça : quand une famille allemande venait chez nous, pour apprendre à nous connaître, ils nous entendaient, ensuite ils sortaient et ils ne r a p p e l a i e n t pas. Et maintenant on a, bien sûr, maintenant () déprimant. Parce qu'en fait, nous ne voulons pas concentrer, nous concentrer, sur les familles russes. Parce que je trouve que c'est, c'est bête. Habitant en euh en Allemagne et ne se concentrer que sur les familles russes.*
Monsieur Welter : *Oui, nous ne sommes pas une société fermée, pour ainsi dire.*
Madame Welter : *Oui. Nous ne voulons aucun, pas construire une société fermée. Et euh c'est pourquoi c'était très très dur. Euh lentement, au début ce sont nos compatriotes qui sont venus chez nous.*
Monsieur Welter : *Venus.*
Madame Welter : *Oui. Et euh c'était vraiment un problème, parce que euh, ils sont différents des Allemands. Par exemple, pour nos compatriotes, c'était vraiment la découverte : « Quoi ? ! Nous devons payer les vacances ? Tu ne travailles pas et je paie tes vacances ? Ça ne peut pas se passer comme ça. » [Hm.] C'était vraiment quelque chose euh d'inhabituel, pour nos compatriotes. .. Oui. Et ensuite la première Allemande est venue chez nous, elle, elle a été convaincue par nous. .. Elle euh [hm] travaille jusqu'à maintenant euh à la fac de technologie et euh elle nous a, elle a, en fait, eu confiance en nous. Simplement comme ça. Et quand euh quand euh l'enfant était chez nous depuis un an, et ensuite elle a euh... de sa propre humeur, oui ? Est-ce qu'on peut dire ça comme ça ? ((elle s'exprime brièvement en russe)) de son propre chef, une initiative, elle a écrit un g r a n d feed-back. Vraiment un grand. Trois euh feuilles euh pleines ((rires)). C'était le plus grand feedback que j'aie eu dans ma vie oui. Elle a raconté toute l'histoire. Avec l'enfant, comment c'était avant, comment c'est maintenant. Et c'est très enthousiasmant. Et, de sa propre initiative, elle a envoyé ce feed-back partout. Dans les bureaux de placement des assistants maternels, (), au service de l'enfance, et bien sûr à nous tous. Et ensuite elle nous a dit : bon et bien, quand les prochains Allemands arrivent chez vous, tu as la permission de donner mon*

numéro de téléphone. [Hm.] Parce qu'ils vont tous avoir des doutes, à cause de la langue. .. Et c'est vraiment, parce que justement à ce moment-là on apprend à parler. .. Entre un et trois, et cinq ans. [Oui]
Madame Welter : *Et ça a super bien fonctionné avec la prochaine famille allemande. Ils l'ont appelée, elle a tou – vraiment, les enfants allemands n'ont pas de problème avec la langue allemande.*
Monsieur Welter : *Ils l'apprennent très vite, tout comme la leur, tout comme notre langue...*
Madame Welter : *Tout aussi bien, oui.*
Monsieur Welter : *((Rires)) Mais à trois ans, ils comprennent bien le russe. Bien sûr après, ils oublient la langue russe. Mais les synapses dans le cerveau restent tout de même. Et après, le cerveau est tout simplement préparé pour la prochaine langue étrangère. C'est comme ça. C'est ici ((il désigne la tête))*[27].

---

[27] V.o: Herr Welter: *Haben wir viel Werbung gemacht auch. Wir haben mehr Platz gemacht. Haben-* –Frau Welter: *Aber zuerst es war sehr, sehr schwer. Zuerst haben wir nur zwei Kinder gekriegt. Und da war so, dass wenn zu uns eine deutsche Familie kommt, kennenzulernen, die hören uns und dann gehen sie raus und sie r u f e n nicht zurück. Und jetzt hat man, natürlich, jetzt () deprimierend. Weil wir wollen eigentlich nicht uns nur auf äh russische Familien konzentrieren, sich konzentrieren. Weil ich finde das, das ist dumm. In äh Deutschland wohnen und konzentrieren sich nur auf russische Familien.* – Herr Welter: *Ja, wir sind keine geschlossene Gesellschaft sozusagen.* – Frau Welter: *Ja. Wir wollen nicht, keine geschlossene Gesellschaft zu bauen. Und äh deswegen es war sehr, sehr schwer. Äh langsam sind zu uns zuerst unsere Landesleute gekommen.* – Herr Welter: *Gekommen* – Frau Welter: *Ja. Und äh da war eigene Probleme, weil äh, die sind anderes als Deutsche. Zum Beispiel für unsere Leute war wirklich Entdeckung: "Wie?! Wir sollen Urlaub bezahlen? Du arbeitest nicht und ich bezahle deine Urlaub? Das kann nicht sein." [Hm.] Das war wirklich was äh Ungewöhnliches, für unsere Leute... Ja. Und dann hat zu uns erste Deutsche gekommen, die, die waren von uns überzeugt... Die äh [hm] arbeitet bis heute äh an technische Uni und äh sie hat uns, sie hat für uns Vertrauen halt gehabt. Einfach so. Und wenn äh wenn äh Kind war bei uns ein Jahr, und nachdem sie hat aus äh eigene Stimmung, ja? Kann man so sagen? ((Spricht kurz Russisch)) Aus eigene Entscheidung eine Initiative, eine g r o ß e Rückmeldung geschrieben. Wirklich eine große. Drei äh volle äh Schreibblätter ((lacht)). Das war äh die*

L'idée des Welter d'utiliser le bilinguisme dans leur offre de prise en charge, leur permet de s'approprier de nouveau les activités porteuses de sens. Comme nous l'avons évoqué précédemment, les Welter travaillaient en Russie dans un théâtre, où la langue, en tant que moyen de communication et d'expression, joue un rôle prééminent. En Allemagne, ils ne peuvent plus continuer à exercer cette vocation, car l'accès difficile à la langue allemande leur interdit ce « moyen de subsistance » intellectuel. L'idée commerciale des Welter réside désormais dans la redécouverte de la langue en tant que qualité particulière. Leur propre identité transnationale est définie comme une ressource pour d'autres identités en train de se former, c'est-à-dire les enfants multilingues confiés à l'assistance maternelle. Le pouvoir de la langue, dont ils ont été privés, constitue désormais la ressource grâce à laquelle ils peuvent proposer des qualités particulières.

La conservation de la langue maternelle, pour beaucoup de familles immigrées, revêt une signification identitaire. Dans les familles avec une histoire migratoire récente – ou

---

größte Rückmeldung in meine Leben. Ja. Die hat ganze Geschichte erzählt. Mit der Kind, wie es war früher, wie es jetzt. Und die ist sehr begeistert. Und sie hat aus eigene Initiative diese Rückmeldung überall geschickt. In Tageselternvermittlung, (), Jugendamt, und uns natürlich alle. Und sie hat dann gesagt: „Ja gut, wenn nächste Deutsche zu euch kommen, du darfst meine Telefonnummer geben. [Hm.] Weil alle werden Zweifel haben, wegen die Sprache."... Und das ist wirklich, weil gerade in diesem Moment lernt man sprechen... Zwischen ein und drei und fünf Jahren. [Ja] – Frau Welter: *Und es hat super geklappt äh mit nächste deutsche Familien. Haben sie angerufen, sie hatte alles- wirklich, die deutsche Kinder haben keine Probleme mit deutsche Sprache.* – Herr Welter: *Die haben sie ganz schnell, genauso gut wie ihre, wie unsere Sprache...* – Frau Welter: *genauso gut, ja* – Herr Welter: *((Lacht)) Aber drei Jahre verstehen sie gut Russisch. Natürlich dann, vergessen sie russische Sprache. Aber die Synapsen im Gehirn bleiben doch. Und dann Gehirn ist einfach vorbereitet für nächste fremde Sprache. Es ist so. Das ist hier ((zeigt auf den Kopf)).*

pas –, l'intérêt porté à une éducation multilingue pour les jeunes enfants s'accroît. Les époux Welter soulignent qu'une assistance maternelle de qualité élargit les compétences linguistiques, dans la mesure où elle prémunit contre une perte de ces compétences via un usage de la langue unilatéral, et ce, indépendamment de l'origine des familles :

> Madame Welter : *Non, l'année dernière c'était 50 % d'Allemands. Parce que cette année, pendant cette année oui, nous avons des Russes.*
> Monsieur Welter : *Ils veulent que leurs enfants aussi aient l'éducation deux, bilingue, et ils veulent euh, ils veulent conserver la langue maternelle, parce que chez nous, c'est assez souvent perdu, tout simplement, parce qu'ils, bien que les deux parents parlent si mal l'allemand, l'enfant va parler allemand.*
> Madame Welter : *L'enfant parle tout aussi mal le russe.*
> Monsieur Welter : *Oui ((rires)). On a observé ça assez souvent, c'est pourquoi nous avons décidé euh dans le concept ça va et ()-*
> Madame Welter : *Oui, avec beaucoup d'enfants ça a fonctionné. Parce qu'avec nos propres petits-enfants ça a super bien fonctionné. Ils parlent allemand sans accent du tout. Personne ne peut dire qu'ils sont d'une famille russe. Mais ils parlent russe aussi euh sans accent.*
> Monsieur Welter : *Sans accent*[28].

[28] V.o.: Frau Welter: *Ne, letztes Jahr es war 50 % Deutsche. Weil diese Jahr, in diesem Jahr, ja, haben wir so Russische.* – Herr Welter: *Die wollen ihre Kinder auch die zwei, zweisprachige Erziehung und die wollen äh die Muttersprache zu behalten, weil es geht bei uns ziemlich oft einfach verloren, weil die, obwohl die beide Eltern sprechen so schlecht Deutsch, Kind wird Deutsch sprechen.* – Frau Welter: *Kind spricht genauso schlecht Russisch.* – Herr Welter: *Ja ((lacht)). Wir haben sowas ziemlich oft beobachtet, deshalb haben wir uns entschieden äh im Konzept geht das und ()—* Frau Welter: *Ja, mit viele Kinder es hat geklappt. Weil mit unsere eigene Enkelkinder es hat super geklappt. Die sprechen ein Deutsch ohne jede Akzent. Kein Mensch kann nicht sagen, dass die sind aus russische Familie. Aber die sprechen auf Russisch auch äh ohne Akzent.* – Herr Welter: *Ohne Akzent.*

Les assistant-e-s maternel-le-s issu-e-s de l'immigration, de cette façon, viennent en aide aux enfants en garde issus ou non de l'immigration. Pour les enfants en garde dont les parents ont été élevés dans un contexte allemand monolingue, cette ressource linguistique *étrangère* des assistant-e-s maternel-le-s peut compenser le monolinguisme de leurs parents résidents, qui devient manifeste à travers la mondialisation. La capacité d'intégration déployée du côté des assistant-e-s maternel-le-s transnationaux-ales sensibilise les enfants en garde, dès leur petite enfance, au monde multilingue et offre également aux familles migrantes la transmission des langues maternelles familiales. Les assistant-e-s maternel-le-s immigré-e-s peuvent ainsi satisfaire une clientèle disposant de la même langue d'origine qu'eux-elles. Les récits montrent que ces relations sont, de la même manière, soit harmonieuses, soit conflictuelles, tout comme les relations entretenues avec la société allemande majoritaire. Dans ce contexte, la transnationalisation du monde social modifie l'évaluation des compétences linguistiques au profit du multilinguisme. Néanmoins, les valences des ressources linguistiques diffèrent sur le marché du travail de l'assistance maternelle. Cela est très manifeste si l'on considère l'exemple de Pascale, une assistante maternelle française en Allemagne, qui commercialise la langue française en tant que « haute culture » dans son offre d'assistance maternelle. La société d'accueil honore la valeur de cette langue via son pouvoir d'achat.

En comparaison, la dimension linguistique joue plutôt un rôle secondaire chez les assistantes maternelles maghrébines, puisqu'elles sont issues d'anciennes colonies et parlent déjà relativement bien le français. Cependant, il faut ici mentionner que des connaissances linguistiques lacunaires représentent foncièrement un handicap en France pour les assistantes maternelles immigrées au chômage (cf. Mozère, 2000 : 163). Des indices relatifs aux préjugés existants ont cependant pu être détectés au sein de la présente étude, avant tout via la méfiance par rapport au lieu de résidence de certaines assistantes maternelles dans les quartiers populaires.

3.3.5 Le domicile personnel comme lieu de travail : le « lieu de travail – domicile »

Ce n'est pas un hasard si la plupart des entretiens de cette étude ont eu lieu dans les logements privés des assistant-e-s maternel-le-s. Le domicile comme lieu de travail instaure une perte, ou plutôt un maintien de la sphère privée. L'ouverture de la sphère privée dans le cadre d'une assistance maternelle subventionnée publiquement présente l'avantage d'une imbrication entre travail et vie privée. « *Choisir de ne pas se déplacer* », comme le dit Samsara. Dans la mesure où le travail de *care* rémunéré a lieu à demeure, il s'immisce dans la sphère reproductive privée, et donc intime, de la famille. Le travail de reproduction non rémunéré dépend du travail rémunéré, et coïncide temporellement avec lui. Le foyer intime doit toujours, de nouveau, être présenté à l'espace public, c'est-à-dire aux clients. La perte de la sphère privée constitue le fondement de la plus-value économique du domicile en tant que lieu de travail. Cette contradiction semble insoluble. Les frontières entre les temps de travail et les contenus de travail entre la famille et le travail s'estompent et se reconstituent continuellement.

Le caractère contradictoire entre espace public et sphère privée, dans un lieu de vie qui est aussi un lieu de travail, est prolongé par l'intimité quotidienne qui s'établit entre les assistant-e-s maternel-le-s et les enfants en garde, surtout lorsque les parents – en règle générale, ce sont surtout les mères qui sont concernées – tentent de s'immiscer. Puisque le logement est utilisé de façon privée, et également, à certaines périodes, dans le cadre d'une mission de travail, les besoins respectifs se recoupent. Ce conflit conditionne la relation de travail dans son intégralité. Les ambivalences entre proximité et distance, au sein de cette relation de travail, s'expriment souvent sous la forme suivante : les parents ignorent parfois les frontières de la professionnalité, par exemple, lorsqu'ils délivrent des instructions d'éducation, ou lorsqu'ils mésinterprètent la relation professionnelle et la considèrent comme une relation d'amitié. Ces situations soulignent que le franchissement des frontières dans le domaine de compétence de l'assistante maternelle s'accompagne de processus émotionnels engendrés par la division moderne du travail. Ces contradictions surviennent davantage en Allemagne qu'en France, surtout lors de la difficile phase de détachement liée à la période d'adaptation. Puisque, en Allemagne, les enfants sont la plupart du temps confiés à la garde des assistant-e-s maternel-le-s entre un an et un an et demi, ils ont souvent développé un lien infantile fort avec leurs mères, ou avec les personnes de référence les plus proches. Le remplacement abrupt des personnes de référence, plusieurs heures par jour, aboutit à un travail émotionnel périlleux pour toutes les personnes impliquées. La phase d'adaptation est ainsi considérée par les assistant-e-s maternel-le-s comme une source identifiée de stress. Pour traiter ces problèmes, les assistant-e-s maternel-le-s organisent, par exemple, des soirées d'échanges avec les parents, ou aménagent l'entrée de leur logement pour la démarquer de la sphère privée.

Le travail de tracé des frontières de Marja

Marja, dont les étapes du parcours de vie depuis la Pologne jusqu'à l'assistance maternelle en passant par une année au pair ont été précédemment retracées, négocie oralement les frontières entre sphère privée et espace public. D'un côté, après avoir souligné les avantages du domicile personnel en tant que lieu de travail sur le plan de la suppression des déplacements : « *Je sais apprécier ça, qu'en fait, même si les enfants, eh bien, arrivent à sept heures et demie, que je suis en fait à la maison. Et ensuite je ne dois pas me dépêcher, me stresser. J'ouvre la porte et le travail arrive à moi.* »[29] ; elle décrit d'un autre côté comment cette mise en scène, liée à l'exercice d'une activité professionnelle, devient ambivalente lorsqu'elle est confrontée à son propre fils : « *Oui, et bien, il sait ce que c'est lorsque je lui dis : "non pour le moment je n'ai pas le temps de t'aider", parce que les petits veulent quelque chose, je dis alors toujours : "je suis encore en train de travailler" ((rires)), oui, et euh il doit attendre.* »[30] Le temps de travail salarié est établi par le biais de son propos : « *je dis alors toujours "je suis encore en train de travailler."* » Elle met en vigueur ce qu'elle énonce, et corrobore cette désignation par la répétition. Le théoricien britannique des actes de langage, John L. Austin, définit un tel acte de langage en tant qu'acte « performatif » : "[…] a case in which to *say* something is to *do* something ; or in which *by* saying or *in* saying something we are doing something." (Austin, 1962 : 12, les termes en italique sont mis en évidence dans la version originale du texte) L'acte de langage de Marja met en œuvre les frontières entre travail et vie privée. Le tracé des frontières entre travail et vie domestique présuppose que le travail, via la rétribution, se distingue de la vie privée. Le tracé des frontières de Marja, par le biais d'un acte de langage,

[29] V.o.: „*Ich weiß das zu schätzen, dass ich eigentlich, auch wenn die Kinder, also, halb acht kommen, dass ich eigentlich Zuhause bin. Und ich muss mich dann nicht beeilen, mich nicht stressen. Ich mach die Tür auf und die Arbeit kommt zu mir.*"

[30] V.o.: „*Ja, also, er weiß was es ist, wenn ich dann sage, ,ne im Moment hab ich keine Zeit dir zu helfen', weil die Kleinen was wollen, ich sag dann immer ,ich arbeite noch' ((lacht)), ja, und ähm er muss warten.*"

souligne ici précisément la contradiction entre travail et vie privée au sein du domicile personnel, contradiction qui accompagne les assistant-e-s maternel-le-s de cette étude.

Le seuil du logement occupe une fonction particulière. C'est à cet endroit que les principales communications avec les parents ont lieu. C'est ici que la distinction entre sphère privée et espace public, ou monde du travail et vie privée, est négociée le plus clairement. Ce seuil symbolise la relation ambivalente entretenue par les assistant-e-s maternel-le-s par rapport à leur domicile en tant que lieu de travail. Marja, dans le couloir d'entrée de son logement, directement à côté de la porte d'entrée, a installé un programme destiné aux parents, comportant une liste des menus et des activités prévues.

Au-delà de la conformation recherchée avec d'autres institutions publiques comme les garderies ou les crèches, ce tableau d'affichage signale le début d'un espace pédagogique qui trace une frontière symbolique entre les parents et la sphère professionnelle de l'assistante maternelle. Il préserve la prestation de services de l'interprétation selon laquelle elle est par nature orientée vers le travail de prise en charge, et incite à adopter une attitude distancée. À partir du seuil de la porte d'entrée commence l'empire de l'assistante maternelle. Et malgré tout : il marque également le seuil du monde privé de Marja en tant que mère et épouse. J'ai toujours pu observer comment le travail corporel et communicatif avec les parents débute et finit sur le seuil de la porte, lorsque les parents déposent ou viennent chercher les enfants en garde. Les assistant-e-s maternel-le-s rapportent, par exemple, les évènements de la journée (ce que les enfants ont mangé, ce qui a été fait…). Mais, dans la mesure où ils-elles se positionnent corporellement sur le seuil de la porte, ils-elles signifient aux parents le début et la fin de l'espace de travail et du temps de travail.

En outre, les assistantes maternelles en France affirment davantage la valeur du domicile comme lieu de travail en tant qu'espace autodéterminé, qui échappe en partie à la flexibilité et aux contraintes exigées par le monde du travail moderne. C'est pourquoi le problème de la délimitation est moins évoqué que le bénéfice de l'autonomie favorisée par le travail.

La négociation, ou plutôt la métamorphose des différents espaces familiaux en sphères professionnelles temporaires, constitue un travail continuel de délimitation et caractérise le domicile en tant que lieu de travail. Par ce biais, il devient manifeste que l'assistance maternelle renforce une forme particulière du travail domestique : au moins deux fois par jour, le foyer privé est transformé en lieu d'accueil pour les enfants en garde, et vice versa. Protéger la famille des charges liées à l'assistance maternelle, que ce soit par le biais de travaux domestiques ou de tracés verbaux des frontières, représente un surcroît de travail non rémunéré.

3.3.6 Les mises en scène de la (grande) famille

Par le biais du modèle de garde de l'assistance maternelle, la mise en scène de la famille est modifiée. L'idéal de la famille nucléaire au sein de la société d'accueil est transféré dans une constellation en forme de patchwork. « *Eh bien, ça fait aussi comme une sorte de famille de remplacement, ou une famille élargie, je ne sais pas* »[31], l'assistante maternelle, Pascale, réajuste ainsi ce tiraillement. Une différence significative au sein de ces constellations réside dans la différence d'âge : tandis qu'en France, les nourrissons sont confiés à la garde de l'assistante maternelle (car le congé de maternité prend fin), en Allemagne ils ont, en règle générale, déjà un an. En Allemagne, les écoliers continuent souvent par être gardés par les assistant-e-s maternel-le-s de cette étude, à cause d'un déficit de prise en charge pendant les heures de l'après-midi qui suivent la fin de l'école. En France, alors même que le quotidien scolaire couvre toute la journée, les écoliers *retournent* volontiers dans la structure familiale de l'assistance maternelle pendant l'heure du déjeuner. Souvent, les frères et sœurs des enfants en garde sont peu à peu également pris en charge. Les assistant-e-s maternel-le-s, leurs enfants et les enfants en garde mettent en scène une vie familière au sein d'une constellation semblable à celle d'une grande famille. Lors de la prise en charge, des liens se développent entre les assistant-e-s maternel-le-s et les enfants en garde, au sein du domicile en tant que lieu de travail. Le travail relationnel émotionnel fait tout autant partie du travail salarié que du travail familial. Les barrières de l'appartenance familiale, au sein du *doing family*, deviennent ainsi friables. Dans la mesure où l'enfant en garde « fait partie de la famille », les frontières sociobiologiques auparavant en vigueur s'estompent.

---

[31] V.o.: „*Also, das macht auch so eine Ersatzfamilie, oder eine erweiterte Familie, ich weiß nicht.*"

La relation émotionnelle forte entre les enfants en garde et les assistant-e-s maternel-le-s peut conduire à des relations à long terme et compliquer le tracé des frontières de la distance professionnelle. La séparation entre le travail émotionnel en tant que travail rémunéré et le travail émotionnel en tant que travail familial, si elle a lieu, ne peut s'opérer que très difficilement. L'expression « *il faut aimer* » revient souvent, davantage que la moyenne, dans les récits des assistantes maternelles. Cette construction identitaire en tant que mère est associée au travail accompli avec les enfants en garde. Elle est reproduite au niveau d'un acte de langage relatif au rôle de mère qui doit fondamentalement aimer. Les enfants en garde sont intégrés à l'amour porté à ses propres enfants.

À la fin de la journée, les assistant-e-s maternel-le-s sont souvent davantage associé-e-s aux développements individuels des enfants en garde que les parents. Kaya raconte :

> *Parce que moi, la plupart du temps que je les garde, je les garde dix heures par jour. [Oh. Hm.] Oui, je les garde de 8 h 30 à 6 h 30. Ça fait dix heures. Ça fait que eux, quand ils rentrent chez eux, ils les font= ils les font manger, ils les douchent, ils les mettent au lit. Parce que c'est le matin il y a un autre travail, alors, il y a tout le reste, à l'heure de 8 h 30 () il reste quoi ? Il reste deux heures et demie avec eux ! [Hm.] Mais les dix heures ils les passent avec moi. Ici, par exemple, on va dire les enfants grandissent, petit à petit, quand ils grandissent, ils sont mal élevés, bah euh c'est- on va dire l'éducation la plupart, elle euh elle revient à euh envers moi, parce que c'est moi qui les ai euh .. [...] Parce que là c'est plutôt assistante maternelle. Qui assiste les parents. C'est le mot qui veut dire ça. [D'accord.] Parce qu'on les a dix heures euh on assiste les parents en fait. Parce que on les élève auss- on les élève euh plus que les parents. Que les parents ils les ont en week-end et ils les ont les soirs. Voilà. Et c'est ce, c'est à peu près ça. C'est=c'est=c'est plus de euh c'est plus que de la garde, c'est la garde avec l'éducation avec. L'éducation de tout. Que ça soit de manger, de=de boire, de=de comment on apprend à parler, comment- il y a beaucoup des choses.*

En effet, un « aspect du *care* », temporellement, relève de l'externalisation des tâches éducatives. Pour les parents, cet aspect affecte le périmètre des expériences vécues avec leur propre enfant. Le déplacement du rôle des femmes vers les activités salariées ne permet pas seulement la participation à un monde du travail marqué par des valeurs masculines, mais il entraîne aussi la perte des possibilités de prise en charge interpersonnelle au sein de la famille nucléaire. Le transfert de l'éducation effectué par les parents permet de détecter, au sein des récits des assistant-e-s maternel-le-s, à quel point le travail de reproduction est, en réalité, toujours entre les mains des parents. L'argumentation de Kaya suggère en outre que les enfants en garde, par le biais de prestations de *care* qui se répètent tous les jours, toutes les heures, toutes les minutes, sont en premier lieu influencés par les assistant-e-s maternel-le-s. Par conséquent, les parents sont suppléés par le rôle de « l'assistant-e », ils sont dans le même temps dissociés d'éléments éducatifs essentiels. « *Je me substitue pas aux parents, mais j'apporte ma propre euh signature,* », comme l'explique par ailleurs Samsara.

Lorsque Noura mentionne une enfant qu'elle avait en garde, qu'elle a récemment rencontrée dans la rue, et la décrit avec les termes « *toute propre* », cela évoque presque la description d'un produit fait maison. L'évolution des enfants en garde après la prise en charge des assistant-e-s maternel-le-s devient un critère de réussite au travail. Puisque cette réussite repose sur les ressources et les valeurs intrafamiliales de l'assistante maternelle, elle lui est attribuée – que cette réussite soit désormais liée à une apparence extérieure, à un usage approprié du langage, à un comportement ou à la connaissance de langues étrangères.

Anecdotes d'Olga et Elise

Le *doing family* dans le domaine de l'assistance maternelle peut cependant déconcerter la perception publique de la société d'accueil. Les assistant-e-s maternel-le-s, aussi bien en Allemagne qu'en France, m'ont toujours raconté une expérience spécifique qu'ils-elles ont vécue lorsqu'ils-elles poussaient la poussette des enfants en garde dans la rue. Olga et Elise racontent ces expériences d'une manière vraiment amusante :

> Olga : *Et j'avais un enfant, elle venait de Chine, une autre était blonde, la troisième était noire et là, je ne sais pas, Manja, oui, Manja, était rousse, parce que la mère venait d'Irlande, elle avait des cheveux roux et des boucles. Et malgré ça toutes les grands-mères disaient : « Voilà, les quadruplées sont là ! ! »*[32]

> Elise : *Alors, bon, là à ce moment ça fait quatre, cinq ans que je travaille avec une famille qui est métisse euh donc papa euh africain du Niger et maman française et euh donc ça fait deux fois avec la même, les deux mêmes familles qui ont eu les enfants euh première enfant, le deuxième enfant. Donc ce sont des enfants qui ont grandi ensemble et qui ont à peu près le même âge à chaque fois. Donc les grands frères, par exemple, ils avaient euh 20 mois euh donc j'avais une petite blondinette avec les yeux bleus et euh un petit métis, à côté les gens ils s'arrêtent : ‹Oh, comment vous avez fait ?› ((rires)) – ‹ Non. Sont pas les miens.› – ‹ Oh.› Et () c'est un papa, un papa black, qui m'est arr- qui, qui est arrivé : ‹Oh. Comment vous avez fait ça ? ((rires)) Oh, d'accord.› Mais c'est faisable apparemment. ((rires))*

Ces anecdotes dévoilent à quel point les représentations homogènes de la famille sont ancrées au sein de la mémoire collective de la société. Ce qui est « toujours » en vigueur au niveau de la représentation symbolique, à savoir qu'une femme qui se promène avec des enfants

---

[32] V.o. : „*Und ich hatte eine Kind, die kam aus China, der eine war blond, der dritte war schwarz und der, keine Ahnung, die Manja, genau, die Manja war rothaarig, weil die Mama ist aus Irland gewesen, hatte rote Haare und so Locken. Trotzdem alle Omas meinten: ‚Da sind die Vierlinge!'*"

représente une famille, est désormais perturbé par l'apparition d'une femme avec des enfants qui ont différentes couleurs de peau, et ce phénomène est par conséquent difficilement explicable. Des caractéristiques optiques distinctives, par exemple, l'ethnicité ou l'âge, ne sont pas prises en compte, ou plutôt sont occultées par la représentation de l'appartenance familiale biologique, devenue un fait. Le papa noir se trouve devant un « miracle », comme Platon devant les images de la caverne, jusqu'à ce qu'il saisisse que la femme n'est pas la mère biologique, et que les deux enfants ne sont pas apparentés. Malgré tout, la reproduction est assurée au sein d'une constellation semblable, simplement avec des acteurs qui ont été permutés. L'assistance maternelle évolue aux frontières des structures familiales intelligibles, au sens de Butler (cf. Butler, 2000 : 70). La mise en scène de la famille par l'assistance maternelle va à l'encontre des principes normatifs de la parenté, tout comme d'autres constellations qui, dans la lignée de la pluralisation des formes de vie, représentent une déformation et un décalage. Selon l'imagerie dominante, la société migratoire actuelle est appréhendée comme ethniquement homogène, et les figures de la famille principalement conçues comme des familles nucléaires biologiques.

3.3.7 La problématique des hommes

Les femmes professionnellement actives en France s'adaptent davantage au modèle de carrière à connotation masculine que les femmes en Allemagne. Toutefois, les rôles de genre au sein de la sphère privée demeurent organisés selon une logique binaire. En France et en Allemagne, la conception des hommes en tant que personnes en charge de l'assistance et des soins contredit l'image fortement normée des rôles de genre. Les époux des assistantes maternelles ne sont pas non plus impliqués dans les activités développées au sein du domicile en tant que lieu de travail. En Allemagne comme en France, les hommes sont en outre exposés à une stigmatisation institutionnelle et sociale. Les récits des assistantes maternelles renvoient aux attributs assignés aux hommes, comme l'alcoolisme ou le manque d'aptitude au travail d'assistance et de soin, qui sont véhiculés par les bureaux d'aide sociale et les parents. Les époux des assistances maternelles, en réaction à ces assignations, sont notamment mis à l'écart de l'éducation des enfants via le *maternal gatekeeping*[33], et exclus du quotidien professionnel de l'assistance maternelle.

De plus, les assistants maternels sont rares. Toutefois, la stigmatisation des hommes pourrait faire l'objet d'un changement au vu des cas de figure des assistants maternels de cette étude en Allemagne. La mode, ou plus précisément l'intention de rendre les métiers pédagogiques plus attractifs pour les hommes, conduit à un nouveau travail identitaire en tant qu'homme producteur de *care*. Les assistants maternels de cette étude ont surtout suscité la sympathie de mères célibataires à la recherche d'une figure d'identification masculine pour leurs enfants.

Les assistants maternels en Allemagne : une autre perspective

Si l'on observe le domaine de l'assistance maternelle, dominé par les femmes, depuis la perspective des deux

[33] Par ce biais, la participation du père à l'éducation de l'enfant est empêchée activement. Puhlman et Pasley proposent la définition suivante du *maternal gatekeeping* : "[...] a set of complex behavioral interactions between parents, where mothers influence father involvement through their use of controlling, facilitative, and restrictive behaviors directed at father's childrearing and interaction with children on a regular and consistent basis." (Puhlman & Pasley, 2013: 176)

assistants maternels immigrés de cette étude, on constate que leurs motivations ne diffèrent pas sensiblement de celles des assistantes maternelles. Eux aussi, après avoir fondé une famille, souhaitent être présents pour leurs propres enfants, alors que leurs conditions de vie sont contraintes par leur statut social.

Elia est un homme d'âge moyen. Il a connu sa femme allemande dans son pays, au Mexique. Lorsqu'elle est tombée enceinte, il a immigré pour la rejoindre en Allemagne de l'Ouest. Elia et sa femme ont aujourd'hui trois enfants. En Allemagne, sa femme a continuellement exercé un emploi fixe. À cause de connaissances linguistiques lacunaires, Elia a eu après la migration des difficultés à s'insérer en tant que graphiste au sein du marché du travail de la société d'accueil. De plus, il souhaite éviter que ses enfants soient gardés par un tiers. Par conséquent, il endosse le rôle d'homme au foyer et d'éducateur, qui se consolide à l'occasion de ses phases de chômage. Il relate :

> *Pour moi c'est mieux d'être ici quand mes enfants rentrent de l'école. [Hm.] Et non qu'ils rentrent à la maison et=et ils sont assis là et ils doivent .. euh manger quelque chose de surgelé ou- .. regarder la télévision. Ça, je trouve que c'est difficile, dur. C'est pourquoi c'est une=une, ma motivation pour vouloir rester ici, à la maison. Je ne voulais pas que d'autres personnes prennent soin de mes enfants*[34].

L'orientation d'Elia vers la famille et le *care* est manifeste. Il garde des enfants étrangers mais refuse de laisser garder ses propres enfants par un tiers. Chez Elia, la vie

---

[34] V.o.: „*Für mich ist besser hier zu sein, wenn die Kinder von der Schule kommen. [Hm.] Und nicht, dass die nach Hause kommen und=und sie sitzen da und sie müssen... äh etwas von der Tiefregal essen oder- ... Fernsehen gucken. Das finde ich ist schwierig, schwer. Deswegen, das ist eine=eine, meine Motive, dass ich hier zu Hause bleiben will. Ich wollte nicht, dass andere Leute auf meine Kinder aufpassen.*"

familiale est reconstruite en priorité, avant le monde du travail professionnel – ce qui engendre un décalage des rôles traditionnels de genre, en vigueur aussi bien en Allemagne qu'au Mexique. De plus, le changement de principal responsable du travail de reproduction est favorisé par la migration et la perte de statut social qui en résulte. Son revenu complémentaire, en tant qu'assistant maternel, est conforté en tant que qualité par sa valeur éthique, valeur que la psychologue américaine Carol Gilligan décrit et valorise en principe par le biais de l'élaboration d'une morale de la sollicitude historiquement présentée comme *féminine* (cf. Gilligan, 1996 : 27). La découverte et la valorisation de la morale de la sollicitude par Elia s'opère peut-être justement parce qu'il se déplace d'un point de vue observant à un point de vue participant. À partir d'une nouvelle expérience, il apprend à estimer la valeur du *care.* Par contre, les assistantes maternelles de cette étude adoptent souvent la valeur du *care* davantage comme une évidence.

Le statut social rare, exclusif d'Elia en tant qu'assistant maternel devient le moteur d'une ample reconnaissance. Il donne un exemple de cet écho positif en mentionnant une mère qui revient lui rendre visite, et décrit la définition de son rôle :

> *Parce qu'elle m'a dit : pour mon enfant, je voudrai plutôt avoir un=un modèle masculin, plutôt que .. et=et ça, je l'ai aussi à l'école maternelle où mes enfants sont allés, beaucoup de mères ont dit : je serai meilleur, si=si un éducateur, un homme était là, plutôt que seulement des femmes, hein, des éducatrices. [...] Je crois qu'en tant qu'homme il y a aussi un avantage, parce que=parce qu'il n'y en a pas beaucoup et=et les gens trouvent ça euh intéressant, oui, qu'un homme puisse garder les enfants, et jouer avec les enfants et .. oui. Et je crois, et une et une des assistantes maternelles a raconté une fois que euh elle a euh remarqué, à l'aire de jeu, par exemple, comment=comment les hommes et les femmes s'occupent des enfants. Par exemple, les hommes sont plus, ils laissent les enfants, OK, le euh .. va sur le toboggan tout seul, ou essaie. Et euh chez les femmes c'est plus, elles euh doivent*

protéger, oui, je dois toujours être à côté et, oui : oui, ne fais pas ça. [...] Peut-être que c'est la différence entre les éducateurs ou les mères et les pères. .. Je ne sais pas. .. Et peut-être que beaucoup de parents apprécient ça, ils disent, oui, je préférerai eu un assistant maternel à une assistante maternelle[35].

La valorisation en tant qu'assistant maternel, par le biais de l'écho positif provenant de l'entourage des mères et des assistantes maternelles, incite Elia à redéfinir son rôle éducatif. Ce dernier se transforme en un rôle pédagogique, qui fait confiance à l'autonomie des enfants, qui leur laisse la liberté d'accumuler des expériences et de surmonter les dangers de façon autonome. Cette stratégie va si loin qu'il oppose le rôle de l'assistant maternel à celui de l'assistante maternelle. Il positionne la compétence éducative de l'assistant maternel en opposition binaire avec l'assistante maternelle protectrice, restrictive, qui préserve du risque, et souligne ainsi une compétence masculine. La dominance des modèles éducatifs féminins dans les structures publiques, et le fait que les hommes soient toujours plus rares au sein des processus d'éducation mettent en évidence un déficit. D'un point de vue

---

[35] V.o. : *„Weil sie hat mir gesagt: ich wollte mehr für mein Kind ein=ein Männervorbild kriegen, als... und=und das hab ich auch in der Kindergarten, wo meine Kinder war, viele Mutter haben gesagt: ich werde besser, wenn=wenn ein Erzieher ein Mann da wäre als nur Frauen, ne, Erzieherinnen. [...] Ich glaube, als Mann es gibt auch ein Vorteil, weil=weil es gibt nicht so viele und=und die Leute finden das äh interessant, ja, das ein Mann auf die Kinder passen kann und mit Kinder spielen und... ja. Und ich denke, und eine und eine Tagesmutter hat einmal erzählt, dass äh sie hat äh gemerkt auf dem Spielplatz zum Beispiel, wie=wie Männer und Frauen mit Kinder gehen. Zum Beispiel Männer sind mehr, lassen die Kinder, ok, das äh... geh auf der Rutsche allein, oder probier mal. Und äh bei Frauen ist mehr, die äh musst schützen, ja, ich muss immer dabei sein und, ja: ja, mach das nicht. [...] Vielleicht das ist Unterschied zwischen Erziehern oder Mutter und Vater... Ich weiß nicht... Und vielleicht das schätzen viele Eltern, dass sagen, ja, ich will besser ein äh Tagesvater als ein Tagesmutter.“*

professionnel, Elia apporte au processus un modèle éducatif masculin sans remettre en question les rôles traditionnels de genres. Il exerce ainsi un travail identitaire en tant qu'homme éducateur.

Monsieur et Madame Welter ont aussi des positionnements identitaires différents par rapport au *care*, ce que met en évidence l'interaction suivante :

> Monsieur Welter : *Je change aussi les couches.*
> Madame Welter : *Oui, il essaie.*
> Monsieur Welter : *Bien que, () éviter, j'essaie de l'éviter.*
> Madame Welter : *Il essaie toujours de me déléguer ça. Mais quand c'est nécessaire, alors bien entendu.*
> Monsieur Welter : *Quand ce n'est pas possible autrement, alors je le fais. Je le fais (non ?), mais.*
> Madame Welter : *Nous jouons et nous dansons et ça, nous le faisons tout le temps ensemble.*
> Monsieur Welter : *Oui, on le fait. .. Nous allons aussi tous les jours dehors et nous, j'ai pris une poussette euh j'ai assemblé une poussette euh il y en a bien sûr qu'on peut, qu'on peut acheter. Mais elles sont <u>beaucoup</u> trop chères. Et une comme la nôtre, elles, elles ne sont pas pareilles. Elles sont généralement pour quatre enfants. Oui.*
> Madame Welter : *Oui, six enfants.*
> Monsieur Welter : *Pour six euh et je, j'ai besoin d'une pour sept. Et j'ai, j'en ai construit une plus grande. Donc de=simplement de rien. Grâce au chariot-enfants, on est maintenant connu dans le quartier*[36].

---

[36] V.o.: Herr Welter*: Die Windeln mache ich auch.* – Frau Welter*: Ja, er versucht.* – Herr Welter*: Obwohl, () vermeiden, ich versuch das zu vermeiden.* – Frau Welter*: Er versucht das immer, dass mir delegieren. Aber wenn es nötig ist, dann natürlich.* – Herr Welter*: Wenn geht anders nicht, dann mache ich das. Mache ich (nicht?), aber.* – Frau Welter*: Wir spielen und wir tanzen und das machen wir alle zusammen.* – Herr Welter*: Ja, das machen wir... Wir sind auch täglich draußen und wir, ich hab ein Rollerwagen genommen äh zusammengebaut äh zum, zum Kaufen gibt's natürlich welche. Aber die sind <u>viel</u> zu teuer. Und so eine wie unsere, die, die sind nicht gleich. Die sind für vier Kinder meistens. Ja.* – Frau Welter*: Ja, sechs Kinder.* – Herr Welter*: Für sechs äh und ich, ich brauche für sieben.*

Au domicile en tant que lieu de travail, le rôle d'administrateur de *care* est assumé conjointement, dans la vie privée et au travail cette parité s'effondre. Tandis que Madame Welter se charge du rôle traditionnellement connoté féminin des activités de *care* internes à la maison (changer les couches, cuisiner), Monsieur Welter s'oriente vers les activités plutôt techniques, qui sont également légitimes dans le domaine du *care* (sécuriser l'appartement, construire un chariot-enfant). Majella Kilkey et Diane Perrons remarquent que dans les foyers favorisés du Nord, ce n'est pas seulement le travail domestique traditionnellement féminin qui est transféré aux migrantes, mais ce sont également les activités domestiques typiquement masculines qui sont déléguées aux migrants (Kilkey & Perrons, 2010 : 240). Dans ce contexte, elles ont défini le phénomène du *handyman* : "By handymen we are referring to men doing traditionally 'masculine' domestic jobs such as home maintenance and gardening." (Kilkey & Perrons, 2010 : 239) Le modèle de garde commercial externalisé des Welter comporte également des activités domestiques typiquement masculines, prises en charge par Monsieur Welter avec la construction de la poussette ou des activités d'assemblage dans l'appartement.

3.4 Professionnalisation et capacité d'action

La qualification initiale, ainsi que les formations proposées dans le domaine de l'assistance maternelle, aussi bien en Allemagne qu'en France, constituent une ressource intellectuelle, contribuent à l'apprentissage de connais-

---

Und ich habe ein, ich hab einen etwas größeren gebaut. Also von=von null einfach. Durch den Bollerwagen sind wir jetzt in Stadtteil bekannt geworden.

sances spécialisées, et cultivent une conscience de soi en tant qu'assistant-e-s maternel-le-s professionnel-le-s. En Allemagne, la relation concurrentielle entretenue par les assistant-e-s maternel-le-s par rapport aux structures publiques est emblématique de la lutte pour la reconnaissance. Cette relation concurrentielle ne se manifeste pas aussi intensément en France. Les éducateur-rice-s en Allemagne ne sont pas seulement plus qualifié-e-s que les assistant-e-s maternel-le-s, ils-elles sont également nettement mieux établi-e-s. En France, l'assistance maternelle bénéficie comparativement d'une reconnaissance accrue par rapport aux autres formes de garde. De plus, les assistant-e-s maternel-le-s en France peuvent disposer d'un programme de certification qui permet de comptabiliser les expériences biographiques et professionnelles accumulées dans le domaine du travail de *care* (*Validation des acquis de l'expérience*) et, par ce biais, d'obtenir en un an un CAP petite enfance. Ce nouveau « capital culturel » délivre également, entre autres, une habilitation pour travailler en crèches et en école maternelle. Ce certificat, obtenu par un grand nombre de femmes migrantes de cette étude, symbolise pour elles une promotion dans le domaine éducatif et professionnel. Elle n'est presque jamais utilisée pour d'autres branches d'activités professionnelles, mais elle souligne une qualité qui représente personnellement, professionnellement et ainsi socialement un gain de compétences. Les assistant-e-s maternel-le-s insistent toujours sur une caractéristique stimulante, voire influente, de leur activité : l'effet de détachement par rapport à la reproduction, dû au transfert à des personnes extérieures, est opposé à une alternative qualitative, pour ainsi dire familiale, qui assure une prise en charge personnelle et intersubjective.

Les lignes directrices aujourd'hui en vigueur en France sont appuyées depuis les années 1980 par des organisations de salarié-e-s qui se sont en partie regroupées avec d'autres associations au sein de l'Association nationale Assistants maternels Assistants/Accueillants familiaux. Elles garantissent certains standards minimaux pour la profession. À cause du statut de travailleur-euse indépendant-e, les assistant-e-s maternel-le-s en Allemagne doivent établir à titre privé le maintien de leur salaire en cas de maladie, de remplacement ou de congé, ou encore la protection contre le licenciement. Ils-elles doivent ainsi faire preuve de beaucoup plus d'initiative. Le premier lieu de communautarisation professionnelle est, la plupart du temps, l'aire de jeu. Afin d'acquérir davantage de capacité d'action, certains assistant-e-s maternel-le-s immigré-e-s interrogé-e-s s'organisent au sein d'associations déclarées. Ils-elles s'occupent alors de trouver des espaces de rencontres, qui peuvent devenir des lieux de soutien organisés pour prodiguer des conseils par rapport à des questions juridiques et fiscales. Toutefois, une instance de représentation des salarié-e-s forte, capable de défendre leurs intérêts, n'a pas encore pu s'établir en Allemagne.

En tant que migrantes et migrants de la première génération, les assistant-e-s maternel-le-s de cette étude ont des statuts de séjour différents qui déterminent leurs conditions de vie et de travail. Pour les migrantes en France, à la différence de l'Allemagne, une double nationalité est possible. Cependant, dans de rares cas, des exceptions peuvent être faites en Allemagne. Une partie des migrantes et des migrants ont des permis de travail et des séjours temporaires, d'autres ont au contraire des permis permanents. D'autres en revanche possèdent la nationalité de la société d'accueil. En France, le statut juridique des femmes maghrébines et de leurs époux est étroitement lié au passé colonial et aux modes de vie transnationaux. Les mères maghrébines de la présente étude cultivent davantage une vie de famille transnationale que les mères issues des pays postsocialistes. Leur séjour en France est associé plus manifestement à des relations étroites entretenues avec le cercle familial et le cercle de connaissances en Afrique du Nord. En été, elles organisent ainsi souvent des séjours dans leur pays d'origine. Les différents lieux de naissance des enfants, à cause du droit du sol (*ius soli*) dominant en France, peuvent conduire à des statuts juridiques différents entre les membres d'une même famille. Cependant, lorsque les enfants grandissent, l'obtention d'un permis de séjour sécurisé, de longue durée, devient de plus en plus pressante. En Allemagne, les migrants et les migrantes issu-e-s des pays postsocialistes obtiennent le plus souvent un permis de travail et de séjour légalisé provisoire via les études, un an d'au pair ou d'autres formations. Souvent, ce permis est assuré à long terme par le mariage. Enfin, par le biais du statut de salarié-e dans le domaine de l'assistance maternelle, les migrant-e-s peuvent percevoir des prestations sociales conditionnées par une activité professionnelle en Allemagne et en France.

Assistant-e-s maternel-le-s interrogé-e-s en Allemagne								
	Pays d'origine	Date de naissance	Qualification	Année de migration	Nombre d'enfants	Enfants en garde*	Revenus estimés après prélèvement fiscal et frais de travail**	Profession du/de la partenaire
Marja	Pologne	1974	Gestionnaire de commerce touristique, pédagogie des arts (maîtrise)	1996	1	2	7 00 €	Électricien
Amalia	Slovaquie	1962	Infirmière puéricultrice	1993	2	2	Env. 1 500 €	Employé d'hôtellerie
Welters	Russie (épouse), Kazakhstan (époux)	elle 1958, lui 1956	Metteur en scène de théâtre et enseignement supérieur (épouse), chorégraphe (époux)	1998	2 enfants & 2 petits-enfants	7	Impossible à estimer	
Olga	Biélorussie	1978	Professeure d'allemand	1999	3	3	Env. 1 000-1 500 €	Diplômé en gestion d'entreprise
Penelope	République dominicaine	1974	Gestionnaire de commerce touristique	1997	2	3-4	Env. 1 000-1 500 €	Psychologue
Elia	Mexique		Graphiste	2001	3	1	Env. 400-580 €	Employé de banque
Milana	Serbie (deuxième génération)	1974	Spécialiste dans l'industrie de vêtements (avec bac technique)	Juste avant sa naissance	1	2-3	Env. 1 100-1 500 €	Mécanicien automobile & Secrétaire commercial
Jamila	Maroc	1966	Laborantine	2001	3	3	< 2 000 €	Cariste
Jennifer	Afrique du Sud	1965	Fleuriste	1978	4	5	Impossible à estimer	Vendeur
Pascale	France	1974	Baccalauréat	ca. 2006	1	2-3 (4 en France)	1 000-1 500 € (2 500 net en France)	Publicitaire

* Nombre d'enfants en garde fluctuant, horaires de travail irréguliers.

** Les chiffres indiqués ici sont des estimations, car il est impossible de fournir des données précises.

Assistant-e-s maternel-le-s interrogé-e-s en France								
	Pays d'origine	Date de Naissance	Qualification	Année de migration	Nombre d'enfants	Enfants en garde	Revenus nets par mois	Profession du partenaire
Lydia	Algérie	1980	Lycée interrompu	2001	4	1-2 temps partiel	En congé de maternité	Cariste
Noura	Tunisie	Env. 1982	Collège interrompu	1998 (Italie) 2002 (France)	4	2	1 400-1 600 €, actuellement en congé de maternité	Cuisinier dans un restaurant snack, avec phases de chômage
Kaya	Algérie	Env. 1966	C.A.P. petite enfance	2000	3	3-4 temps complet	2 000-2 300 €	(mère célibataire)
Rômane	Tunisie	1961	École élémentaire	1980	5 enfants & 2 petits-enfants	3 temps partiel	1 600 €	Cuisinier au chômage
Samsara	Tunisie	1972	Baccalauréat et C.A.P. petite enfance	Env. 1993	2	2-4 temps partiel	>1 445 €, pas d'indications exactes	Commercial dans l'édition
Pegricia	Chili	1951	Gestionnaire de commerce touristique	Env. 1988	2	3 temps complet	2 400 €	(décédé), Auparavant : Travaille aux Nations Unies
Fari	Sénégal	Env. 1965	Commerciale dans les assurances, Coiffeuse	Env. 1984	2	2 temps complet et partiel	Pas d'indications	Responsable d'un service postal
Elise	France & Iran	1971	Vendeuse de formation		2	3 temps complet	2 000 €	Magasinier
Oran	Algérie	Env. 1976	Collège, Employée de commerce	2001	4	2 temps de travail réduit	600 €, actuellement en congé de maternité	Chauffagiste
Leila	Algérie & Maroc	Env. 1970	Collège	1991	4	2 temps de travail réduit	800 €	Cariste
Juliette	Algérie (deuxième génération)	1970	École maternelle, Soignante dans le secteur du handicap		3	1-2	Pas d'indications	Employé de bureau dans une usine

Résumé et discussion des résultats

L'observation de deux cultures différentes de la garde d'enfants et de la maternité en France et en Allemagne m'a menée, dans ce travail, à la question suivante : comment les politiques du *care,* dans les deux pays, se conjuguent-elles avec le complexe du genre, du travail, de la famille et de la migration ? Le fort taux d'activité des mères en France, qui engendre une parité (financière) croissante et une indépendance de la femme, en comparaison avec le taux de participation plus faible des mères au marché du travail, en Allemagne de l'Ouest avant tout, m'a étonnée. Le préjugé de la « mère poule » (le travail familial des mères est ici connoté négativement) du côté français du Rhin s'oppose à celui de la « mère corbeau » *(Rabenmutter,* l'activité professionnelle des mères est ici connotée négativement) du côté allemand du Rhin. Ces expériences de la vie quotidienne ont aiguisé mon intérêt sociologique pour une évaluation dans les deux pays des conditions-cadres respectives régulant le travail de reproduction « abandonné » par les femmes professionnellement actives. L'intérêt de recherche de ce travail s'est tourné vers les acteurs qui, avant tout, permettent la mise en œuvre de nouveaux mondes professionnels et de nouveaux cadres de vie pour les mères actives en France et en Allemagne de l'Ouest – à commencer par les personnes qui prennent en charge les jeunes enfants.

L'implication de la femme, inhérente à la logique néolibérale, surtout dans le secteur émergent des prestations de services, en pleine expansion, a pour conséquence un transfert croissant des activités de reproduction à d'autres femmes, parmi lesquelles de nombreuses migrantes, qui deviennent ainsi elles-mêmes des prestataires de services de l'industrie du *care.* En France, la pertinence sociale d'un mode de prise en charge est incontestée : l'assistance maternelle. Plus de la moitié des enfants de moins de trois ans pris en charge formellement le sont par une assistante maternelle. En Allemagne, l'importance d'un système d'assistant-e-s maternel-le-s qualifié-e-s dans le cadre d'une large demande en termes de *care* s'accentue également depuis peu. À l'aide d'entretiens biographiques narratifs, complétés par une recherche de terrain ethnographique, l'accent a été placé sur les assistant-e-s maternel-le-s immigré-e-s en tant que voix individuelles, particulières, représentatives d'un problème concernant l'ensemble de la société, et ce, afin d'évaluer les mesures de politique sociale des deux pays dans le cadre de la problématique du *care.* Nous avons ainsi pu dégager les processus et les mécanismes traversés par ces femmes (et quelques hommes), qui se trouvent au début et à la fin de la chaîne constitutive de la nouvelle division du travail.

L'accent a surtout été positionné sur le questionnement suivant : dans quelle mesure les politiques conditionnent-elles la mobilité sociale, l'élaboration des réussites ou des échecs, et ainsi la division du travail moderne autour des frontières de la pauvreté et des genres ?

Du principe dialectique de l'assistance maternelle : le *care* des « deux côtés d'une même médaille »

Depuis le début de l'étude, j'ai été confrontée à un processus ambivalent entre des conditions et des relations se conditionnant entre elles, et qui par la suite se sont déployées tout au long du projet de recherche. Tout d'abord, il semble contradictoire que les assistant-e-s maternel-le-s soient principalement des femmes qui prennent en charge leurs propres enfants et des enfants étrangers au sein de leur foyer privé personnel, et ce, afin que d'autres femmes, déchargées des obligations familiales, puissent exercer une activité professionnelle en dehors de leur propre foyer privé. Ce mode d'existence ne peut se constituer que sur la base d'un autre mode d'existence qu'elle n'est pas. Cette forme de division du travail entre des femmes privilégiées, natives, et les travailleur-euse-s immigré-e-s du *care* est fondée sur une dialectique indépassable entre les assistant-e-s maternel-le-s et les parents (surtout les mères), qui confient leurs enfants à ces dernier-ère-s. Les hommes, qui fournissent du travail de reproduction au sein de leur propre famille, n'interviennent pas dans cette évolution. Une interaction réciproque se met ainsi en place sur les « deux côtés d'une même médaille ». Du côté de l'assistant-e maternel-le, cette interaction tend à la (re)familiarisation – dans le sens d'une sécurisation via des sources de revenus fournies dans le cadre familial, et par la prise en charge de responsabilités en matière d'assistances et de soins – tandis que du côté de la mère, la défamiliarisation, en tant que condition préalable de l'activité salariée, figure au premier plan. Dans le même temps, l'existence de ce mode de vie là n'est pas possible sans l'existence de ce mode de vie ci – bien que ces deux modes de vie soient en apparence réticents l'un envers l'autre et se déploient dans des directions contraires. Dans cette étude, la dialectique questionnée s'est clairement manifestée aussi bien au niveau des constructions identitaires qu'au niveau structurel. On constate ainsi que les prestations de politique sociale destinées à résoudre la question du *care* présentent également une interdépendance bilatérale, puisque les conditions-cadres définies pour les mères actives professionnellement déterminent celles des assistant-e-s maternel-le-s, et inversement.

Les étapes du parcours dans le domaine de l'assistance maternelle

Conditions sociales préalables

Les catégories « genre », « migration », « classe », « famille », « corps » et « âge », à l'aune de l'analyse du matériau empirique, sont particulièrement prégnantes. Ces catégories, ou dimensions, qui sont liées aux niveaux structurels, politiques, individuels, ainsi qu'au niveau de la représentation symbolique, s'imbriquent au champ de l'assistance maternelle. Il s'avère que l'assistance maternelle, en tant que phénomène féminin dans les deux pays, est liée aux situations de discrédit, à la précarisation et à la vulnérabilité. Cela est d'autant plus valable dans le cas des assistant-e-s maternel-le-s immigré-e-s, car la migration entraîne souvent une perte de statut social dans la société d'accueil. À l'âge de procréer, les grossesses (liées à la catégorie du corps), les fondations de famille, ou plutôt les constructions de famille qui en résultent compliquent le succès sur le marché du travail. Avant que les personnes concernées n'entrent dans la branche d'activités de l'assistance maternelle, le travail de *care* est déjà dévalué et mal rémunéré, car le travail de reproduction, peu valorisable, contribue à dévaloriser également cette *force (re)productive*, principalement de la femme. Dans le contexte de cette productivité évaluée différemment, l'assistant-e maternel-le immigré-e génère une plus-value non seulement économique, mais aussi émotionnelle.

À l'aune de l'analyse historique comparative, la politique familiale de l'Allemagne semble davantage déficitaire que celle de la France puisque, malgré une demande pressante en termes de *care,* elle n'est presque pas en mesure de compenser les effets sociaux de la mutation démographique. Les étapes du soutien étatique comparativement plus important, peuvent être retracées progressivement en France depuis le début du XIXe siècle jusqu'à aujourd'hui. La politique sociale découle des interventions en termes de politique familiale, tandis qu'en Allemagne, les mesures de soutien à la famille deviennent peu à peu partie prenante de la politique sociale en train de s'établir. L'aménagement massif d'une infrastructure solide du *care* en France, tout d'abord motivé par une politique pro-nataliste – et également ensuite par une politique orientée vers le marché du travail – est associé à une société qui évalue aujourd'hui positivement l'activité professionnelle de la femme et qui appuie l'externalisation du travail de reproduction vers l'État. Tandis que la plupart des mères en France travaillent à temps plein, la plupart des mères en Allemagne travaillent à temps partiel. En outre, les taux actuels de fertilité se croisent à des niveaux extrêmes : l'Allemagne, à partir d'une population importante, a aujourd'hui l'un des taux de natalité les plus faibles du monde ; la France, à partir d'une population faible, a aujourd'hui l'un des taux de natalité le plus élevé d'Europe. En Allemagne, les timides efforts entrepris semblent paradoxaux, puisque le déficit de *care* s'accentue corrélativement à une performance économique relativement élevée. La problématique de la mutation démographique, comparativement plus proche dans le temps puisqu'elle ne se déploie qu'à partir des années 1970, peut apporter des éléments d'explication, ainsi qu'un modèle du « Monsieur Gagne-Pain » historiquement établi et idéologiquement ancré, surtout en Allemagne de l'Ouest.

Parcours d'assistant-e-s maternel-le-s immigré-e-s en Allemagne et en France

Aux migrantes souvent peu qualifiées, originaires en majorité des États du Maghreb en France, s'oppose une contrepartie bien plus instruite et flexible en Allemagne, majoritairement des migrantes et des migrants issu-e-s des pays postsocialistes. Sur la base des différents niveaux de formation, l'hypothèse – forgée dans le courant du processus de recherche – selon laquelle les migrantes et les migrants en Allemagne entrent plus rapidement sur le marché du travail, et acquièrent un plus haut statut social que leur contrepartie maghrébine en France, attachée au mariage et à la fondation de la famille, aurait pu se confirmer. Les capitaux de départ, sur la base desquels elles luttent pour leurs positions sociales, semblent inégalitairement répartis. Cette hypothèse n'a cependant pas été retenue, puisque les femmes maghrébines en France, orientées vers la famille, acquièrent en tant qu'assistantes maternelles un statut social plus élevé, qui s'oppose à la perte de statut social des migrantes et des migrants hautement qualifié-e-s en Allemagne. Le parcours biographique des assistant-e-s maternel-le-s en Allemagne et en France connaît ainsi une évolution opposée, tout comme l'évolution historique de leurs populations, qui s'opère d'un extrême à l'autre.

Il ressort de la recherche empirique que l'assistance maternelle en France, en tant que métier, offre aux migrantes davantage de possibilités de mener une vie autonome qu'en Allemagne. Leurs ressources subjectives et les types de capitaux sociaux, culturels et économiques sont valorisés différemment au sein des contextes allemand et français. Les migrantes maghrébines, pauvres en ressources économiques et éducatives, rencontrent une *policy* qui les soutient, via laquelle elles peuvent surtout mobiliser les importantes ressources subjectives accumulées dans le domaine de l'assistance et des soins familiaux, qui sont reconnues comme capital d'expérience biographique ; les migrantes et les migrants hautement qualifié-e-s des pays postsocialistes rencontrent une *policy* qui les entrave au niveau de la construction de leur succès, via laquelle leurs ressources éducatives ne sont mobilisées que de façon marginale.

Sur la base de conditions initiales distinctes et de contextes d'origine radicalement différents, l'ambivalence entre *vouloir effectuer du travail familial* et *être obligé de fournir un travail professionnel* est levée par les assistant-e-s maternel-le-s dans les deux pays par le biais de l'assistance maternelle en tant que champ d'activité professionnel. L'orientation vers l'assistance maternelle en tant que profession s'opère, pour tous les cas de figure analysés, exclusivement via la fondation de sa propre famille, et elle est avant tout motivée par la volonté de garantir la prise en charge de ses propres enfants.

En Allemagne, l'influence des intérêts familiaux en tant que « point crucial » des constructions modernes du succès se manifeste, puisque les migrantes (et, dans une certaine mesure, également les migrants) ne peuvent plus poursuivre leur vie professionnelle, le plus souvent dans le secteur des bas salaires, ou leurs études. L'identité professionnelle de la mère, plus solidement ancrée chez les femmes dans les pays postsocialistes, est ainsi moins prononcée dans la génération des filles. Des conditions-cadres, comme l'allocation parentale et l'insuffisance des structures de garde à horaires d'ouverture limités, favorisent le repli sur le travail familial privé. Cas de figure après cas de figure, il devient étonnamment manifeste que le positionnement en faveur de l'activité professionnelle, en comparaison avec le travail de reproduction, soit reporté. L'affinité pour le travail d'assistance et pour l'identité du *care* se développe en Allemagne seulement par le biais du travail d'assistance envers son propre enfant. Elle correspond ainsi à la formule souvent reprise de Simone de Beauvoir : « on ne naît pas *caring*, on le devient » (cf. Molinier/Laugier/Paperman, 2009). Les chances d'exercer professionnellement dans les domaines d'avenir prestigieux sont réduites à long terme par la fondation de la famille, qui mène à une activité féminisée et précarisée, l'assistance maternelle, secteur qui, nous le rappelons de nouveau, s'est constitué en premier lieu dans le cadre de l'activité professionnelle croissante des femmes. En Allemagne, la fondation de la famille est ainsi tout aussi décisive pour l'évolution professionnelle des migrantes que l'expérience de la migration en elle-même. Le domaine d'activité de l'assistance maternelle améliore cependant tout d'abord une situation sociale difficile après la fondation de la famille. Des carrières professionnelles féminines interrompues conduisent donc à l'embauche de nouvelles assistantes maternelles, avec l'objectif contradictoire de, précisément, compenser la problématique de la compatibilité chez d'autres mères. On occasionne ainsi un *brain drain* de main-d'œuvre hautement qualifiée, que celle-ci, *a contrario,* oriente vers un *care gain* avantageux.

En France, une identité de *care*, assez équivalente à celle de leurs mères au Maghreb se met en place. Dans le contexte d'une situation discréditée au sein de la société d'accueil, ces champs de possibilités, à l'intérieur desquels elles peuvent agir, offrent plus de chances pour acquérir un gain d'autonomie. L'affinité pour le travail d'assistance et de soins est, dès le départ, affirmée. L'identité manifeste en tant que mère prenant soin elle-même de ses enfants, ainsi que le manque de qualification contribuent à rendre attractive une activité dans le domaine de l'assistance maternelle pour la plupart des femmes interviewées, qui subissent la pression d'une « société de deux sources de revenus » (*dual-breadwinner model).* De plus, l'interdiction du voile, qui stipule que le port de ce dernier – considéré comme un symbole religieux – est interdit au sein des structures publiques, n'est pas opérante dans le domaine de l'assistance maternelle. Les résultats révèlent également que la contrainte de l'interdiction du voile dans d'autres branches d'activité ne conduit pas nécessairement à l'assimilation, mais peut au contraire empêcher l'intégration professionnelle à des postes de la fonction publique. Comme nous l'exposons par la suite, les actions menées en termes de politique familiale, ainsi que les réglementations relatives à l'assistance maternelle en France, remplissent *in fine* une fonction qualifiante pour les femmes, même si celle-ci peut être contrecarrée par les conditions d'habitat en cités HLM ou par le CLCA (voir ci-dessous).

Constructions du succès dans le domaine de l'assistance maternelle : les politiques de care qui soutiennent et qui entravent

Parallèlement aux conditions-cadres, les politiques qui soutiennent la conciliation entre famille et travail pour les femmes natives-actives sur le marché du travail s'avèrent prépondérantes pour les possibilités de mobilité sociale des assistantes et des assistants maternel-le-s (ce domaine d'activités comprend cependant peu d'hommes), puisqu'elles permettent avant tout le recours aux assistant-e-s maternel-le-s. Les réglementations de politique sociale, des deux côtés de la division du travail, sont ainsi explicitement imbriquées suivant une interaction mutuelle.

Les conditions-cadres des parents actifs sur le marché du travail et des assistantes maternelles en France

Ce sont avant tout la mise en place d'une offre de garde de grande envergure, le chèque emploi service universel (CESU), le complément de libre choix du mode de garde (CLMG), les allocations familiales, les écoles maternelles gratuites et le *splitting* familial qui favorisent en France, pour les femmes natives, actives sur le marché du travail, une position en grande partie équivalente à celle des hommes sur le marché du travail – même si elle ne l'est évidemment pas totalement. L'assistance maternelle est une composante essentielle de ces prestations. Le CESU incite les parents à embaucher et à enregistrer légalement des assistant-e-s maternel-le-s accrédité-e-s par l'État, et ce, dans leur propre intérêt, puisque cette embauche engendre une économie fiscale conséquente. De plus, le CLMG, et dans ce cadre le remboursement des cotisations de sécurité sociale, réduit les coûts engagés. Le *splitting* familial allège la charge fiscale des familles nombreuses, et a ainsi pour conséquence, entre autres, d'augmenter leur pouvoir d'achat par rapport aux offres de *care,* c'est-à-dire par rapport aux assistant-e-s maternel-le-s.

Une allocation parentale qui peut diminuer jusqu'à 67 % du salaire sur une durée maximum de 14 mois en Allemagne, n'existe pas en France. L'allocation de maternité en vigueur est octroyée pendant 16 semaines sous la forme d'un maintien du salaire initial à 100 %. Par la suite, seul le versement d'un CLCA substantiellement plus faible, ainsi que des allocations familiales sont possibles. En France, les parents confient ainsi généralement leurs enfants en garde formelle entre trois et six mois, tandis qu'en Allemagne, ils sont âgés d'au moins un an. L'interruption de travail des mères actives professionnellement en France est ainsi comparativement plus courte, ce qui favorise le recours rapide aux assitant-e-s maternel-le-s.

Grâce aux réglementations citées, l'embauche d'un-e assistant-e maternel-le est globalement très attractif. En France, pour un fort taux de garde, plus de la moitié des enfants de moins de trois ans pris en charge formellement le sont ainsi par les assistant-e-s maternel-le-s, tandis qu'en Allemagne, seuls 15 % environ de ces enfants sont, jusqu'à maintenant, gardés par un-e assistant-e maternel-le.

Parallèlement aux prestations octroyées par l'État aux parents qui confient leurs enfants à la charge d'un-e assistant-e maternel-le, les conditions-cadres suivantes favorisent l'activité professionnelle des assistantes maternelles maghrébines de cette étude en France : un accès simplifié à l'emploi, avec généralement 120 heures de qualification (plus les heures de formation), un statut de salarié-e, une convention tarifaire nationale, un salaire minium, une infrastructure avec un accompagnement professionnel par des travailleur-euse-s sociaux-ales, et une réglementation spécifique en matière fiscale qui leur permet de ne presque pas payer d'impôts. L'entrée dans la profession n'exige pas de préqualification particulière. C'est pourquoi des personnes avec des parcours de formation interrompus, ou bien sans formation scolaire, peuvent être intégrées au processus d'accréditation. Une affinité pour le travail familial d'assistance et de soin, et l'expérience personnelle de la maternité ont des conséquences positives sur l'intégration au programme de formation, rapide et gratuit. En tant que salariées liées à un salaire minimum, un niveau de salaire est défini en tous les cas, et garanti par l'État. Leurs salaires sont maintenus en cas de maladie, elles sont assurées contre le chômage et ont droit à des congés. Les infrastructures et l'accompagnement par des travailleur-euse-s sociaux-ales stimulent l'intégration professionnelle et sociale. L'interdiction du port du voile en vigueur en France n'affecte jusqu'à maintenant pas le domaine de l'assistance maternelle, ce qui facilite l'intégration professionnelle des femmes voilées. Le statut professionnel des assistant-e-s maternel-le-s est soutenu depuis des décennies par les syndicats. Toutes ces conditions-cadres élaborent un champ d'activités favorisant l'émancipation des femmes maghrébines.

La mobilité sociale des assistantes maternelles maghrébines en France

L'entrée dans le monde du travail professionnel constitue un *turning point* dans la vie des assistantes maternelles maghrébines de cette étude. Au contraire, pour les assistant-e-s maternel-le-s en Allemagne, la fondation de la famille opère un tournant décisif. En France, l'identité du *care* en tant que mère, encouragée par le contexte familial, est transférée et élargie dans le domaine de l'assistance maternelle en tant qu'espace symbolique de la maternité traditionnelle. L'activité est ainsi reconnue au sein des réseaux familiaux.

Les femmes maghrébines se rattachent aux concepts identitaires traditionnels de la maternité, et souhaitent dans le même temps, s'émanciper. D'après Regina Becker-Schmidt, les rôles traditionnels de genre « du fait de l'érosion de l'État-providence, des élans de précarisation auxquels les hommes et les femmes sont exposés, ainsi qu'au regard de la pluralisation des formes de vie privées, sont de plus en plus problématiques. » (Becker-Schmidt, 2013 : 187, traduction effectuée par LC) Mais les femmes maghrébines, paradoxalement, remédient à ce conflit en se rattachant aux représentations de genre et de valeurs qui sont justement basées sur une division du travail binaire et stricte en tant que concept de la dualité homme/femme hégémonique, liée à des conceptions traditionnelles des relations familiales hétéronormatives. Elles réalisent cela dans la mesure où elles élargissent le travail familial privé au travail familial rémunéré au sein de leur propre domicile. Une branche d'activités « moderne » se met ainsi en place selon une logique « traditionnelle ». Un examen plus approfondi souligne un processus remarquable : suivant la tradition, les femmes maghrébines préservent *et* perpétuent la tradition du travail de reproduction non rémunéré, et provoquent ainsi une modification des pratiques sociales. Tandis que les assistantes maternelles mobilisent leurs ressources subjectives, leurs aptitudes au *care* acquises dans le contexte traditionnel de la famille, elles vont au-delà des normes et des contraintes. Sur la base de la répartition normative des rôles de genre, les assignations au rôle sont modifiées. Le discours hégémonique n'est pas remis en cause, cependant les configurations en vigueur sont déplacées.

La rémunération du travail de *care,* appuyée par les *policies,* a contribué, pour beaucoup de femmes immigrées non qualifiées, à ce qu'elles puissent recourir aux droits sociaux du marché régulier. La morale féminine de la sollicitude, dans ce contexte, se révèle en tant que force politique. Une ascension sociale se manifeste par le biais du revenu potentiel que leur travail permet pour la première fois d'évaluer économiquement. Pour la majorité des femmes interviewées, l'activité professionnelle permet d'acquérir une importance par rapport à la sécurisation de la vie quotidienne, elles obtiennent au moins une deuxième source de revenus pour subvenir aux besoins de la famille. Le travail de *care,* et celles qui l'accomplissent, sont ainsi valorisés de façon manifeste dans leurs dimensions économique et sociale. Dans le même temps, l'accès à la vie publique de la société d'accueil, qui rompt l'isolation familiale, est favorisé (cf. ci-dessous).

Contradictions des politiques de care en France

En France, le complément de libre choix d'activité (CLCA), qui a été progressivement augmenté au cours des années depuis 1985 (autrefois allocation parentale d'éducation), est toutefois en contradiction avec les réglementations de politique familiale qui visent la participation au marché du travail. Aujourd'hui, il s'élève au maximum à 572 € et incite ainsi à une réduction de l'activité professionnelle, surtout pour les mères dont la rémunération est faible. Les principes guidant ces politiques semblent inconsistants, puisque ce n'est pas seulement l'activité professionnelle de la femme qui est encouragée, mais aussi son congé parental d'éducation. Cette tendance à une politique de choix réduit les besoins en termes d'offres de garde formelles dans la société, et déclenche ainsi probablement un effet de *backlash* réduisant les volumes de travail des assistantes maternelles.

L'avertissement énoncé récemment par Élisabeth Badinter par rapport à une naturalisation émergente de la maternité (cf. Badinter, 2010) a encore pour objet la position générale de la femme au sein de la société française, qui est tiraillée entre les pôles de l'activité professionnelle et de l'éducation des enfants. La prise en compte de l'expérience migratoire dans la présente étude permet cependant de tracer une petite, mais subtile ligne de différenciation au sein du domaine de l'assistance maternelle. Il est manifeste que ce sont moins les parents qui confient leurs enfants en garde – les clients potentiels donc – que les assistantes maternelles elles-mêmes qui sont les premiers bénéficiaires de cette prestation. Par le biais de l'activité professionnelle dans le domaine de l'assistance maternelle, les assistantes maternelles ont le droit de percevoir l'allocation d'éducation, grâce à laquelle, de manière symétrique, elles peuvent de nouveau interrompre leur activité professionnelle. Parce que l'exercice de l'activité est toujours conditionné par la fondation d'une famille, les assistantes maternelles maghrébines en France – qui dans cette étude, au moment de notre première rencontre, ont en moyenne trois à quatre enfants – peuvent percevoir le CLCA à chaque nouvelle naissance, jusqu'au troisième anniversaire du plus jeune enfant. Dans la mesure où, par rapport à l'ensemble de la société, elles font partie des employé-e-s les moins bien rémunéré-e-s, et que l'identification au travail familial est forte, ils recourent souvent à cette prestation. C'est pourquoi le CLCA réduit surtout l'offre, c'est-à-dire les prestations de services de *care,* et non pas la demande de la femme native, active professionnellement. Dans le domaine de l'assistance maternelle, l'allocation parentale d'éducation reporte ainsi l'activité professionnelle des assistantes maternelles, qui inclut tout de même une grande partie des jeunes enfants pris en charge formellement, et diffère donc l'absorption de la demande de *care.*

Les effets de l'allocation parentale d'éducation, en tant qu'aide financièrement coûteuse par rapport aux prestations sociales de l'État, sont problématiques à plusieurs niveaux : la participation de la femme au marché du travail est réduite des deux côtés de la division du travail, puisqu'ils se conditionnent mutuellement. Par conséquent, l'alliance établie se dissout toujours de nouveau, et finalement, ce sont des prestations de consommation qui n'aboutissent pas à un travail professionnel productif qui sont subventionnées.

En France comme en Allemagne, les hommes ne jouent guère de rôle dans le transfert du travail de *care* envers les assistant-e-s maternel-le-s immigré-e-s. Il est cependant particulièrement manifeste que l'État en France s'est saisi de la question du *care* en tant qu'affaire d'État, sans s'adresser aux hommes sur le plan de la responsabilité, et sans leur permettre une construction identitaire diversifiée. L'ordre des relations entre les genres au sein de la famille est laissé de côté par le *policy making.* Deux semaines de congé de paternité, ainsi que l'allocation parentale d'éducation introduite en 2015 pour les hommes – elle demeure cependant très faible – incitent peu à interrompre le travail professionnel au profit du travail de reproduction. La question de genre, au sein de l'espace politique public, n'est pas interrogée, et autorise les fortes injonctions normatives qui constituent « la femme en France ». En tant que mère, elle suit également le modèle de carrière marqué par les valeurs masculines ; en privé, elle est cependant femme au foyer (et à cela il faut ajouter qu'elle fait, de plus, souvent preuve d'attitudes particulières féminines). Ces types d'exigences liées au rôle de mère constituent une contradiction supplémentaire de l'orientation des politiques publiques en France, sinon très orientées vers les politiques familiales, et donc vers les politiques du *care.*

De plus, les effets de la politique du logement en France mettent à l'épreuve les « acquis » de la politique du *care.* Après la Seconde Guerre mondiale, pendant les Trente Glorieuses, la construction de grandes tours d'habitation, regroupées en lotissements et avant tout destinées à la main-d'œuvre industrielle, est mise en œuvre massivement. Aujourd'hui, les « quartiers à problèmes », marqués par les conflits, et qui se situent avant tout en périphérie des villes, représentent un obstacle difficile à dépasser pour l'intégration des populations qui y vivent. Beaucoup de migrant-e-s qui perçoivent des prestations sociales font partie de ces populations. Dans le domaine de l'assistance maternelle, cette problématique se traduit sous la forme d'une forte densité d'assistantes maternelles maghrébines, habitant les « quartiers » et dont les expériences biographiques sont similaires. Elles sont confrontées à une demande faible, et se positionnent en concurrence les unes contre les autres. En outre, ces quartiers sont sujets aux préjugés en vigueur à leur encontre, qui entravent de plus leur embauche potentielle par des parents des zones résidentielles voisines. Leur revenu, à cause de cette absence de demande, ne leur permet souvent pas de subvenir aux besoins de la vie quotidienne. Dans ce contexte, le domicile comme lieu de travail, en tant que regroupement du lieu de vie et du lieu de travail, rend difficile une modification de la situation sociale. Les conditions d'habitat dans les cités HLM neutralisent les effets attendus des politiques du *care* en France. Ces conditions d'habitation contrecarrent durablement les possibilités d'intégration par le biais de l'activité salariée, l'acquisition d'une autodétermination et la participation à la vie sociale et économique. Puisqu'il est très difficile de modifier les conditions d'habitat, l'exclusion se conditionne elle-même en boucle. Dans ce contexte, les ressources d'habitation se transposent en tant que capital économique au niveau de l'activité professionnelle dans le domaine de l'assistance maternelle.

La stagnation de la mobilité sociale dans les quartiers de logements sociaux est de nouveau renforcée sur le long terme par l'allocation parentale d'éducation et l'interdiction du port du voile. Cette interdiction, présentée politiquement comme une mesure de soutien à l'intégration et à la promotion de l'égalité, n'atteint ici pas l'objectif visé. L'identification en tant que musulmane, ainsi que la pression sociale dans les quartiers, empêchent l'exercice d'une activité professionnelle au sein de l'espace public. Un programme promettant une modification des conditions de vie dans les quartiers et une rupture des cercles vicieux qui s'auto-génèrent fait défaut. L'intégration et la cohésion sociale demeurent *in fine* des conditions préalables pour garantir l'activité professionnelle, et ainsi la prospérité de l'économie. Le métier d'assistant-e maternel-le, à partir d'une situation d'inactivité, bien qu'il conduise difficilement dans les quartiers à une sécurisation autonome des conditions de vie, constitue cependant un moyen d'intégration dans la société d'accueil.

Conditions-cadres des parents actifs professionnellement en Allemagne

Contrairement à la France, la politique en Allemagne a davantage mis en œuvre des mesures incitatives par rapport à la redistribution des travaux de reproduction et de *care* au sein des couples. Certes, la part masculine de la population demeure également largement exemptée du travail de reproduction. Cependant, des incitations sont instaurées au niveau politique pour associer les hommes à ce travail, aussi bien avec les « mois des pères » (*Vätermonate*) – l'allocation parentale atteint 14 mois lorsque l'homme s'occupe au moins deux mois de l'enfant, – que récemment, avec le supplément d'allocation parentale (*ElterngeldPlus*). Le développement de la parité, ou plutôt de l'égalité de droits entre homme et femme, demeure pourtant problématique en Allemagne compte tenu du taux de risque de pauvreté comparativement très élevé chez les parents isolés et de la part élevée des femmes dans le secteur des bas salaires. Pour les mères, l'entrée et la sortie du monde professionnel et familial sont critiques.

Des mesures politiques, comme le *splitting* entre époux, l'allocation parentale d'un an, les allocations familiales et une infrastructure du *care* peu développées, ont longtemps favorisé la prise en charge privée des enfants. Le *splitting* entre époux, surtout pour les individus disposant d'une bonne situation, incite peu l'activité professionnelle des femmes ou la fondation d'une famille. Il favorise les époux ou les concubins dont l'un-e des partenaires gagne sensiblement plus que l'autre, sans prendre en compte les enfants. Le congé parental d'un an est souvent transformé en un congé parental d'éducation plus long, ou en une activité professionnelle à temps partiel, notamment parce que les institutions de garde sont insuffisantes, et que les écoles fonctionnent toujours, en règle générale, à temps partiel et ne prennent pas en charge les repas. Les réglementations citées sont en contradiction avec l'activité professionnelle croissante de la femme.

L'augmentation de la demande de places de garde a déclenché un changement de paradigme orienté vers la défamiliarisation – qui permet aux individus de recourir à leurs ressources indépendamment de leurs familles. Depuis 2013, la loi relative à l'aménagement des structures de garde de jour (*Tagesbetreuungsausbaugesetz – TAG*), votée en 2005, garantit aux parents une place en crèche ou chez un-e assistant-e maternel-le. Avec cette loi, la branche d'activité de l'assistance maternelle, qui est en train de s'établir, est également soutenue publiquement, et sa prise en compte égalitaire par rapport aux autres formes de garde institutionnelles est formulée au sein du livre huit du Code social de l'aide à l'enfance et à la jeunesse (*Achtes Sozialgesetzbuch der Kinder-und Jugendhilde – SGB VIII)*. En comparaison avec le métier d'assistant-e maternel-le qui s'est établi en France dès les années 1970, le processus de professionnalisation de l'assistance maternelle en Allemagne, introduit en 2005, n'en est encore qu'à ses premiers balbutiements. Auparavant, cette activité était majoritairement exercée en privé par des « nourrices », en dehors d'un cadre juridique, c'est-à-dire de façon irrégulière. Par rapport à l'utilisation des crèches par les parents, l'assistance maternelle semble plutôt marginale, bien qu'après la mise en place de la TAG, près d'un tiers des places devaient être transférées aux assistant-e-s maternel-le-s. Il est étonnant qu'un pays comme l'Allemagne, orienté vers la sphère privée et la prise en charge privée – historiquement et via ses politiques familiales telles que l'allocation familiale, l'indemnité de garde et le *splitting* entre époux – n'ait pas davantage recours à cette forme de garde, caractérisée par son aspect *familial,* et ce, notamment pour des raisons de coût. D'un autre côté, les crèches demeurent privilégiées, car les standards de qualité de l'assistance maternelle en Allemagne sont encore difficiles à estimer.

Le changement de paradigme du modèle de politique familiale, modèle lié à une culture vécue de la mère au foyer, qui tend vers une conciliation entre activité professionnelle et garde des enfants, renvoie aux contradictions de la politique étatique de prise en charge en Allemagne. Dans le contexte de la pauvreté chez les femmes âgées, ou du *gender pay gap,* l'introduction de l'indemnité de garde (*Betreuungsgeld*), qui a récemment été déclarée anticonstitutionnelle, est exemplaire. La nouvelle réglementation relative à la pension du conjoint après divorce de 2008 s'inscrit également au sein de cette politique contradictoire. Dans le processus de mutations des constellations familiales, elle vise à décharger financièrement les familles nouvellement fondées. Elle renforce cependant la vulnérabilité des femmes divorcées qui ont fourni du travail de reproduction non rémunéré au sein de la communauté conjugale : l'obligation des femmes à exercer un travail professionnel après le divorce libère prématurément le soutien de famille de son obligation d'entretien. Ainsi, ce n'est pas seulement le travail de reproduction fourni qui est de nouveau déprécié, mais également l'idéal de l'activité professionnelle masculine afin d'acquérir de nouveaux privilèges et de nouvelles libertés financières qui est élargi. Ce sont surtout les hommes qui sont déchargés de la responsabilité de la prise en charge. Pour l'ancien soutien de famille, la recomposition d'une deuxième famille est facilitée, les femmes, qui demeurent en retrait, sont cependant exposées, en tant que mères célibataires en Allemagne, à un risque élevé de pauvreté. L'insertion – ou la réinsertion – au sein du marché du travail est mise en œuvre plus ou moins difficilement après de longues périodes d'interruption via les congés parentaux d'éducation. Un des devoirs de la recherche sur les femmes et/ou des études de genre est d'analyser plus précisément les conséquences de cette législation, et d'intervenir davantage au sein des débats politiques et féministes. Cette tendance amène à se poser la question suivante : dans le contexte actuel de la chaîne générationnel, la maternité représente-t-elle un risque, ou un préjudice pour des personnes en situation vulnérable, et pour la pauvreté liée au vieillissement ?

Conditions-cadres et mobilité sociale des assistant-e-s maternel-le-s en Allemagne

La situation des assistant-e-s maternel-le-s immigré-e-s issu-e-s des pays postsocialistes en Allemagne s'apparente à celles des assistantes maternelles des quartiers populaires français. Dans les deux cas, le revenu demeure très faible. La classification en tant que travailleur-euse indépendant-e conduit en Allemagne à une situation de précarité. Les périodes de congés, ainsi que l'assurance de responsabilité civile spécifique aux assistant-e-s maternel-le-s dans le cadre de leurs activités, représentent ainsi une charge financière importante. Selon la réglementation des *Länder* et des communes, les coûts de l'assurance sociale et des assurances retraite et accident sont, la plupart du temps, à moitié remboursés. Les modèles de contrat proposés par les villes comportent cependant des lacunes juridiques, par exemple, par rapport au maintien du salaire en cas de maladie ou par rapport à la protection contre le licenciement.

Si la majorité des assistantes maternelles en France exercent à temps plein pendant la journée, les assistant-e-s maternel-le-s en Allemagne travaillent la plupart du temps à temps partiel – conformément au taux d'emploi à temps plein plus faible des mères. La flexibilité par rapport à la demande des parents qui confient leurs enfants en garde peut ainsi être en contradiction avec la flexibilité que les assistant-e-s maternel-le-s souhaitent par rapport à leurs propres enfants. En règle générale, les horaires de travail, d'après les résultats de cette étude, se conforment cependant à la demande des parents qui donnent leurs enfants en garde. Cette situation influence également la forte fluctuation des enfants pris en charge à différents moments de la journée, tandis que les temps de travail des assistantes maternelles en France sont plus constants et plus réguliers.

Alors que les femmes maghrébines en France acquièrent pour la première fois un pouvoir économique via la garde de jour, les assistant-e-s maternel-le-s en Allemagne, à long terme, perdent leur autonomie économique. La rémunération du travail de *care* exercé se révèle ambiguë : « Toutefois, la rémunération du travail de "care" n'est pas sans ambiguïtés. Elle fait certes sortir le travail de "care" de son invisibilité mais risque de confier les femmes dans des rôles familiaux » (Dang & Letablier, 2009 : 15). D'après ce point de vue, les femmes issues des pays postsocialistes occupent un rôle de mère de famille orienté vers l'organisation familiale traditionnelle en Allemagne. Le revenu principal d'un partenaire, ou d'une partenaire, constitue la condition essentielle de leur activité en tant que travailleuses indépendantes dans le domaine de l'assistance maternelle. La position sociale de l'homme, en tant que soutien de famille privilégié, et symétriquement de la femme associée à un salaire d'appoint, est ainsi renforcée. L'insignifiance du revenu – qui, de plus, peut à peine être estimé – rend souvent nécessaires des demandes de versements privés, qui peuvent de nouveau mener à des zones d'incertitude juridique, et qui augmentent les coûts de l'assistance maternelle par rapport aux autres formes de garde. Il devient ainsi manifeste que la politique en Allemagne restreint la promotion de la garde d'enfants via les assistant-e-s maternel-le-s, malgré son caractère d'urgence, et l'accompagne surtout en se focalisant sur les parents. L'objectif formulé par le gouvernement fédéral – établir l'assistance maternelle en tant que mode de garde équivalent aux crèches et aux autres structures institutionnelles – d'après les résultats de cette étude, n'a jusqu'ici pas pu être atteint. Les possibilités d'évolution, de représentation juridique des intérêts de la profession, ou d'organisation syndicale demeurent encore limitées. Puisque les assistant-e-s maternel-le-s exerçant en Allemagne en tant que travailleur-euse-s indépendant-e-s peuvent difficilement constituer une réserve financière pour des prestations de prévoyance retraite privées, on peut s'attendre à une forte précarisation.

Les assistants maternels en Allemagne

Ni en France, ni en Allemagne, la répartition des rôles de genre au sein des couples n'est sérieusement remise en question par les assistantes maternelles immigrées. Les récits biographiques des deux assistants maternels qui ont pu être intégrés au processus d'échantillonnage en Allemagne (cela n'a pas été possible en France) permettent cependant de rendre un élément manifeste : les conditions de vie du moment influencent tout autant la décision de prendre en charge de jeunes enfants que l'assignation de genre.

En tant qu'homme, l'assistant maternel contraste avec les nombreuses assistantes maternelles de cette étude. Son parcours au sein du domaine de l'assistance maternelle se fonde cependant sur les mêmes prémisses que ceux que peuvent emprunter des femmes issues des pays postsocialistes. Les processus qui conduisent au secteur de l'assistance maternelle ne se différencient que marginalement. Chez les assistants maternels, la fondation de la famille déclenche également une réévaluation du travail de reproduction et de *care*. Le passage à un travail principal de reproduction est favorisé par la migration, les problèmes linguistiques et la perte de statut social associé, et induit une orientation vers la famille et le travail de *care,* dont, à partir de ce moment, la valeur est soulignée et défendue par les assistants maternels.

Dans la mesure où les deux assistants maternels s'approprient le domaine de l'assistance maternelle, les assignations traditionnelles de genre sont déplacées. Cependant, au sein de cette activité associée à une connotation féminine, ils se rattachent à des aspects liés à une connotation masculine. Leur travail identitaire en tant qu'homme éducateur de profession se construit par opposition aux modèles éducatifs supposés féminins. La perte de statut social après l'immigration, au niveau de la représentation symbolique, s'oppose à une identité affirmée en tant que travailleur du *care*, qui comporte également une morale de la sollicitude. Cette conception inclut entre autres des activités domestiques typiques pour les hommes dans les domaines techniques, comme, par exemple, la construction de poussettes de grande taille, et rappelle ainsi le phénomène de l'*handyman* immigré (cf. Kilkey & Perrons, 2010), à la différence que l'assistant maternel exerce son travail à son domicile.

Nouvelles découvertes par rapport aux constructions identitaires au sein du « domicile en tant que lieu de travail »

La mise en scène quotidienne au domicile en tant que lieu de travail

Le pivot des relations et des rapports ambivalents qui s'établissent au sein du domaine de l'assistance maternelle est le domicile, qui, dans le même temps, représente le lieu de travail, et qui de ce fait, dans cette étude, a été désigné comme « domicile en tant que lieu de travail ». Les travailleur-euse-s du *care* n'exercent pas en tant que personnes étrangères au domicile d'autres individus, mais travaillent dans leur propre sphère intime. Au sein de celle-ci pénètrent cependant des personnes extérieures au foyer qu'il s'agit de prendre en charge. Le domicile en tant que lieu de travail devient une interface entre sphère privée et espace public. Par conséquent, les éléments qui représentent les systèmes de valeur personnels au sein du logement se transforment en scène de théâtre. En Allemagne comme en France, un « travail d'ouverture et de tracé des frontières » caractérise le travail quotidien des assistant-e-s maternel-le-s.

Les assistant-e-s maternel-le-s réalisent une *performance* quotidienne dans le sens d'Erving Goffman (cf. Goffman, 1959). Les parents des enfants en garde constituent le public visé. Le *front,* c'est-à-dire la scène, est constitué d'un *setting* composé de meubles, et, par exemple, de planning de menus mis en place dans le couloir, qui sont disposés de telle façon qu'ils délimitent le professionnalisme de l'intimité familiale, la garde d'enfants subventionnée par l'État de la sphère privée, et sa propre famille de sa famille en garde. La quantité de travail domestique supplémentaire nécessaire pour ces mises en scène, qui sont destinées à l'espace public à un moment donné, à la vie privée familiale à un autre moment, est considérable. À cause de la nécessité d'alterner la présentation, elle demeure insoluble. Par le biais d'actes de langage performatifs pendant la représentation, les frontières sont tracées ou ouvertes oralement. Le lieu le plus important de cette *performance* est le seuil de la porte d'entrée. Dans la mesure où c'est ici que les assistant-e-s maternel-le-s se positionnent au contact des parents, c'est également ici qu'ils-elles tracent les frontières les plus visibles.

Les ambivalences entre espace public et sphère privée, proximité et distance, travail d'ouverture et de tracé des frontières sont plus manifestes en Allemagne qu'en France. Les facteurs expliquant cette différence sont les suivants : l'âge des jeunes enfants au moment de leur prise en charge par le secteur de l'assistance maternelle, ou plutôt la durée des congés parentaux d'éducation des mères, les horaires de travail réglementés des parents, ainsi que le soutien structurel apporté à la branche d'activité via l'environnement, l'accompagnement et la mise à disposition d'espaces dédiés.

Deux conceptions de la maternité qui se conditionnent

Le succès de la profession d'assistant-e maternel-le se mesure à la transformation des enfants pris en charge en individus intégrés socialement et soignés, dans le sens d'un « produit fini » issu de « l'entreprise maison ». La teneur de la prise en charge est fortement liée au style de vie pratiqué au sein du foyer (par exemple, la qualité des plats préparés, ou les activités proposées). En France, le travail de reproduction externalisé prend temporellement plus d'espace, puisque les enfants sont plus jeunes et sont généralement pris en charge plus longtemps dans la journée. La sphère d'influence de l'éducation est ainsi également davantage transférée à l'assistante maternelle. Cet élément a des conséquences sur les modalités de communication et de relations entre les assistantes maternelles et les mères (rarement les pères) qui confient leur enfant en garde, qui se rencontrent quotidiennement.

En France, deux conceptions de la maternité, généralement très opposées, s'affrontent. L'assistante maternelle maghrébine est davantage orientée vers la famille, la mère qui confie ses enfants en garde est davantage orientée vers le marché du travail. En d'autres termes : la mère qui confie ses enfants en garde s'oppose à la femme qui se professionnalise dans le domaine de la maternité. Et plus leurs constructions identitaires s'éloignent l'une de l'autre, et plus les partenaires évoluent en dehors de cet arrangement, plus elles sont tributaires l'une de l'autre.

En Allemagne, l'identité de la mère qui confie ses enfants en garde est davantage contradictoire, puisque sa conception de la maternité et de l'activité professionnelle s'apparente à celle des assistant-e-s maternel-le-s. Elle semble plus orientée vers la famille que la mère française. Ce contraste est particulièrement manifeste par rapport à la question de l'allaitement et de l'âge auquel le nourrisson est pris en charge. En Allemagne, la maternité inclut la plupart du temps l'alimentation de l'enfant par le lait maternel. En Allemagne, l'enfant, généralement déjà âgé au moins d'un an (et sa mère) expérimentent souvent, via le transfert de prise en charge à l'assistante maternelle, une crise émotionnellement très pesante lors de la séparation. La séparation de la mère et de l'enfant, à cause des liens étroits qui ont été tissés, est davantage problématique. Par la suite, les frontières de la sphère privée ou intime des assistant-e-s maternel-e-s sont souvent dépassées par les mères. En Allemagne, les assistant-e-s maternel-le-s de cette étude soulignent unanimement que la période d'adaptation constitue le défi le plus exigeant et le plus intensif de leur pratique professionnelle. En France, la charge de travail représentée par une telle crise est généralement éludée, du fait du jeune âge des nourrissons qui sont confiés en garde. Les récits ne mentionnent pas cette problématique.

En Allemagne, le travail de tracé des frontières pour les assistant-e-s maternel-le-s immigré-e-s nécessite davantage de stratégies ou de mises en scène qui, de manière significative, rapprochent leur travail de celui des institutions publiques. En France, les assistantes maternelles peuvent en revanche faire part des conflits rencontrés dans une des maisons de l'enfance mises à disposition par l'État, et ainsi rapporter le travail relationnel au sein de l'espace public afin de prendre leurs distances. Il devient manifeste que l'infrastructure institutionnelle et les périodes d'intégration avec des enfants plus jeunes, conjuguées aux conditions-cadres citées précédemment, amortissent en partie les ambivalences du domicile en tant que lieu de travail. À l'inverse, le concept de la maternité traditionnelle en Allemagne empêche l'établissement d'un domaine de compétences à part entière pour les assistant-e-s maternel-le-s, puisque l'orientation familiale joue un rôle primordial au sein des deux identités.

Une comparaison des éléments disponibles avec le récit de parents professionnellement actifs dans les deux pays, utilisant les services de l'assistance maternelle, serait souhaitable. Le présent travail, au vu de l'ampleur d'une telle entreprise, n'a pu élaborer une telle comparaison.

Doing family

L'assistance maternelle répond à la pluralisation des modes de vie dans le cadre du processus de transformation de la famille par sa propre construction d'une réalité familiale. Cette réalisation s'avère surprenante, car elle ramène la séparation progressive de la vie privée et du travail pendant l'industrialisation et l'établissement de l'État-providence postindustriel dans une période en apparence préindustrielle. Par le biais d'une constellation « patchwork », composée des enfants des assistant-e-s maternel-le-s et des enfants en garde, la séparation du travail et de la vie privée est de nouveau abolie au profit d'une forme traditionnelle de l'économie domestique, puisque lieu de travail et vie familiale coïncident. Du point de vue des assistant-e-s maternel-le-s, l'externalisation du travail de *care* des parents actifs professionnellement correspond à un *insourcing* de la vie familiale. Une constellation semblable à celle d'une grande famille, telle qu'elle existait, par exemple, dans les fermes, avec les domestiques et le personnel, se met en place. Cette construction s'élargit lorsque les frères et sœurs des enfants en garde – en tant que transfert de la vie fraternelle – et les écoliers (en France, le jour de congé est souvent le mercredi) sont de plus intégrés dans la prise en charge.

Dans le *doing family* de l'assistance maternelle, des relations se développent entre toutes les personnes principalement présentes au sein du foyer : surtout entre les assistant-e-s maternel-le-s, leurs enfants et les enfants en garde. Les partenaires demeurent la plupart du temps exclus de cette vie, dans le cadre d'une *maternal gatekeeping.* Les frontières de la composition familiale se dissolvent au sein du processus de travail relationnel émotionnel, qui associe et sépare dans le même temps le travail professionnel et le travail familial. Elles évoluent ainsi, vers l'extérieur, à la frontière des structures familiales intelligibles dans le sens de Butler (cf. Butler, 2000), puisqu'elles contredisent les principes normatifs de la parenté.

Plus le lien instauré et renforcé par la cohabitation quotidienne et la prise en charge est fort, plus la distanciation professionnelle est compliquée à mettre en place. L'identification à l'éthique du *care* atteint une forme de point d'orgue émotionnel, au sein duquel l'amour et le travail sentimental convergent en une norme fixe, et sont résolument construits et reproduits, plus précisément « réitérés », en tant que condition de l'assistance maternelle : « *Il faut aimer !* ». Le *doing family* de la structure familiale de l'assistance maternelle, par le biais de son retrait au sein de la sphère privée – où se constitue une morale forte de la sollicitude – souligne sa qualité par rapport aux structures publiques (de garde de jour). Dans le même temps, son retrait au sein de la sphère privée réduit les contrôles potentiels exercés par extérieur, et il est ainsi moins transparent, également du côté des parents. Le domaine de l'assistance maternelle, via ce passage de la distance professionnelle à la proximité émotionnelle, reflète ainsi de nouveau la schizophrénie de sa condition, ou plutôt de sa reconnaissance.

Impératifs de l'espace public et structures du domicile en tant que lieu de travail

Surtout chez les assistant-e-s maternel-le-s en Allemagne, il est apparu que des connaissances linguistiques lacunes peuvent entraver le procédé publicitaire auprès des clients. Dans le même temps, le plurilinguisme peut être commercialisé comme une ressource. Au vu des réalités transnationales au sein des grandes villes multinationales, l'éducation plurilingue, en tant qu'offre dans le domaine de l'assistance maternelle, prend en compte un avenir mondialisé et rencontre de plus en plus de succès. Il s'avère qu'un classement des langues « de prestige » mesure différemment la valeur du plurilinguisme (la langue française permet de solliciter un salaire plus élevé que la langue russe). De plus, l'assistance maternelle plurilingue est justement intéressante pour les parents issus de l'immigration, qui souhaitent transmettre la langue de leur pays d'origine à leurs propres enfants. Cependant, le plurilinguisme n'est pas présenté comme un concept de l'assistance maternelle par les assistantes maternelles maghrébines de la présente étude. La question suivante demeure ouverte : dans quelle mesure des connaissances d'arabe ou de tamazight, par exemple, sont-elles transmises par les assistantes maternelles maghrébines ? Les bénéfices d'une offre d'assistance maternelle plurilingue par les migrant-e-s ouvrent toutefois des perspectives innovantes par rapport aux critères de qualité de la garde de jeunes enfants à l'avenir, et dont pourraient profiter à la fois les enfants pris en charge et les individus prenant en charge.

Le domicile en tant que lieu de travail, surtout chez les assistantes maternelles maghrébines en France, a permis de rompre les logiques de retrait par rapport à la vie publique, devenues particulièrement manifestes. Avec l'introduction de l'assistance maternelle, subventionnée publiquement, au sein du foyer privé, des contacts avec les enfants et les parents se mettent en place, et elles sont désormais également parties prenantes de la *community* professionnelle. En outre, des relations de travail se nouent avec les employé-e-s des relais d'assistant-e maternel-le. En Allemagne, les assistant-e-s maternel-le-s doivent au contraire, dans une large mesure, s'organiser seul-e-s, sans espaces de rencontre équivalents. Le rôle des réseaux structurants d'accompagnement et de conseil, avec les espaces qu'ils mettent à disposition, doit être souligné, tant pour l'intégration et le succès des femmes au sein de la société d'accueil que pour la professionnalisation de la branche d'activités. L'examen du matériau empirique souligne que les conditions-cadres offertes aux assistantes maternelles par ces instances publiques constituent l'une des mesures les plus fructueuses – et initiées comme telles – pour résoudre la problématique du *care* via l'assistance maternelle. De surcroît, elles diminuent les effets excluant principalement ceux qui résident dans les quartiers d'habitation sociale.

En comparaison avec les structures d'intermédiation françaises, la fonction de surveillance équivoque des travailleur-euse-s sociaux-ales en Allemagne est manifeste. L'objectif formulé par la loi, à savoir l'élaboration d'un libre choix entre crèches et assistance maternelle pour les parents, et la « revalorisation de l'assistance maternelle en tant qu'alternative qualitativement équivalente », compte tenu des conditions-cadres en vigueur, n'est possible qu'aux dépens des assistant-e-s maternel-le-s. Les travailleur-euse-s sociaux-ales doivent d'une part ajuster les coûts de l'assistance maternelle à ceux des crèches, ce qui entraîne une réduction des revenus des assistant-e-s maternel-le-s, d'autre part contrôler la qualité du domicile en tant que lieu de travail. Ils-elles doivent en outre jouer un rôle consultatif de conseiller-ère-s auprès des parents et des assistant-e-s maternel-le-s. De plus, leur champ d'action est lié à la situation budgétaire des communes, puisque ces dernières sont en charge, en partie ou en totalité, du paiement des prestations de garde. Dans ce contexte, les employé-e-s municipaux-ales sont davantage considéré-e-s par les assistant-e-s maternel-le-s comme des surveillant-e-s que comme des allié-e-s. Tandis que les employé-e-s des relais d'assistant-e-s maternel-le-s en France peuvent agir en tant que personnes référentes, les activités des employé-e-s des structures municipales en Allemagne sont associées à des missions qui – tragiquement – favorisent une précarisation des assistant-e-s maternel-le-s.

Une nouvelle étape du détachement par rapport au travail de reproduction

Au sein du domicile en tant que lieu de travail, les assistant-e-s maternel-le-s immigré-e-s, dans un souci d'intégration à la société d'accueil, accomplissent leurs souhaits d'un travail d'assistance privée et d'une orientation vers la famille par le biais d'un compromis d'un espace public partiel. L'identité personnelle de l'assistance est ainsi continuellement évaluée en tant qu'identité significative et satisfaisante car, comme le constate également Serge Guérin :

> Il y a aussi du bonheur à aider l'autre. Il y a aussi dans l'aide à un proche, à titre familial ou non, une part de chemin personnel, de réalisation d'une éthique et d'estime de soi. Une façon de se sentir auteur de sa vie, de se construire à travers l'autre. On gagne en estime de soi à aider l'autre. (Guérin, 2010a : 4)

D'après le principe du donnant-donnant, l'effet de l'activité d'assistance sur l'interlocuteur crée du sens. Cependant, ce travail d'assistance essentiel de la reproduction humaine, qui œuvre pour elle-même, échappe de plus en plus aux parents légitimes. Ni les hommes, ni les femmes actif-ve-s professionnellement ne se voient proposer de constructions identitaires satisfaisantes via le travail d'assistance et le travail familial privé – malgré le *quality time* qui, par définition, exclut tout ce qui est considéré comme « sale ». La diffusion des relations de *care,* qui s'impose dans les pays industrialisés, correspond ainsi à une nouvelle étape dans le détachement par rapport à ce travail de reproduction, et ce, d'autant plus que le succès de l'externalisation du *care* s'accroît. L'économisation des activités d'assistance qui en résulte engendre une succession de pratiques de soin et de garde, taylorisée sur le plan de la temporalité et de l'organisation.

Quo vadis assistance maternelle ? Des voies pour dépasser les premiers balbutiements

En France, les assistant-e-s maternel-le-s immigré-e-s ont la possibilité d'obtenir via la validation des acquis de l'expérience (VAE) un CAP petite enfance, grâce auquel ils-elles peuvent, par exemple, travailler dans des crèches publiques. Les ressources accumulées biographiquement et professionnellement acquièrent ainsi, au-delà de l'assistance maternelle, une valeur qualifiante. Ce concept de formation n'a pas encore été mis en place en Allemagne. La VAE, déployée en France, pourrait être introduite en Allemagne dans le cadre de la formation continue des assistant-e-s maternel-le-s. D'une part, il s'agit par ce biais de prendre en compte les connaissances acquises dans le cadre d'un stage, du bénévolat, ou en tant qu'intérimaires. D'autre part, il est selon moi important d'inclure également les expériences liées au travail domestique et au travail d'éducation privée, ainsi que le soin apporté aux proches – en bref : le travail de reproduction fourni (cf. Glaeser, 2014). Des possibilités d'approfondissement des qualifications se complétant les unes les autres, et conduisant à des diplômes reconnus, pourraient renforcer l'expertise professionnelle spécialisée des assistant-e-s maternel-le-s. La complexification des conditions d'entrée dans la branche d'activités torpillerait pourtant la recherche d'assistant-e-s maternel-le-s intéressé-e-s, puisqu'ils-elles vivent avec des enfants dépendants. L'accessibilité de cette qualification demeure une des conditions fondamentales pour les femmes immigrées, car elle représente une option adéquate par rapport à leurs conditions de vie et à leur vie familiale.

L'offre de *citizenship,* ou du moins une *green-card* selon le modèle nord-américain, pourrait appuyer la reconnaissance des prestations de *care.* L'offre d'une légalisation durable via la citoyenneté pourrait constituer une réponse à la fois au déficit de *care* et à l'intégration positive de ces migrant-e-s, qui sont déjà représenté-e-s légalement sur le marché du travail du *care.* En outre, le capital biographique serait traduit en valeurs qui profitent à la société en général. Formuler l'activité d'assistance et des soins comme un objectif favorisant la légalisation pour les migrant-e-s (cf. Apitzsch, 2014, 2014b, 2012 ; Gerhard, 2010 ; Tronto, 2008) pourrait ainsi constituer une *policy* stratégique de l'approvisionnement en termes de *care,* associée à l'obtention de la double nationalité (comme cela est déjà le cas en France).

La dépendance entre *care giver* et *care taker* est mutuelle et rappelle, malgré ses antagonismes, la nécessité de la solidarité collective. L'assistant-e maternel-le, qui souhaite éviter de confier la garde de ses propres enfants à un tiers, et construit son identité par rapport à l'enfant, a besoin de la demande en termes de garde d'enfants. La construction d'une identité en tant que femme de carrière et mère a pour sa part besoin de l'offre de « la nourrice ». Le fait de donner et de recevoir, parce que les enfants en garde sont confiés à des tiers, exige de plus de se fier à l'autre. Cette confiance constitue la condition préalable à une alliance possible entre principalement les femmes impliquées (parce qu'il y a rarement des hommes). Sur cette base, la dépendance mutuelle entre les migrantes qui fournissent le *care* et les mères de la société majoritaire fait apparaître une alliance nécessaire sur la longue durée. La dépendance mutuelle, par rapport aux *policies* et au soutien syndical, pourrait conduire à des conditions-cadres traduisant la reconnaissance réciproque sur le plan privé en une solidarité sociale, et pourrait ainsi modifier la relation de dépendance verticale. Avec la diversification des formes familiales, l'assouplissement du pacte entre les générations successives et l'évolution démographique, les activités d'assistance, surtout par rapport aux populations plus âgées, vacillent. C'est pourquoi les assistant-e-s maternel-le-s occupent une fonction constitutive à plusieurs niveaux. Ils-elles garantissent le processus de modernisation de la famille et de la société à travers leurs prestations, et ce, tant au niveau de l'ensemble de la société qu'au niveau privé. Ils-elles compensent la mutation démographique aussi bien via un nombre d'enfants proportionnellement supérieur à la moyenne, que via l'offre de garde qu'ils-elles proposent et qui facilite la fondation de nouvelles familles. Les *policies* peuvent ainsi affecter non seulement la solidarité entre les individus offrant le *care* et les individus percevant le *care,* mais aussi la solidarité au sein du rapport entre les générations.

Quelques *care policies* examinées dans ce travail accompagnent la problématique sociale du *care* au sein de l'État-providence européen, dans la mesure où elles appuient la division du travail moderne entre les femmes. L'affinité pour le travail d'assistance, qui provient du travail de reproduction familiale et qui est transférée dans le domaine de l'assistance maternelle en tant que profession, constitue un instrument pour traiter le déficit de *care.* Les conditions-cadres en France ont contribué à un *empowerment* relativement élevé, aussi bien pour les assistantes maternelles immigrées que pour les mères actives professionnellement. L'allocation parentale d'éducation (le CLCA) et les conditions de logement marginalisées dans les quartiers d'habitations sociales induisent cependant un point de vue critique par rapport à cette évolution, puisqu'elles peuvent contrecarrer ces processus émancipateurs. En France, *in fine,* la question qui se pose est la suivante : comment la crise économique va-t-elle impacter la protection de l'État social français, et sous quelle forme pourraient être absorbées les dépenses sociales élevées dans le contexte d'un taux de chômage parallèlement élevé ? En Allemagne, pour l'instant économiquement forte, le manque de main-d'œuvre et la mutation démographique exercent au contraire une pression toujours plus élevée sur le gouvernement et les communes, qui sont contraints de chercher des solutions pour contrecarrer le déficit en termes de prises en charge et la pénurie de personnel soignant. À cause de ces évolutions, il est recommandé que l'Allemagne continue de développer la professionnalisation du domaine de l'assistance maternelle, et ainsi facilite l'activité professionnelle des mères, aussi sous l'aspect d'un capital humain inexploité. Une reconnaissance semblable aux conditions-cadres françaises, concernant le statut de travail en tant que salarié-e, la rémunération, l'accompagnement des infrastructures ainsi que la subvention des parents, pourrait conduire à une amélioration perceptible de la prise en charge du *care* par les assistant-e-s maternel-le-s. Des possibilités tangibles de garantie de la qualité découlent des normes de travail à établir sur cette base. Un passage au *splitting* familial pourrait de plus neutraliser la situation défavorisée des familles et déplacer la focale du mariage privilégié aux relations avec les enfants. Les politiques du *care* pourraient être comprises comme une contribution essentielle à une politique familiale en train de s'établir, visant à prévenir indifféremment la précarisation de certains groupes comme les femmes, les parents isolés, les personnes âgées ou les migrant-e-s. Ce ne sont pas les mesures isolées qui sont décisives, mais les avantages communs et pondérés d'un programme politique, dans le sens d'une logique de « donnant-donnant ».

BIBLIOGRAPHIE

ADORNO, Theodor W. (1958), „Rede über Lyrik und Gesellschaft“, *in:* Theodor W. ADORNO: *Noten zur Literatur*, Bd. 1, Berlin u.a: Suhrkamp (Bibliothek Suhrkamp, 47), p. 73-104.

ADORNO, Theodor W. (1958), „Der Essay als Form“, *in:* Theodor W. ADORNO: *Noten zur Literatur*, Bd. 1, Berlin u.a: Suhrkamp (Bibliothek Suhrkamp, 47), p. 9-49.

ALGAVA, Élisabeth & Marie RUAULT (2003), « Les assistantes maternelles : une profession en développement », in : DREES, *Études et résultats*, N° 232, avril 2003.

ALHEIT, Peter (2008), „ ‚Biografizität' als Schlüssselkompetenz in der Moderne“, *in:* Steffen KIRCHHOF & Wolfgang SCHULZ (Hg.), *Biografisch lernen und lehren*, Schriftenreihe des Zentrums für wissenschaftliche Weiterbildung, Bd. 1, Flensburg: Flensburg University Press, p. 15-28.

ALTHUSSER, Louis ([1970] 1977), „Ideologie und ideologische Staatsapparate. Anmerkungen für eine Untersuchung“, in: *Ideologie und ideologische Staatsapparate. Aufsätze zur marxistischen Theorie*, Hamburg/Berlin: VSA.

ANDERSON, Bridget (2003), “Just Another Job? The Commodification of Domestic Labor”, *in:* Barbara EHRENREICH & Arlie Russell HOCHSCHILD (Hg.), *Nannies, maids, and sex workers in the new economy*, Holt Paperbacks, New York, p. 104-114.

ANDERSON, Bridget (2000), *Doing the Dirty Work? The Global Politics of Domestic Labour*, London and New York: Zed Books.

APITZSCH, Ursula (2014), « Le care, la migration et l'ordre de genre », *in :* Catherine DELCROIX, Juan MATAS & Daniel BERTAUX (Hg.), *Vers une société du care ?*, Revue des Sciences Sociales, Université de Strasbourg, p. 94-101.

APITZSCH, Ursula (2014b), „Care in Alltag, Biografie und Gesellschaft. Über die Ent-Sorgung von Sorgearbeit und die unfertige Revolution im Geschlechterverhältnis“, *in:* Brigitte

AULENBACHER, Birgit RIEGRAF & Hildegard THEOBALD (Hg.), *Sorge: Arbeit, Verhältnisse, Regime – Care: Work, Relations, Regimes*, Soziale Welt, Sonderband 20, Baden-Baden: Nomos, p. 139-153.

APITZSCH, Ursula (2012), "Transnational migration, gender and European Citizenship", *in:* Aino SAARINEN & Marina CALLONI (Hg.): *Builders of a new Europe. Women Migrants from the Eastern Transregions*, Aleksanteri Papers 1/2012, Helsinki: Kikimora Publications, p. 122-131.

APITZSCH, Ursula & Marianne SCHMIDBAUR (2010), „Care und Reproduktion. Einleitung", *in:* Ursula APITZSCH & Marianne SCHMIDBAUER (Hg.), *Care und Migration. Die Ent-Sorgung menschlicher Reproduktionsarbeit entlang von Geschlechter- und Armutsgrenzen*, Opladen & Farmington Hills: Barbara Budrich, p. 11-22.

APITZSCH, Ursula, Lena INOWLOCKI & Maria KONTOS (2008), "The method of biographical policy evaluation", *in:* Ursula APITZSCH & Maria KONTOS (Hg.), *Self-Employment Activities of Women and Minorities: Their Success or Failure in Relation to Social Citizenship Policies*, Wiesbaden: VS Verlag für Sozialwissenschaften, p. 12-18.

APITZSCH, Ursula (2008), "Gendered professional strategies in self-employment", *in:* Ursula APITZSCH & Maria KONTOS (Hg.), *Self-Employment Activities of women and Minorities, Their Success or Failure in Relation to Social Citizenship Policies*, Wiesbaden: VS Verlag für Sozialwissenschaften, p. 129-144.

APITZSCH, Ursula (2003), „Migrationsbiographien als Orte transnationaler Räume", *in:* Ursula APITZSCH & Mechthild M. JANSEN (Hg.), *Migration, Biographie und Geschlechterverhältnisse*, Münster: Westfälisches Dampfboot, 2003, p. 65-80.

APITZSCH, Ursula (1995), „Frauen in der Migration", *in:* Wiltrud GIESKE u.a. (Hg.), *Erwachsenenbildung als Frauenbildung*, Bad Heilbrunn: Klinkhardt, p. 104-122.

ATKINSON, Paul & Martyn HAMMERSLAY ([1983] 2007): *Ethnography, principles in practice*, New York, NY: Routledge.

AULENBACHER, Brigitte, Kristina BINNER & Maria DAMMAYR (2011), „Grenzen der Ökonomisierung: Arbeit im gesellschaftlichen, biografischen und alltäglichen Lebenszusammenhang", in: WISO, *Wirtschafts- und sozialpolitische Zeitschrift*, 12/2011, Vol. 34, Issue 4, p. 29-41.

AUSTIN, John L. ([1955] 1962), *How to do things with words*, Cambridge, Massachusetts: Harvard University Press.

AUTH, Diana (2013), „Ökonomisierung der Pflege – Formalisierung und Prekarisierung von Pflegearbeit“, in: *WSI Mittteilungen*, Heft 6/2013, p. 412-422.

AVRIL, C. (2007), « S’approprier son travail au bas du salariat. Les aides à domicile pour personnes âgées », thèse de sociologie, EHESS (direction : O. Schwartz).

AVRIL, C. (2006), « Aide à domicile pour personnes âgées : un emploi refuge », *in :* E. FLAHAUT (Hg.), *L’insertion professionnelle des femmes*. Rennes : PUR.

BADINTER, Élisabeth (2010), *Le conflit, la femme et la mère*. Paris : Flammarion.

BASCH, Li, Nina GLICK-SCHILLER & Cristina SZANTON BLANC (1997), “From Immigrant to Transmigrant: Theorizing Transnational Migration”, *in:* Ludger PRIES (Hg.), *Transnationale Migration*, Soziale Welt, Sonderband 12, Baden-Baden: Nomos, p. 121-139.

BEAUD, Stéphane (1996), « L’usage de l’entretien en sciences sociales. Plaidoyer pour l’“entretien ethnographique” », in : *Politix*, Vol. 9, N° 35, p. 226-257.

BECKER, Howard S. (1998), *Tricks of the trade. How to think about your research while you’re doing it*, Chicago/London: The University of Chicago Press.

BECKER-SCHMIDT, Regina (2013), „Geschlechts- und klassenspezifische Benachteiligungsstrukturen in den Arbeitsverhältnissen von Frauen“, *in:* Susanna BROGI, Carolin FREIER, Ulf FREIER-OTTEN & Katja HARTOSCH (Hg.), *Repräsentationen von Arbeit. Transdisziplinäre Analysen und künstlerische Produktionen*, Bielefeld: Transcript, p. 173-192.

BECKER-SCHMIDT, Regina (1987), „Die doppelte Vergesellschaftung – die doppelte Unterdrückung: Besonderheiten der Frauenforschung in den Sozialwissenschaften“, *in:* Lilo UNTERKIRCHER & Ina WAGNER (Hg.), *Die andere Hälfte der Gesellschaft*, Verlag des Österreichischen Gewerkschaftsbundes, p. 10-25.

BECKMANN, Sabine (2008), *Geteilte Arbeit? Männer und care-Regime in Schweden, Frankreich und Deutschland*, Münster: Westfälisches Dampfboot.

BENHABIB, Seyla (1992), *Situating the Self: Gender, Community and Postmodernism in Contemporary Ethics*, Cambridge, England: Polity Press.

BERTAUX, Daniel (2014), « Le *care* comme partie émergée de la production de la vie », *in :* Catherine DELCROIX, Juan MATAS

& Daniel BERTAUX (Hg.), *Vers une société du care ?*, Strasbourg : Revue des Sciences Sociales, N° 52, p. 118-128.

BERTAUX, Daniel & Isabelle BERTAUX-WIAME (1988), « Le patrimoine et sa lignée : transmissions et mobilité sociale sur cinq générations », *in :* Brian ELLIOT (Hg.) : *Life stories/Récits de vie, Families and Careers in History*, 4/1988, p. 8-25.

BIZEUL, Daniel (1998), « Le récit des conditions d'enquête : exploiter l'information en connaissance de cause », *Revue française de sociologie*, 39(4), p. 751-787.

BLANPAIN, Nathalie & Milan MOMIC (2007), « Les assistantes maternelles en 2005 », DREES, *Études et résultats*, N° 581, juin 2007.

BLOCH, Françoise & Monique BUISSON (2003), « Mesures politiques et division sociale du travail entre femmes : la garde des enfants par les assistantes maternelles », *Cahiers du Genre*, L'Harmattan, 2003/1, N° 34, p. 193-216.

BLOCH, Françoise & Monique BUISSON (1998), *La garde des enfants, une histoire des femmes. Entre don, équité et rémunération*, Paris : L'Harmattan.

BLUMER, Herbert (1969), *Symbolic interactionism*, Englewood Cliffs, N.J.: Prentice-Hall.

BOCK, Gisela & Barbara DUDEN (1976), „Arbeit aus Liebe – Liebe als Arbeit. Zur Entstehung der Hausarbeit im Kapitalismus", in: *Frauen und Wissenschaft*, Berlin: Beiträge zur Berliner Sommeruniversität für Frauen, p. 118-199.

BÖTTCHER, Annica, Sascha KRIEGER & Franz-Josef KOLVENBACH (2010), „Kinder mit Migrationshintergrund in Kindertagesbetreuung", *Wirtschaft und Statistik*, 2/2010, Wiesbaden: Statistisches Bundesamt, p. 158-164.

BOURDIEU, Pierre (1998), *La domination masculine*, Paris : Éditions du Seuil.

BOURDIEU, Pierre (1992), *Die verborgenen Mechanismen der Macht*, Hamburg: VSA-Verlag.

BOURDIEU, Pierre (1984), *Homo academicus*, Paris : Éd. de Minuit.

BOURDIEU, Pierre (1980) : Le sens pratique, Paris : Éd. de Minuit.

BRAUNS, Hildegard, Susanne STEINMANN, Annick KIEFFER & Catherine MARRY (1999), "Does Education Matter?", in: *European Social Review*, France and Germany in Comparative Perspective, 15(1), p. 61-89.

BRÜCKNER, Margit (2008), „Kulturen des Sorgens (Care) in Zeiten transnationaler Entwicklungsprozesse", *in:* Hans Günther Homfeldt (Hg.): *Soziale Arbeit und Transnationalität.*

Herausforderungen eines spannungsreichen Bezugs, Weinheim, München: Juventa, p. 167-184.

BUTLER, Judith (2004), *Undoing gender*, New York, Routledge.

BUTLER, Judith (2000), *Antigone's Claim: Kinship Between Life & Death*, New York: Columbia Univ. Press.

CARTIER, Marie, Estelle d'HALLUIN, Johanna ROUSSEAU & Marie-Hélène LECHIEN (2012), « "Temps partiel" ou "irrégularité" de l'activité des assistantes maternelles ? Une enquête exploratoire », Cnaf, *Dossier d'études*, N° 150.

CASTEL, Robert (1995), *Les métamorphoses de la question sociale. Une chronique du salariat*, Librairie Arthème Fayard.

CHAIB, Sabah (2001), *Les femmes immigrées. Facteurs d'exclusion et d'insertion au sein d'une société multiethnique. La situation en France*, Madrid: Comisión Ejecutiva Confederal de UGT.

CHEEVER, Susan (2003), "The Nanny Dilemma", *in:* Barbara EHRENREICH & Arlie Russel HOCHSCHILD (Hg.), *Global Woman. Nannies, Maids, and Sex Workers in the New Economy*, New York: Holt Paperbacks, Metropolitan Books, 2003, p. 31-38.

COGNET, Marguerite (2010), « Genre et ethnicité dans la division du travail en santé : la responsabilité politique des États », *Sciences Sociales et Santé*, Vol. 28, N° 2, juin 2010.

DAGUERRE, Violette (2010), *L'immigration. Problématiques et défis*, Paris : Éditions du Cygne.

DALY, Mary & Claude MARTIN (2013), « Le soutien à la parentalité », *Informations sociales*, 2013/1, n° 175, p. 120-128.

DANG, Ai-Thu & Marie-Thérèse LETABLIER (2009), « Citoyenneté sociale et reconnaissance du "care". Nouveaux défis pour les politiques sociales », *Revue de l'OFCE*, 2009/2, N° 109, p. 5-31.

DAUMAND, Adeline ([1976] 1986), „Der liberale Staat und der wirtschaftliche Liberalismus", *in:* Fernand BRAUDEL & Ernest LABROUSSE (Hg.), *Wirtschaft und Gesellschaft in Frankreich im Zeitalter der Industrialisierung 1789-1880*, Vol. 1, p. 110-125.

DAVID-ALBEROLA, Élodie & Milan MOMIC (2008), « Le métier d'assistante maternelle », DREES, *Études et résultats*, N° 636, mai 2008.

DEGELE, Nina (2005), "Heteronormativität entselbstverständlichen: Zum verunsichernden Potenzial von Queer Studies", *Freiburger Frauen Studien*, Ausgabe 17, p. 109-133.

DELCROIX, Catherine ; Yaël BRINBAUM (2016), « Les mobilisations familiales des immigrés pour la réussite scolaire de leurs enfants. Un nouveau questionnement sur l'investissement éducatif des milieux populaires », *Migrations Société*, Vol. 28, N° 164, p. 75-91.

DELCROIX, Catherine, Juan MATAS & Daniel BERTAUX (Hg.) (2014), « Vers une société du care ? », Université de Strasbourg : *Revue des Sciences Sociales*, N° 52.

DELCROIX, Catherine (2010), « S'engager dans la durée. De la relation d'enquête aux effets de la publication », *in :* J.-P. PAYET, C. ROSTAING & F. GIULIANI, *La relation d'enquête. La sociologie au défi des acteurs faibles*, Rennes : PUR, p. 131-141.

DELCROIX, Catherine (2010b), « Portraits de deux générations de médiatrices socioculturelles en action », *in :* Philippe HAMMAN, Maurice BLANC & Jean-Yves CAUSER (Hg.), *Ville, environnement et transaction démocratique*, Bruxelles : Peter Lang, p. 93-110.

DELCROIX, Catherine (2009), « Transmission de l'histoire familiale et de la mémoire historique face à la précarité », *Migrations Société*, CIEMI : Transmissions familiales et migration, Vol. 21, N°s 123-124, mai-août 2009, p. 143-157.

DELCROIX, Catherine (2009b), « Agir en situation de discrédit », *Nouvelles solidarités, nouvelle société*, Centre d'étude et d'action sociales d'Alsace, octobre 2009 ; <http://ceas.alsace.free.fr/ceas/pdf/forums/091012CR_Conf_FEC.pdf consulté le 18/08/11> (14.04.2016).

DELCROIX, Catherine (2007), « Entre volonté de s'en sortir et discrimination, une trajectoire éclairante », *Nouvelles questions féminines*, « Parité linguistique », Vol. 26, N° 3, p. 82-100.

DELCROIX, Catherine (2007b), « Ressources subjectives et construction d'un capital d'expérience biographique : l'exemple des médiatrices socioculturelles », *in* Claudine DARDY et Cédric FRÉTIGNÉ (coord.), *L'expérience professionnelle et personnelle en questions*, L'Harmattan, Coll. Logiques sociales, Paris, p. 83-116.

DELCROIX, Catherine (2001), *Ombres et lumières de la famille Nour. Comment certains résistent face à la précarité*, Paris : Payot & Rivages.

DE RIDDER, G & J. N. SALESSE (1989), « Celles qui travaillent et celles qui gardent les enfants », in : Activité féminine – vie familiale, *Recherches et prévisions*, N°s 18-19, décembre-mars.

Destatis (2013), „Familien mit minderjährigen Kindern 2011 nach Zahl der minderjährigen Kinder und nach der Familienform", Wiesbaden: Statistischs Bundesamt; <https://www.destatis.de/DE/ZahlenFakten/GesellschaftStaat/Bevoelkerung/HaushalteFamilien/Tabellen/FamilienKindern.html;jsessionid=ED001B7E73AB1FAD25952F56B76A7049.cae2> (14.04.2016).

Destatis (2012), „Kindertagesbetreuung in Deutschland 2012“, Wiesbaden: Statistisches Bundesamt; <https://www.destatis.de/DE/PresseService/Presse/Pressekonferenzen/2012/kindertagesbetreuung/begleitmaterial_PDF.pdf;jsessionid=B2148885A0E56A991462548ACB975E81.cae4?__blob=publicationFile> (14.04.2016).

Destatis (2012b), „Geburten in Deutschland“, Wiesbaden: Statistisches Bundesamt; <https://www.destatis.de/DE/Publikationen/Thematisch/Bevoelkerung/Bevoelkerungsbewegung/BroschuereGeburtenDeutschland0120007129004.pdf?__blob=publicationFile> (14.04.2016).

Destatis (2012c), „Vereinbarkeit von Familie und Beruf. Ergebnisse des Mikrozensus 2010“, Wiesbaden: Statistisches Bundesamt.

Destatis (2010), „Alleinerziehende in Deutschland. Ergebnisse des Mikrozensus 2009“, Wiesbaden: Statistisches Bundesamt; <https://www.destatis.de/DE/PresseService/Presse/Pressekonferenzen/2010/Alleinerziehende/pressebroschuere_Alleinerziehende2009.pdf?__blob=publicationFile> (14.04.2016).

DESTREMAU, Blandine & Bruno LAUTIER (2005), « Les travailleuses domestiques du Sud, au Nord et au Sud », *in :* Christine VERSCHUUR & Fenneke REYSOO (Hg.), *Genre, nouvelle division internationale du travail et migrations*, Cahiers genre et développement, N° 5, Paris : L'Harmattan, p. 91-96.

DILLER, Angelika, Karin JURCZYK & Thomas RAUSCHENBACH (Hg.) (2005), *Tagespflege zwischen Markt und Familie. Neue Herausforderungen und Perspektiven*, München: Verlag Deutsches Jungendinstitut.

DONIOL-SHAW, Ghislaine, Emmanuelle LADA & Annie DUSSUET (2007), « Les parcours professionnels des femmes dans le métier de l'aide à la personne. Leviers et freins à la qualification et à la promotion », CNRS 8134 ; <http://travail-emploi.gouv.fr/IMG/pdf/Latts_rapport_definitif_21_mars_2008.pdf> (14.04.2016).

DUSSUET, A. (2001), « Les emplois familiaux, une forme “féminine” de précarité », *in:* M. DEL SOL, A. EYDOUX, A. GOUZIEN & P. MERLE, *Nouvelles dimensions de la précarité*, Rennes : PUR, p. 35-66.

EHMANN, Sandra (1999), *Familienpolitik in Frankreich und Deutschland – ein Vergleich*, Frankfurt am Main: Peter Lang.

EHRENREICH, Barbara & Arlie Russel HOCHSCHILD (Hg.) (2003), *Global Woman. Nannies, Maids, and Sex Workers in the New Economy*, New York: Holt Paperbacks, Metropolitan Books.

ESPING-ANDERSEN, Gøsta (2002), "Towards the good society, again?", *in*: Gøsta ESPING-ANDERSON, Duncan GALLIE, Anton HEMERIJCK & John MYLES, *Why we need a New Welfare State*, Oxford University Press, p. 1-26.

ESPING-ANDERSEN, Gøsta (1990), *The Three Worlds of Welfare Capitalism*, New Jersey: Princeton University Press.

FAGNANI, Jeanne (2012), "Recent reforms in childcare and family policies in France and Germany: What was at stake?", *Children and Youth Services Review*, 34, p. 509-516.

FAGNANI, Jeanne (2007), "Family policies in France and Germany. Sisters or distant cousins?", *Community, Work and Family*, Vol. 10, No. 1, p. 39-56.

FAGNANI, Jeanne (2005), "Family policies in France: old challenges, new tensions", CESifo DICE Report 02/2005; <https://www.cesifo-group.de/pls/guestci/download/CESifo%20DICE%20Report%202005/CESifo%20DICE%20Report%202/2005/dicereport205-rm1.pdf> (14.04.2016).

FAGNANI, Jeanne & Marie-Thérèse LETABLIER (2005), "Social rights and care responsibility in the French welfare state", *in:* Birgit PFAU-EFFINGER & Birgit GEISSLER, *Care and social integration in European societies*, Bristol: The Policy Press, p. 135-152.

FAGNANI, Jeanne (2001), « Les Françaises font toujours plus d'enfants que les Allemandes de l'Ouest », *Recherches et prévisions*, N° 64, p. 49-63.

FAGNANI, Jeanne (1998), "Helping mothers to combine paid and unpaid work – or fighting unemployment? The ambiguities of French family policy", *Community, Work and Family*, Vol. 1, No. 3, p. 297-312.

FAGNANI, Jeanne (1996), « Retravailler après une longue interruption, le cas des mères ayant bénéficié de l'allocation parentale d'éducation », *Revue française des affaires sociales*, 3, 1996, p. 129-152.

FALQUET, Jules (2006), « Hommes en armes et femmes "de service" : tendances néolibérales dans l'évolution de la division sexuelle et internationale du travail », *Cahiers du Genre,* 2006/1, N° 40, p. 15-37.

FRAISSE, Geneviève (2010), *À côté du genre. Sexe et philosophie de l'égalité*, Lormont : éd. Le bord de l'eau.

FRAISSE, Geneviève (2009), *Service ou servitude. Essai sur les femmes toutes mains*, Éditions Le Bord de l'Eau (une première version de ce texte a été publiée en 1989 par les éditions du Seuil).

FRASER, Nancy (2013), *Fortunes of feminism. From State-Managed Capitalism to Neoliberal Crisis*, London, New York: Verso.

FRASER, Nancy (2001), *Die halbierte Gerechtigkeit: Schlüsselbegriffe des postindustriellen Sozialstaats*, Frankurt am Main: Suhrkamp.

FRIESE, Marianne (2002), „Dienstbotin. Genese und Wandel eines Frauenberufs“, *in:* Claudia GATHER, Birgit GEISSLER & Maria S. RERRICH (Hg.), *Weltmarkt Privathaushalt. Bezahlte Hausarbeit im globalen Wandel*, Münster: Westfälisches Dampfboot, p. 223-237.

FRINGS, Dorothee (2010), „Die Entwicklung haushaltsnaher Dienstleistungen im Kontext der begrenzten Arbeitnehmerfreizügigkeit für Neu-Unionsbürgerinnen“, *in:* Kirsten SCHWEIGE & Johanna KRAWIETZ (Hg.), *Transnationale Sorgearbeit. Rechtliche Rahmenbedingungen und gesellschaftliche Praxis*, Wiesbaden: VS Verlag, p. 57-80.

FRISCH, Max (1966), Le Désert des miroirs (*Mein Name sei Gantenbein*, 1964), traduit de l'allemand par André Cœuroy, Paris : Éditions Gallimard « Du monde entier ».

FUCHS-RECHLIN, Kirsten & SCHILLING, Matthias (2012), „Kindertagespflege in Deutschland – auf dem Weg zur Verberuflichung“, in: *Kombat*, 15 Jg., H. 2, p. 7-9.

GALBRAITH, John Kenneth (1973), “Economics and the public purpose”, Boston: Houghton Mifflin Company.

GEISSLER, Birgit (2002), „Die Dienstleistungslücke im Haushalt. Der neue Bedarf nach Dienstleistungen und die Handlungslogik der privaten Arbeit“, *in:* Claudia GATHER, Birgit GEISSLER & Maria S. RERRICH (Hg.), *Weltmarkt Privathaushalt. Bezahlte Haushaltsarbeit im globalen Wandel*, Münster: Westfälisches Dampfboot, p. 30-49.

GERHARD, Ute (2014), „Care als sozialpolitische Herausforderung moderner Gesellschaften – Das Konzept fürsorglicher Praxis in der europäischen Geschlechterforschung“, *in:* Brigitte AULENBACHER, Birgit RIEGRAF & Hildegard THEOBALD (Hg.), *Sorge: Arbeit, Verhältnisse, Regime – Care: Work, Relations, Regimes*, Soziale Welt, Sonderband 20, Baden-Baden: Nomos, p. 69-88.

GERHARD, Ute (2010), “Care und Citizenship”, *in:* Ursula APITZSCH & SCHMIDBAUR, Marianne (Hg.), *Care und Migration. Die Ent-Sorgung menschlicher Reproduktionsarbeit entlang von Geschlechter- und Armutsgrenzen*, Opladen & Farmington Hills: Barbara Budrich, p. 97-112.

GERHARD, Ute (2001), „Bürgerrechte und Geschlecht. Herausforderungen für ein soziales Europa“, *in:* Christoph CONRAD & Jürgen KOCKA (Hg.), *Staatsbürgerschaft in Europa. Historische Erfahrungen und aktuelle Debatten*, Hamburg: Edition Stiftung Körber, p. 63-91.

GERLACH, Irene (2004), *Familienpolitik*, Wiesbaden: Verlag für Sozialwissenschaften.

GIDDENS, Anthony (1990), “The Consequences of Modernity”, Cambridge: Polity Press.

GILLIGAN, Carol (1982), “In a different Voice”, Cambridge, Massachusetts: Harvard Univ. Press.

GILLIGAN, Carol (1996), *Die andere Stimme*, München: DT Verlag.

GLAESER, Janina & Monika KUPCZYK (2015), “Caring for recognition – young women on their way”, *ZQF,* 14. Jg., Heft 1-2/2014, p. 115-130.

GLAESER, Janina (2014), „Qualifizierungsoptionen transnationaler Pflege in Frankreich – Anregungen für eine Professionalisierung der Care-Arbeit in Deutschland?“, *in:* Johanna KRAWIETZ & Stefanie VISEL (Hg.), *Prekarisierung transnationaler Arbeit – ambivalente Anerkennung*, Münster: Westfälisches Dampfboot, p. 178-194.

GLAESER, Janina (2014b), « Assistant(e)s maternel(le)s d'origine étrangère et politiques de la petite enfance. Une comparaison France-Allemagne », *in :* Catherine DELCROIX, Juan MATAS & Daniel BERTAUX (Hg.), *Vers une société du care ?*, Strasbourg : Revue des Sciences Sociales, p. 54-61.

GLAESER, Janina (2014c), „Die eine hilft der anderen – transnationaler Feminismus auf dem Care-Arbeitsmarkt“, *in:* Yvonne FRANKE, Kati MOZYGEMBA, Kathleen PÖGE, Bettina RITTER & Dagmar VENOHR (Hg.), *Feminismen heue. Positionen in Theorie und Praxis*, Bielefeld: transcript, p. 191-202.

GLASER, Barney & Anselm STRAUSS (1967), *The Discovery of Grounded Theory: Strategies for Qualitative Research*, Chicago: Aldine.

GLASER, Barney (1978), *Theoretical Sensitivity*, Mill Valley, CA: Sociology Press.

GOFFMAN, Erving (1959), *The presentation of self in everyday life*, New York: Anchor Books, a Division of Random House.

GUÉRIN, Serge (2013), *La solidarité, ça existe... Et en plus, ça rapporte !*, Paris : Michalon.

GUÉRIN, Serge (2010a), « Politique du don, politique du *care*. Stratégie de la société accompagnante », *La Revue*, N° 4 ; <www.lrdb.fr>, mis en ligne en juin 2010 (14.04.2016).

GUÉRIN, Serge (2010b), *De l'État providence à l'État accompagnant*, Paris : Michalon.

HALWACHS, Inga (2010), *Frauenerwerbstätigkeit in Geschlechterregimen: Großbritannien, Frankreich und Schweden im Vergleich*, Wiesbaden: VS Verlag.

HAREVEN, Tamara K. & Kanju MASAOKA (1988), "Turning points and transitions: perceptions of the life course", *Journal of Family History*, Jan. 1, 13/3.

HAUPT, Heinz-Gerhard (1996), „Bemerkungen zum Vergleich staatlicher Sozialpolitik in Deutschland und Frankreich (1880-1920)", in: *Geschichte und Gesellschaft*, 22. Jg., H. 3, Soziale Sicherung in vergleichender Perspektive Deutschland und Frankreich (Jul.-Sept. 1996), p. 229-310.

HEEG, Stefan (2010), „Professionalisierung der Kindertagespflege. Ein empirisches Beispiel qualitativer Veränderungsprozesse im Dienstleistungsbereich", *in:* Ralf REICHWALD, Martin FRENZ, Sibylle HERMANN & Agnes SCHIPANSKI (Hg.), *Zukunftsfeld Dienstleistungsarbeit*, Wiesbaden: Gabler, Springer Fachmedien, p. 372-387.

HELD, David ; Anthony G. MCGREW & David GOLDBLATT (1999), "Global Transformations. Politics, Economics and Culture", Stanford University Press.

HÉRAN, François (2011), „Demografie und Politik", *in:* Herbert QUANDT-STIFTUNG (Hg.), *Nationale Identität und Integration, Herausforderungen an Politik und Medien in Frankreich und Deutschland*, Herder, p. 18-30.

HESS, Sabine (2009), *Globalisierte Hausarbeit: Au-pair als Migrationsstrategie von Frauen aus Osteuropa*, Wiesbaden: VS Verlag.

HESS, Sabine (2002), „Au Pairs als informalisierte Hausarbeiterinnen – Flexibilisierung und Ethnisierung der Versorgungsarbeiten", *in:* Claudia GATHER, Birgit GEISSLER und Maria S. RERRICH (Hg.), *Weltmarkt Privathaushalt. Bezahlte Haushaltsarbeit im globalen Wandel*, Münster: Westfälisches Dampfboot, p. 103-119.

HOCHSCHILD, Arlie Russel (2010), "The Back Stage of a Global Free Market. Nannies and Surrogates", *in:* APITZSCH, Ursula & SCHMIDBAUR, Marianne (Hg.), *Care und Migration. Die Ent-Sorgung menschlicher Reproduktionsarbeit entlang von Geschlechter- und Armutsgrenzen*, Opladen & Farmington Hills: Barbara Budrich, p. 23-39.

HOCHSCHILD, Arlie Russel (2003), *The Comercialization of Intimate Life: Notes from Home and Work*, Berkeley and Los Angeles: University of California Press.

HOCHSCHILD, Arlie Russell (2001), „Globale Betreuungsketten und emotionaler Mehrwert“, *in:* Will HUTTON, Anthony GIDDENS (Hg.), *Die Zukunft des globalen Kapitalismus*, Frankfurt/ New York: Campus Verlag, 2001, p. 157-176.

HOCHSCHILD, Arlie Russel (1997), *The time bind. When work becomes home and home becomes work*, New York: Metropolitan Books, Henry Holt and Company.

HODGE, Jarrah (2006), "'Unskilles Labour': Canada's Live-in Caregiver Program", *Undercurrent*, Vol. III, No. 2, 2006.

HOERNING, Erika M. (1989), „Erfahrungen als biographische Ressourcen“, *in:* Peter ALHEIT, Erika M. HOERNING (Hg.), *Biographisches Wissen. Beiträge zu einer Theorie lebensgeschichtlicher Erfahrung*, Frankfurt a. M.: Campus, p. 148-163.

HÖHN, Kariane (2013), *Raumgestaltung in der Kindertagespflege*, München: Deutsches Jugendinstitut.

HONDAGNEU-SOTELO, Pierrette (2007), *Doméstica: immigrant workers cleaning and caring in the shadows of affluence*, Berkeley, Calif. [u.a.]: Univ. of California Press.

INOWLOCKI, Lena (2013) "Collective trajectory and generational work in families of Jewish Displaced Persons: Epistemological processes in the research situation", *in:* M. SEEBERG, I. LEVIN & C. LENZ (Hg.), *Holocaust as active memory: the past in the present*. Farnham, p. 29-43.

JAEHRLING, Karen (2004), „Die politische Regulierung des Arbeitsmarktes Privathaushalt: Marktregulative Politik im deutsch-französischen Vergleich“, *ZSR*, 50. Jg., Heft 6, p. 617-645.

JOUNIN, N. (2009), *Chantier interdit au public. Enquête parmi les travailleurs du bâtiment*, Paris, La Découverte, p. 241-268.

JURCZYK, Karin & Astrid KERLE-WIENECKE (2010), „Qualität und Qualifizierung in der Kindertagespflege“, *in:* Fabienne BECKER-STOLL, Julia BERKIC & Bernhard KALICKI (Hg.), *Bildungsqualität für Kinder in den ersten drei Jahren*, Berlin, p. 96-106.

JURCZYK, Karin, Thomas RAUSCHENBACH, Wolfgang TIETZE u.a. (2004), *Von der Tagespflege zur Familientagesbetreuung*, Weinheim und Basel: Beltz.

JURCZYK, Karin (2004b), „Tagespflege – Frauenarbeit, familiennah. Eine Betreuungsform zwischen Familie, Markt und Öffentlichkeit“, *in:* Angelika DILLER, Karin JURCZYK & Thomas RAUSCHENBACH (Hg.): *Tagespflege zwischen Markt und Familie. Neue Herausforderungen und Perspektiven*, München:Verlag Deutsches Jungendinstitut, p. 9-28.

JURCZYK Karin, Thomas RAUSCHENBACH, Wolfgang TIETZE, Lis KEIMELEDER, Kornelia SCHNEIDER, Marianne SCHUHMANN, Susanne STEMPINSKI, Karin WEIß & Anne ZEHNBAUER (2004c), *Von der Tagespflege zur Familientagesbetreuung. Zur Zukunft öffentlich regulierter Kinderbetreuung in Privathaushalten*, Weinheim und Basel: Belz.

KARAKAYALI, Juliane (2010), „Die Regeln des Irregulären – häusliche Pflege in Zeiten der Globalisierung“, *in:* Kirsten SCHEIWE & Johanna KRAWIETZ (Hg.), *Transnationale Sorgearbeit, Rechtliche Rahmenbedingungen und gesellschaftliche Praxis*, Wiesbaden: VS Verlag Springer, p. 151-169.

KARAKAYALI, Juliane (2009), *Transnational Haushalten*, Wiesbaden: VS Verlag für Sozialwissenschaften.

KERL-WIENECKE, Astrid, Gabriel SCHOYERER & Lucia SCHUHEGGER (2013), *Kompetenzprofil Kindertagespflege in den ersten drei Lebensjahren*, Berlin: Cornelsen.

KILKEY, Majella & Diane PERRONS (2010), “Gendered Divisions iin Domestic Work Time. The rise of the (migrant) handyman phenomenon”, *Time & Society*, July 2010, Vol. 19, No. 2, p. 239-264.

KLENNER, Christina & Brigitte STOLZ-WILLIG (1997), „Arbeitsplatz Privathaushalt – Rückkehr zur Dienstbotengesellschaft oder Emanzipationschance?“, *in:* Ute BEHNING (Hg.), *Das Private ist ökonomisch, Widersprüche der Ökonomisierung privater Familien- und Haushalts- Dienstleistungen*, Düsseldorf: Edition Sigma, p. 153-170.

KOHLBERG, Lawrence (1981), “Essays on Moral Development”, Vol. I: *The Philosophy of Moral Development*, San Francisco, CA: Harper & Row.

KOHLI, Martin (1981), “Biography. Account, text, method.”, *in:* Daniel BERTAUX (éd.), *Biography and Society, The Life History Approach in the Social Sciences*, SAGE, p. 61-75.

KONTOS, Maria (2014), “Recognition Dynamics in a Misrecognised Job: Domestic and Care Work of Migrant Women in Europe”, *IfS Working Papers*, Nr. 4, Frankfurt am Main: Institut für Sozialforschung; <http://www.ifs.uni-frankfurt.de/wp-content/uploads/IfS-WP4-Kontos-Domestic-Work.pdf> (14.04.2016).

KONTOS, Maria (2008), “The biographical embeddedness of women’s self-employment”, *in:* Ursula APITZSCH & Maria KONTOS (Hg.), *Self-Employment Activities of women and Minorities, Their Success or Failure in Relation to Social Citizenship*

Policies, Wiesbaden: VS Verlag für Sozialwissenschaften, p. 49-75.

KONTOS, Maria (2000), „Bildungsprozesse, Abbrüche und die Motivation zur Selbständigkeit. Überlegungen zum Konzept biographischer Ressourcen", *Hessische Blätter für Volksbildung*, 1, p. 44-57.

KRUSE, Jan & Christian SCHMIEDER (2012), „In fremden Gewässern", *in:* KRUSE, Jan, Stephanie BETHMANN, Debora NIERMANN & Christian SCHMIEDER (Hg), *Qualitative Interviewforschung in und mit fremden Sprachen. Eine Einführung in Theorie und Praxis*, Weinheim und Basel: Belz Juventa.

KUCHENBECKER, Tanja (2007), *Gluckenmafia gegen Karrierehühner. Schluss mit den Grabenkämpfen. So lösen wir das Familiendilemma*, Frankfurt/New York: Campus Verlag.

LAQUENTIN, Marie-Thérèse (2004), « Femmes d'origine étrangère. Travail, accès à l'emploi, discrimination de genre », *in :* ROULLEAU-BERGER, *La double discrimination de sexe et de race ou d'origine ethnique*, Études et recherches, Paris : La Documentation française, p. 70-174.

LAUGIER, Sandra (2010), « L'éthique du care en trois subversions », *Multitudes*, Vol. 3, N° 42, p. 112-125.

LE BRAS, Hervé (2015), « Natalisme », *Encyclopædia Universalis* ; <http://www.universalis.fr/encyclopedie/natalisme/> (14.04.2016).

LEITNER, Sigrid, Ilona OSTNER & Margit SCHRATZENSTALLER (2003), *Wohlfahrtsstaat und Geschlechterverhältnis im Umbruch. Was kommt nach dem Ernährermodell?*, Wiesbaden:Verlag für Sozialwissenschaften.

LENZE, Anne (2014), „Alleinerziehende unter Druck. Rechtliche Rahmenbedingungen, finanzielle Lage und Reformbedarf", Im Auftrag der Bertelsmann Stiftung, Darmstadt; <http://www.bertelsmannstiftung.de/fileadmin/files/BSt/Publikationen/GrauePublikationen/GP_Alleinerziehende_unter_Druck.pdf> (14.04.2016).

LETABLIER, Marie-Thérèse (2004), "Work and Family Balance: A new Challenge for Policies in France", *in:* Janet GIELE ZOLLINGER & Elke HOLST (Hg.), *Changing Life Patterns in Western Industrial Societies*, Oxford, p. 189-209.

LETABLIER, Marie-Thérèse (2003), "Fertility and Family Policies in France", *Journal of Population and Social Security (Population)*, Supplement to Volume 1; <http://www.ipss.go.jp/webj-ad/webjournal.files/population/2003_6/9.Letablier.pdf> (14.04.2016).

LEWIS, Jane (2003), „Auf dem Weg zur ‚Zwei-Erwerbstätigen'-Familie", *in:* Sigrid LEITNER, Ilona OSTNER & Margit SCHRATZENSTALLER (Hg.), *Wohlfahrtsstaat und Geschlechterverhältnis im Umbruch. Was kommt nach dem Ernährermodell?*, Wiesbaden: Verlag für Sozialwissenschaften, p. 62-84.

LEWIS, Jane & Ilona OSTNER (1994), "Gender and the evolution of European social policies", *ZeS-Arbeitspapier* 1994/4, Bremen: [s.n.].

LORENZER, Alfred (2002), *Die Sprache, der Sinn, das Unbewußte. Psychoanalytisches Grundverständnis und Neurowissenschaften.* Stuttgart: Klett-Cotta.

LUCI, Angela Stefanie (2011), « Les femmes sur le marché du travail en Allemagne et en France », *Analyses et documents / Friedrich-Ebert-Stiftung, Bureau de Paris*. Paris : Friedrich-Ebert-Stiftung.

LUDWIG, Katharina (2008), *Citoyen Sans-Papiers. Irreguläre MigrantInnen als politische AkteurInnen in Frankreich*, Frankfurt am Main: Peter Lang.

LUTZ, Helma, unter Mitarbeit von Susanne SCHWALGIN (2008), *Vom Weltmarkt in den Privathaushalt. Die neuen Dienstmädchen im Zeitalter der Globalisierung*, Opladen & Farmington Hills: Barbara Budrich.

LUTZ, Helma (2002), „Transnationalität im Haushalt", *in:* Claudia GATHER, Birgit GEISSLER & Maria S. RERRICH (Hg.), *Weltmarkt Privathaushalt. Bezahlte Haushaltsarbeit im globalen Wandel*, Münster: Westfälisches Dampfboot, p. 86-102.

MAKI, Yoko (2014), « Quelles formes prend l'accueil par les assistantes maternelles en France ? », *Espace des Femmes*, no 31 [Article en japonais].

MANCEAU, Céline (1999), *L'esclavage domestique des mineurs en France*, Paris : CCEM.

MANNHEIM, Karl (1964), „Das Problem der Generationen", in: Ders.: *Wissenssoziologie*, Fürstenberg: Luchterhand Verlag, p. 509-565.

MARSHALL, T.H. ([1950] 1977), *Class, Citizenship and Social Development*, Essays by T. H. Marshall, Chicago and London: The University of Chicago Press.

MARTIN, Claude (2010), « Les politiques de la famille », *in :* Olivier BORRAZ & Virginie GUIRAUDON (Hg.), *Politiques publiques. 2, Changer la société*, Paris : Presses de Sciences Po, p. 31-55.

MARTIN, Claude (2010b), « Concilier vie familiale et vie professionnelle : un objectif européen dans le modèle français des politiques de la famille ? », *Informations sociales*, 2010/1. N° 157, p. 114-123.

MARTIN, Claude (2009), « Familles et générations. Grandes tendances », *L'état de la France. Édition 2009-2010*, Paris : La Découverte, p. 41-48.

MARTIN, Claude (2008), « Qu'est-ce que le social care ? Une revue de questions », *Revue française de socio-économie* 2008/2, n° 2, p. 27-42.

MCBRIDE, Theresa M. (1976), *The Domestic Revolution. The Modernisation of Household Service in England and France 1820-1920*, London: Croom Helm.

MEMMI, Dominique & Pascal ARDUIN (1999), « L'enquêteur enquêté. De la "connaissance par corps" dans l'entretien sociologique », *Genèses*, 35, p. 131-145.

MERCKLING, Odile (2003), *Emploi, migration et genre. Des années 1950 aux années 1990*, Paris : L'Harmattan, Logiques sociales.

MERCKLING, Odile (2002), « L'emploi des femmes étrangères et issues de l'immigration », *Hommes et migrations*, N° 1239, septembre 2002, p. 100-111.

METZLER, Gabriele (2003), *Der deutsche Sozialstaat, Vom bismarckschen Erfolgsmodell zum Pflegefall*, Stuttgart, München: Deutsche Verlags-Anstalt.

MOLINIER, Pascale (2013), *Le travail du care*, La Dispute, coll. « Le genre du monde ».

MOLINIER, Pascale, Sandra LAUGIER & Patricia PAPERMAN (2009), *Qu'est-ce que le care ? Souci des autres, sensibilité, responsabilité*, Paris : Éditions Payot & Rivages.

MOLINIER, Pascale (2005), « Le care à l'épreuve du travail. Vulnérabilités croisées et savoir-faire discrets », *in :* Patricia PAPERMAN & Sandra LAUGIER (Hg.), *Le souci des autres*, Paris : Éditions de l'EHESS, p. 299-316.

MOROKVASIC-MULLER, Mirjana (2003), „Gender-Dimensionen der postkommunistischen Migrationen in Europa", *in:* Ursula APITZSCH & Mechthild M. JANSEN (Hg.), *Migration, Biographie und Geschlechterverhältnisse*, Münster: Westfälisches Dampfboot, p. 143-171.

MOROKVASIC-MULLER, Mirjana (1999), « La mobilité transnationale comme ressource : le cas des migrants de l'Europe de l'Est », *Cultures & Conflits*, 33-34, printemps-été 1999, <http://conflits.revues.org/263> (14.04.2016).

MOROKVASIC-MULLER (1991), "Fortress Europe and Migrant Women", *Feminist Review*, Shifting Territories: Feminism & Europe, New York: Routledge, No. 39, 1991, p. 69- 84.

MOZÈRE, Liane (2005), « Des domestiques philippines à Paris : entrepreneuses d'elles-mêmes sur le marché transnational de la domesticité », *in :* VERSCHUUR, Christine & Fenneke REYSOO (Hg.) : *Genre, nouvelle division internationale du travail et migrations*, Cahiers genre et développement, no. 5, Paris : Harmattan, p. 155-162.

MOZÈRE, Liane (2000), « Les difficultés des assistantes maternelles étrangères face au chômage. Quelques indications concernant leur usage de la langue », *in :* Jules FALQUET, Annette GOLDBERG-SALINAS & Claude ZAISMAN (Hg.), Femmes en migrations. *Cahiers du Cedref*, N° 8/9, p. 141-165.

MOZÈRE, Liane (1999), *Petits métiers urbains au féminin, ou comment échapper à la précarisation ? Les assistantes maternelles et les nourrices*, GRIS, Université de Rouen – CERFI-EXEE, janvier 1999.

MOZÉRE, Liane (1994), « Agrément ou désagrément : Le statut des assistantes maternelles : ambiguïtés et réticences », *Ethnologie française*, 10/1/1995, Vol. 25, Issue 4, p. 640-649.

NAPOLES, Juliane Noack & Helza Ricarte LANZ (2015), „Lebensweg zu und Motive bei der Entscheidung, in der Kindertagespflege tätig zu sein – explorative empirische Befunde", *ZfW*, 38 : 71-82.

NUSSBAUM, M. C. (2003), „Langfristige Fürsorge und soziale Gerechtigkeit", *Deutsche Zeitschrift für Philosophie*, Berlin: Akademie Verlag, vol. 51, n° 2, p. 179-198.

OLTMER, Jochen (2010), *Migration im 19. und 20. Jahrhundert*, München: R. Oldenbourg Verlag.

ONNEN-ISEMANN, Corinna (2003), „Familienpolitik und Fertilitätsunterschiede in Europa. Frankreich und Deutschland", *APuZ*, 44.

PABST, Christopher; Gabriel SCHOYERER (2015), *Wie entwickelt sich die Kindertagespflege in Deutschland?, Empirische Befunde und Analysen aus der wissenschaftlichen Begleitung des Aktionsprogramms Kindertagespflege*, Weinheim/Basel: Beltz Juventa.

PALENGA-MÖLLENBECK (2014), *Pendelmigration aus Oberschlesien. Lebensgeschichten in einer transnationalen Region Europas*, Bielefeld: transcript.

PAPERMAN, Patricia (2009), « D'une voix discordante : désentimentaliser le *care*, démoraliser l'éthique », *in :* Pascale MOLINIER, Sandra LAUGIER, Patricia PAPERMAN, *Qu'est-ce que le care ? Souci des autres, sensibilité, responsabilité*, Paris : Éditions Payot & Rivages, p. 89-110.

PARRENAS, Rhacel Salazar (2001), *Servants of Globalization. Women, Migration and Domestic Work*, Stanford University Press.

PASLEY, Kay & Daniel J. PUHLMAN (2013), "Rethinking Maternal Gatekeeping", *Jounal of Family Theory & Review*, 5 (September 2013), p. 176-193.

PATEMAN, Carol (1988), *The Sexual Contract*, Oxford: Polity Press.

PEIRCE, Charles S. (1958), *Collected Papers of Charles Sanders Peirce*, Vol. 7, edited by A. W. Burkes. Cambridge, Mass: Belknap Press.

PERRIN-HAYNES, Jaqueline (2008), « L'activité des immigrés en 2007 », INSEE, *Permière*.

PESSAR, Patricia, Sarah MAHLER (2003), "Transnational Migration: Bringing Gender in", *International Migration Review*, 37 (3), p. 812-846.

PFAU-EFFINGER, Birgit & Maike SMIDT (2011), "Differences in women's employment patterns and family policies: eastern and western Germany", *Community, Work & Family*, Vol. 14, No.2, may 2011, 217-232, New York: Routledge.

PIKETTY, Thomas (2005), « Impact de l'allocation parentale d'éducation sur l'activité féminine et la fécondité en France, 1982-2002 », *in*, C. LEFÈVRE & A. FILHON (Hg.), *Histoires de famille, histoires familiales*, Les cahiers de l'INED, N° 156.

PIOT, Franck (2013), « Travailler pour des particuliers : essor des métiers de la garde d'enfants », *Insee première*, n° 1472, novembre 2013.

PRIES, Ludger (2008), „Zum Verhältnis von Sozialraum und Flächenraum", *in:* Ludger PRIES, *Die Transnationalisierung der sozialen Welt: Sozialräume jenseits von Nationalgesellschaften*, Frankfurt am Main: Suhrkamp, p. 77-117.

RANKL, Helmut (1999), *Landvolk und frühmoderner Staat in Bayern 1400-1800*. Kommission für Bayerische Landesgeschichte.

RASSIGUIER, Catherine (2004), « Ces mères qui dérangent : immigrées africaines en France », Genre, travail et migrations en Europe, *Les Cahiers du CEDREF*, 12, p. 25-43.

RASSIGUIER Catherine (2002), "Scattered Markets, Localized Workers: Gender, Work, and Immigration", *in:* Filomena STEADY (Hg.), *Black Women, Globalization and Economic Justice: Studies from Africa and the African Diaspora*, Rochester, Vermont: Schenkman Books.

RERRICH, Maria S. (2006), *Die ganze Welt zu Hause. Cosmobile Putzfrauen in privaten Haushalten*, Hamburger Edition.

RERRICH, Maria S. (2002), „Von der Utopie der partnerschaftlichen Gleichverteilung zur Realität der Globalisierung von Hausarbeit", *in:* Claudia GATHER, Birgit GEISSLER & Maria S. RERRICH

(Hg.), *Weltmarkt Privathaushalt. Bezahlte Haushaltsarbeit im globalen Wandel*, Münster: Westfälisches Dampfboot, p. 16-29.

REQUATE, Jörg (2011), „Frankreich seit 1945“, *in:* Thomas MERGEL (Hg.), *Europäische Zeitgeschichte*, Bd. 4., Göttingen: Vandenhoeck & Ruprecht, UTB.

REUTER, Silke (2003), „Frankreich: Die vollzeitberufstätige Mutter als Auslaufmodell“, in: *APuZ* 44.

RIEDEL, Birgit, Martina HEITKÖTTER (2014), „Kita und Kindertagespflege für unter Dreijährige aus Sicht der Eltern – gleichrangig, aber nicht austauschbar?“, *Zeitschrift für Pädagogik*, Heft 5, p. 782-801.

RIEDEL, Birgit (2007) : „Zwischen Beruf und Leihoma – zum aktuellen Profil der Kindertagespflege“, in *KOMDAT Jugendhilfe*, Jg. 10, H. 10, Juni 2007.

RIEMANN, Gerhard (2005), “Ethnography of practice – Practising Ethnography, Resources for self-reflective social work”, *Journal of Work Practice*, Vol. 19, n° 1, p. 87-101.

RISMAN, Barbara (2004), “Gender as a social structure: theory wrestling with activism”, *Gender & Society*, 18 (4) (2004), p. 248-257.

RITTER, Gerhard A. (1991), *Der Sozialstaat. Entstehung und Entwicklung im internationalen Vergleich*, München: R. Oldenbourg Verlag.

ROSTAING, Corinne (2010), « On ne sort pas indemne de prison. Le malaise du chercheur en milieu carcéral », *in* J.-P. PAYET, C. ROSTAING, F. GIULIANI, *La relation d'enquête. La sociologie au défi des acteurs faibles*, Rennes : PUR, p. 23-37.

SALLES, Anne, Clémentine ROSSIER & Sara BRACHET (2010), “Understanding the long term effects of family policies on fertility: The diffusion of different family models in France and Germany”, *Demographic Research*, Vol. 22, Article 34, p. 1057-1096.

SASSEN, Saskia (2003), “Global Cities and Survival Circuits”, *in:* Barbara EHRENREICH & Arlie Russel HOCHSCHILD (Hg.), *Global Woman. Nannies, Maids, and Sex Workers in the New Economy*, New York: Holt Paperbacks, Metropolitan Books, p. 254-274.

SASSEN, Saskia (1998), „Überlegungen zu einer feministischen Analyse der globalen Wirtschaft“, *PROKLA*, 110, Münster: Westfälisches Dampfboot, p. 199-216.

SATOLA, Agnieszka (2015), *Migration und irreguläre Pflegearbeit in Deutschland: eine biographische Studie*, Stuttgart: Ibidem-Verlag.

SATOLA, Agnieszka (2010), „Ausbeutungsverhältnisse und Aushandlungsprozesse in der Pflege- und Haushaltsarbeit von polnischen Frauen in deutschen Haushalten“, *in:* Ursula APITZSCH & Marianne SCHMIDBAUR (Hg.), *Care und Migration. Die Ent-Sorgung menschlicher Reproduktionsarbeit entlang von Geschlechter- und Armutsgrenzen*, Opladen & Farmington Hills: Barbara Budrich, p. 177-194.

SCHOYERER, Gabriel & WEIMANN-SANDIG (2015), „Tagespflegepersonen in tätigkeitsbegleitender ErzieherInnenausbildung. Berufsmotivation, Alltagsmanagement und öffentliche Förderung“, Abschlussbericht aus dem Projekt Wissenschaftliche Begleitung Aktionsprogramm Kindertagespflege – Stufe 2, München: Deutsches Jugendinstitut e. V.

SCHÜTZ, Alfred ([1944] 2002), „Der Fremde. Ein sozialpsychologischer Versuch“, *in:* Peter-Ulrich MERZ-BENZ & Gerhard WAGNER (Hg.)(2002), *Der Fremde als sozialer Typus*, UTB Verlagsgesellschaft, p. 73-92.

SCHMIDT, Dorothea (2002), „Eine Welt für sich? Dienstmädchen um 1900 und die widersprüchliche Modernisierung weiblicher Erwerbsarbeit“, *in:* Claudia GATHER, Birgit GEISSLER & Maria S. RERRICH (Hg.), *Weltmarkt Privathaushalt. Bezahlte Hausarbeit im globalen Wandel*, Münster: Westfälisches Dampfboot, p. 204-222.

SCRINZI, Francesca (2004), « “Ma culture dans laquelle elle travaille”. Les migrantes dans les services domestiques en Italie et en France », *Les Cahiers du CEDREF*, Genre, travail et migration en Europe, 12/2004.

SELL, Stefan & Nicole KUKULA (2012), „Leistungsorientierte Vergütung in der Kindertagespflege. Von der aktuellen Praxis zu einem zukunftsfähigen Modell?“ Koblenz: Herausgegeben vom Institut für Bildungs- und Sozialpolitik der Hochschule Koblenz (ibus).

SENTIS, Julie (2014), « Apprendre les métiers du *care* en France et en Allemagne au-delà des assignations de genre », *in :* Catherine DELCROIX, Juan MATAS & Daniel BERTAUX (Hg.), *Vers une société du care ?*, Strasbourg : Revue des Sciences Sociales, p. 62-69.

SOBOUL, Albert (1986), „Der revolutionäre Schock (1789-1797) & Wirtschaftliche Erholung und soziale Stabilisierung (1797-1815)“, *in:* Fernand BRAUDEL & Ernest LABROUSSE (Hg.) ([1976] 1986), *Wirtschaft und Gesellschaft in Frankreich im Zeitalter der Industrialisierung. 1789-1880*, Bd 1., p. 19-109.

STIEGLER, Barbara (2007), „Vorsorgender Sozialstaat aus der Geschlechterperspektive“, WISO direkt – Analysen und Konzepte zur Wirtschafts- und Sozialpolitik, Bonn: Friedrich-Ebert-Stiftung.

TÊTU-DELAGE, Marie-Térèse (2009), *Clandestins au pays des papiers. Expériences et parcours de sans-papiers algériens*, Paris : La Découverte.

TEXTILE GESCHICHTEN (2015), „Berliner Leben im Mai vor hundert Jahren"; <http://textilegeschichten.net/2015/05/06/berliner-leben-im-mai-vor-100-jahren/> (14.04.2016).

THIESSEN, Barbara (2002), „Bezahlte Hausarbeit. Biografische Befunde zur Gestaltung von Arbeitsbeziehungen im Privaten", *in:* Claudia GATHER, Birgit GEISSLER & Maria S. RERRICH (Hg.), *Weltmarkt Privathaushalt. Bezahlte Haushaltsarbeit im globalen Wandel*, Münster: Westfälisches Dampfboot, p. 140-152.

TRONTO, Joan C. (2008), „Feminist Ethics, Care and Citizenship", *in:* Hans-Günther HOMFELDT, Wolfgang SCHRÖER, Cornelia SCHWEPPE (Hg.), *Soziale Arbeit und Transnationalität. Herausforderungen eines spannungsreichen Bezugs*, Weinheim – München: Beltz, p. 185-202.

TRONTO, Joan C. (2002), "The 'Nanny' Question in Feminism", *Hypatia*, 4/1/2002, Vol. 17, Issue 2, p. 34-51.

TRONTO, Joan C. (1993), *Moral Boundaries, A Political Argument for an Ethic of Care*, New York/London: Routledge.

ULLRICH, Carsten G. (2005), *Soziologie des Wohlfahrtsstaates*, Frankfurt am Main: Campus Verlag.

VAONVERMEIR, Solveig (2012), « L'accueil des jeunes enfants : axe majeur de la politique familiale française depuis les années 1970 », DREES, *Dossiers Solidarité et Santé*, N° 31, août 2012.

VAN SANTEN, E. (2006), „Wie verbreitet ist die Kindertagespflege? Öffentliche und informelle Tagespflege in Ost- und Westdeutschland", *in:* BIEN, RAUSCHENBACH & RIEDEL (Hg.), *Wer betreut Deutschlands Kinder?*, DJI-Kinderbetreuungsstudie, Weinheim/Basel : Beltz, p. 123-139.

VEIL, Mechthild (2003), „Kinderbetreuungskulturen in Europa: Schweden, Frankreich, Deutschland", *APuZ*, 44/2003.

VEIL, Mechthild (2002), „Geschlechterspezifischer Arbeitsmarkt und Arbeitsmarktpolitik in Frankreich", *in:* Karin GOTTSCHALL & Birgit PFAU-EFFINGER (Hg.), *Zukunft der Arbeit und Geschlecht. Diskurse, Entwicklungspfade und Reformoptionen im internationalen Vergleich*. Opladen: Leske & Budrich, p. 59-86.

VERSCHUUR, Christine & Fenneke REYSOO (2005), *Genre, nouvelle division internationale du travail et migrations*, Paris : Éd. L'Harmattan.

WEISSTEIN, Naomi (1993), "Power, Resistance and Science: A Call for a Revitalized Feminist Psychology", *Feminism Psychology*, Vol. 3, N° 2, p. 239-245.

WIEMERT, Heike & Stefan HEEG, unter Mitarbeit von Martina HEITKÖTTER (2012), *Kindertagespflege – Tätigkeitsfeld und Betreuungsform mit Potential. Ansätze einer qualitätsorientierten Weiterentwicklung*, München/Bielefeld: Deutsches Jugendinstitut e.V.

WIEMERT, Heike (2009), *Tagesmutter als Beruf: eine Untersuchung über die prekäre Anerkennung der Kindertagespflege als Beschäftigungsfeld und das Arbeits- und Selbstverständnis von Tagesmüttern*, Bielefeld (Germany): Bielefeld University; <http://pub.uni-bielefeld.de/publication/2306179> (14.04.2016).

WINKLER, Gabriele & Nina DEGELE (2009), *Intersektionalität. Zur Analyse sozialer Ungleichheiten*, Bielefeld: transcript.

WINKLER, Gabriele (2008), „Neoliberale Regulierung von Care Work und deren demografische Mystifikationen", *Älterwerden Neu Denken*, p. 47-62.

Sources internet

AMBASSADE DE FRANCE, „Frankreich modernisiert die Familienförderung"; <http://www.ambafrance-de.org/Frankreich-modernisiert-die> (14.04.2016).

AMBASSADE DE FRANCE, „Staatsbürgerschaftsrecht"; <http://www.ambafrance-de.org/Staatsburgerschaftsrecht-Die> (14.04.2016).

APE, Allocation parentale d'éducation ; <http://www.pratique.fr/allocation-parentale-education.html> (14.04.2016).

BZ, Badische Zeitung, „Bei der Elternzeit gilt Deutschland als Vorbild"; <http://www.badische-zeitung.de/kommentare-1/bei-der-elternzeit-gilt-deutschland-als-vorbild--78821694.html> (14.04.2016).

BETREUT.DE: <https://www.betreut.de/kinderbetreuung-natasav-berlin/3754981> (14.04.2016).

BMFSFJ, Bundesministerium für Familie, Senioren, Frauen und Jugend, „Tagesbetreuungsausbaugesetz" (TAG); <http://www.bmfsfj.de/RedaktionBMFSFJ/Broschuerenstelle/Pdf-Anlagen/Tagesbetreuungsausbaugesetz-

TAG,property=pdf,bereich=bmfsfj,sprache=de,rwb=true.pdf> (04.04.2016).

BVKTP, Bundesverband für Kindertagespflege, „Entscheid des Verwaltungsgerichts der Freien Hansestadt Bremen“; <http://www.bvktp.de/files/3_k_1064_13_urteil_00000059_095018anonym.pdf> (04.04.2016).

BVKTP, Bundesverband für Kindertagespflege, „Qualifizierung- und Prüfungsordnung“ <http://www.bvktp.de/index.php?article_id=77> (14.04.2016).

BPB, Bundeszentrale für politische Bildung (2007), „Die Novellierung des Zuwanderungsgesetzes 2007“; <http://www.bpb.de/gesellschaft/migration/dossier-migration/56350/zuwanderungsgesetz-2007> (14.04.2016).

BMFSFJ, Bundesministerium für Familie, Senioren, Frauen und Jugend, „Handbuch Kindertagespflege“; <http://www.handbuch-kindertagespflege.de/> (14.04.2016).

BMFSFJ, Bundesministerium für Familie, Senioren, Frauen und Jugend, „Elterngeld“; <http://www.familien-wegweiser.de/wegweiser/service,did=75670.html, Link am 26.11.2015)> (14.04.2016).

CASAMAPE, « La formation professionnelle continue » ; <http://www.casamape.fr/doc/formation/item/formation-professionnelle-continue> (14.04.2016).

DIE ZEIT (2014), „CSU schwächt Sprachvorgabe für Migranten ab“, 8. Dezember 2014; <http://www.zeit.de/politik/deutschland/2014-12/csu-deutsch-sprechen-leitantrag-parteitag-bayern> (14.04.2016).

EUROSTAT: <http://epp.eurostat.ec.europa.eu/portal/page/portal/statistics/themes> (14.04.2016).

EUROSTAT, “Life expectancy by age and sex”, <http://appsso.eurostat.ec.europa.eu/nui/show.do?dataset=demo_mlexpec&lang=en> (14.04.2016).

EUROSTAT, „Arbeitslosenquote“; <http://ec.europa.eu/eurostat/tgm/table.do?tab=table&init=1&language=de&pcode=teilm020&plugin=1> (14.04.2016).

INED, Institut National d’Études Démographiques, « Évolution du nombre de mariages et de pacs conclus jusqu’en 2015 » ; <http://www.insee.fr/fr/themes/tableau.asp?ref_id=NATTEF02327> (14.04.2016).

INSEE, Institut national de la statistique et des études économiques, <http://www.insee.fr/fr/themes/> (14.04.2016).

KIFÖG (2008), Kinderförderungsgesetz, „Gesetz zur Förderung von Kindern unter drei Jahren in Tageseinrichtungen und in Kindertagespflege vom 10. Dezember 2008"; <http://www.bmfsfj.de/RedaktionBMFSFJ/Abteilung5/Pdf-Anlagen/kifoeg-gesetz,property=pdf,bereich=bmfsfj,sprache=de,rwb=true.pdf> (14.04.2016).

KICK, Kinder- und Jugendhilfeweiterentwicklungsgesetz, <http://www.dji.de/fileadmin/user_upload/izkk/KICK.pdf> (14.04.2016).

LEGIFRANCE.fr, Le Service public de la diffusion du droit, « Décret n° 2006-1153 du 14 septembre 2006 » ; <www.legifrance.gouv.fr/eli/decret/2006/9/14/SANA0623402D/jo> (14.04.2016).

LEGIFRANCE.fr, Le Service public de la diffusion du droit, « Loi n° 78-17 du 6 janvier 1978 relative à l'informatique, aux fichiers et aux libertés » ; <http://legifrance.gouv.fr/affichTexte.do?cidTexte=JORFTEXT000000886460> (14.04.2016).

LEGIFRANCE.fr, Le Service public de la diffusion du droit, « Convention collective 2004 : Convention collective nationale des assistants maternels du particulier employeur du 1er juillet 2004 » ; <http://legifrance.gouv.fr/affichIDCC.do?idConvention=KALICONT000005635807> (14.04.2016).

MIK, Koordinationsstelle Männer in Kitas, <http://mika.koordination-maennerinkitas.de/> (14.04.2016).

MINIJOB-ZENTRALE: <https://www.minijobzentrale.de/DE/0_Home/03_mj_in_privathaushalten/08_an_und_abmeldung/10_haushaltsnahe_taetigkeiten/node.html> (14.04.2016).

OECD, "Familiy Data Base" (2010), <http://www.oecd.org/els/soc/oecdfamilydatabase.htm> (14.04.2016).

OECD (2011), "Pensions at a glance. Retirement-income systems in OECD countries. France »; <http://www.oecd.org/france/47272404.pdf> (14.04.2016).

PAJEEMPLOI, « Le complément de libre choix du mode de garde (CMG) de la Paje », <http://www.pajemploi.urssaf.fr/pajewebinfo/cms/sites/pajewebinfo/accueil/employeur-dassistante-maternelle/je-minforme/le-complement-de-libre-choix-du.html > (14.04.2016)

SERVICE-PUBLIC.FR :

<http://vosdroits.service-public.fr/particuliers/F12812.xhtml> (14.4.2016).

SERVICE-PUBLIC.FR, « PréParEe : Prestation partagée d'éducation de l'enfant » ; <https://www.service-public.fr/particuliers/vosdroits/F32485> (14.04.2016).

SERVICE-PUBLIC.FR, « Particulier employeur : rémunération d'une assistante maternelle », <http://vosdroits.service-public.fr/particuliers/F12812.xhtml> (14.04.2016).

SERVICE-PUBLIC.FR, « Particulier employeur : temps de travail d'une assistante maternelle » ; <https://www.service-public.fr/particuliers/vosdroits/F838> (14.04.2016).

SERVICE-PUBLIC.FR, « Déclaration : comment un assistant maternel doit-il déclarer ses revenus ? » ; <https://www.service-public.fr/particuliers/vosdroits/F1234> (14.04.2016).

SERVICE-PUBLIC.FR, « Heures école primaire : horaires d'une journée à l'école primaire (maternelle et élémentaire) » ; <https://www.service-public.fr/particuliers/vosdroits/F24490> (14.04.2016).

SÉCURITÉ SOCIALE, « Montants des prestations familiales au 1er avril 2012 » ; <http://www.securite-sociale.fr/Montant-des-prestations-familiales-au-1er-avril-2012> (14.04.2016).

STELLUNGSNAHME KIFÖG (2008), "Ausschuss für Familie, Senioren, Frauen und Jugend", 61. Sitzung, 23.06.2008, <http://www.ertragsteuerrecht.de/media/Protokoll_2008-06-23.pdf> (14.04.2016).

TRAVAIL-EMPLOI.GOUV.FR, « Crèches espoir banlieues », <http://travail-emploi.gouv.fr/IMG/pdf/LIVRET_ESPOIR_BANLIEUE.pdf> (14.04.2016).

TRAVAIL-EMPLOI.GOUV.FR, « Loi du 11 mars 1932 », <http://travail-emploi.gouv.fr/IMG/pdf/Loi_du_11_mars_1932.pdf> (14.04.2016).

Tableau d'abréviations

AFEAMA	Aide à la Famille pour l'Emploi d'une Assistante Maternelle Agréée
AGED	Allocation de Garde d'Enfant à Domicile
APE	Allocation Parentale d'Éducation
BEPC	Diplôme national du brevet
BMFSFJ	Bundesministerium für Familie, Senioren, Frauen und Jugend
CAF	Caisses d'Allocations Familiales
CEP	Certificat d'études primaires
CDU	Christlich Demokratische Union, l'*Union chrétienne-démocrate d'Allemagne*
CES	Chèque Emploi Service
CESU	Chèque emploi service universel
CESEDA	Code de l'Entrée et du Séjour des Étrangers et du Droit d'Asile
CLCA	Complément de libre choix d'activité
CLMG	Complément de libre choix du mode de garde
ČSSR	République socialiste tchécoslovaque
CSU	Christlich Soziale Union, l'*Union chrétienne-sociale en Bavière*
DJI	Deutsches Jugendinstitut München, l'*Institut allemand de la jeunesse*
DREES	Direction de la Recherche, des Études, de l'Évaluation et des Statistiques
GEW	Gewerkschaft Erziehung und Wissenschaft, le *syndicat Éducation et Science*
INED	Institut National d'Études Démographiques
INSEE	Institut National de la Statistique et des Études Économiques
OECD	Organisation for economic cooperation and developpement
PACS	Pacte civil de solidarité
PAJE	Prestation d'accueil du jeune enfant
PréParEe	Prestation partagée d'éducation de l'enfant
PMI	Protection maternelle et infantile

RAM	Relais d'assistant-e maternel-le
RDA	République démocratique allemande, Allemagne de l'Est
RMI	Revenu minimum d'insertion
SPAMAF	Syndicat Professionnel des Assistants Maternels et des Assistants Familiaux
SPD	Sozialdemokratische Partei Deutschlands, *Parti social-démocrate d'Allemagne*
TAG	Tagesbetreuungsausbaugesetz, *loi relative au renforcement de structures d'accueil de jour*
UE	Union européenne
URSS	Union des Républiques socialistes soviétiques
VAE	Validation des acquis d'expérience

Symboles de transcription

Intervieweuse :	texte en [*italique*]
évidemmment	accentuation d'intensité, intonation, énoncé prononcé fort
é v i d e m m e n t	prononciation allongée
..	pause brève
...	pause moyenne
....	pause longue
()	syllabes incompréhensibles, inaudible
(mot ?)	énoncé supposé
euh, hem, äh, ähm	hésitations
((événement))	gestuelle, attitudes, paralangage, par exemple ((rires)), ((ironique)), ((tripote son stylo)), ((parle dans sa barbe))
commenc-	mots incomplets, amorce de mot
La=la=le=	bégaiement, répétition

Les noms, les lieux et les autres indications relatives aux personnes de cette étude ont été modifiés afin de garantir leur anonymat.

RÉSUMÉS EN FRANÇAIS, ALLEMAND ET ANGLAIS

Politiques du *care* en France et en Allemagne : étude des parcours des assistant-e-s maternel-le-s issu-e-s de l'immigration

Cette thèse de doctorat vise à étudier la manière dont les politiques du *care* agissent sur la mobilité sociale des assistant-e-s maternel-le-s issu-e-s de l'immigration en France et en Allemagne (de l'Ouest). Elle vise aussi à interroger la répartition du travail de *care* entre les femmes et plus largement la problématique globale du *care* dans l'État providence européen. À partir d'entretiens biographiques avec des assistant-e-s maternel-le-s dans les deux pays, sont étudiées les conditions de la sous-traitance des tâches ménagères et de la garde des enfants qui permettent aux mères (et aux pères) d'être actifs-ves.

En France comme en Allemagne, le *care* est très demandé, mais les conditions générales définies par les deux États sont extrêmement différentes.

En France, les migrantes maghrébines, pauvres en ressources aussi bien sur le plan économique que sur le plan de la qualification, rencontrent une *policy* qui les promeut, leur permettant, dans l'exercice du métier d'assistante maternelle, de mobiliser essentiellement leurs ressources subjectives qu'elles ont accumulées en tant que femmes au foyer. Toutefois, l'autonomie acquise par ces femmes dans le cadre de leur profession peut se voir limitée par le fait de l'exercer chez elles et/ou par la possibilité d'obtenir le complément de libre choix d'activité (CLCA) qui leur permet d'arrêter leur activité professionnelle quand elles accouchent d'un enfant.

En Allemagne, les migrant-e-s très qualifié-e-s issu-e-s des pays postsocialistes rencontrent quant à eux-elles une politique qui entrave la construction de leur réussite, n'offrant qu'une minime reconnaissance de leurs ressources en matière de qualification. Leur activité en tant qu'assistant-e maternel-le, qui n'est réglementée que depuis 2005, va de pair avec une précarité sociale importante.

Pourtant, dans les deux pays et dans l'ensemble des cas étudiés, c'est le fait de fonder une famille et ainsi le souci d'assurer la garde de ses propres enfants qui constitue la condition première à l'orientation vers le métier d'assistant-e maternel-le. On constate que les prestations socio-politiques visant à la résolution de la question du *care* sont marquées par une relation de dualité. En effet, les conditions générales qui encadrent les mères actives déterminent les conditions générales qui encadrent les assistant-e-s maternel-le-s, et inversement. La répartition du travail entre les femmes issues de l'immigration et les femmes privilégiées – originaires du pays – est fondée sur une dialectique entre, d'un côté, les assistant-e-s maternell-e-s, et de l'autre, les parents (essentiellement les mères) qui confient leurs enfants aux premier-ère-s : à la mère confiant ses enfants s'oppose la femme qui se professionnalise dans son rôle de mère. Dans les deux pays, c'est le propre domicile qui constitue le point central de ces relations et rapports ambivalents ; étant à la fois un lieu de travail, il devient la nouvelle interface entre les sphères privée et publique.

Care-Politiken in Deutschland und Frankreich: eine biografie-analytische Policy-Evaluation am Beispiel migrantischer Kindertagespflegepersonen

Es wird in diesem Forschungsprojekt untersucht, wie *care policies* auf die soziale Mobilität migrantischer Kindertagespflegepersonen in Frankreich und Westdeutschland einwirken und damit, als Teil der modernen Arbeitsteilung unter Frauen, die gesamtgesellschaftliche Problematik von Care im europäischen Wohlfahrtsstaat beeinflussen. Anhand von biografisch-narrativen Interviews mit registrierten Tageseltern in beiden Ländern werden Akteure in den Blick genommen, die den Müttern (und Vätern) im Prozess des Outsourcings von Haushalts- und Fürsorgearbeit ermöglichen, erwerbstätig zu sein.

In Frankreich und in Deutschland besteht eine hohe Nachfrage an Care, aber die staatlichen Rahmenbedingungen unterscheiden sich weitgehend. Die überwiegend aus den Maghreb-Staaten kommenden Migrantinnen in Frankreich verfügen über vergleichsweise geringe ökonomische und bildungsbezogene Ressourcen. Sie treffen jedoch auf eine sie befördernde *policy*, in der sie vor allem ihre akkumulierten biografischen Ressourcen als Familienfürsorgerinnen im Beruf der Kindertagespflege mobilisieren können. Allerdings schränkt der Arbeitsplatz im eigenen Zuhause diese Emanzipationschancen vor allem dann ein, wenn er in einem Sozialbauviertel liegt. Die erlangte Autonomie kann außerdem durch das C*omplément de libre choix d'activité*, dem Erziehungsgeld, konterkariert werden. Es erlaubt ihnen im Falle einer Geburt, die Erwerbstätigkeit auszusetzen. Die hoch qualifizierten Migrant_innen in Deutschland kommen überwiegend aus postsozialistischen Ländern. Sie treffen auf eine sie in ihrer Erfolgskonstruktion behindernde *policy*, in der ihre

Bildungsressourcen nur marginal Anschluss finden. Ihre Aktivität als Kindertagespflegeperson, die erst seit 2005 geregelt wird, ist mit einem hohen Maß an sozialer Verwundbarkeit verknüpft.

In beiden Ländern erfolgt die Orientierung zur Kindertagespflege jedoch in allen untersuchten Fällen über die Gründung einer eigenen Familie und ist primär von dem Interesse bestimmt, die Versorgung der eigenen Kinder sicherzustellen. Es zeigt sich, dass die sozialpolitischen Leistungen zur Lösung der Care-Frage eine doppelseitige Verwobenheit aufweisen, denn die Rahmenbedingungen der erwerbstätigen Mütter bedingen jene der Kindertagespflegepersonen und umgekehrt. Die Form der Arbeitsteilung zwischen migrantischen und privilegierten inländischen Frauen hat eine Dialektik zwischen Tageseltern und Eltern (vornehmlich Müttern), die ihre Kinder an erstere überantworten, zur Grundlage: Die ihre Kinder überantwortende Mutter steht der sich in Mutterschaft professionalisierenden Frau gegenüber. Der Dreh- und Angelpunkt dieser ambivalenten Verhältnisse und Beziehungen ist in beiden Ländern das eigene Zuhause, das gleichzeitig den Arbeitsplatz darstellt und daher zur neuen Schnittstelle von Privatsphäre und Öffentlichkeit avanciert.

Care policies in Germany and France: a biographical policy evaluation with migrant child minders as an example

This research project examines how care policies affect the social mobility of child minders with migrant backgrounds in France and (West) Germany. As an element of modern division of labour among women, the child minders' situation influences the issue of care in the European welfare state within society as a whole. Taking biographical-narrative interviews with registered family home-based child minders in both countries as a basis, those actors are considered who enable mothers (and fathers) to go to work within the scope of outsourcing domestic housework and day care duties.

In France and Germany, there is a high level of demand for care, although the state framework conditions differ widely. By working as a child minder, female Maghrebian migrants in France who are lacking in economic and educational resources encounter a policy designed to support them whereby they are able to mobilise their accumulated biographical resources as family carers. However, their place of work in their own home is particularly restrictive of these opportunities for emancipation when it is located in a deprived area. The autonomy they have attained can also be counteracted by the C*omplément de libre choix d'activité*, a type of child care subsidy that makes it possible to take time off work following the birth of a child. The highly skilled migrants in Germany who come from the post-Socialist countries encounter a policy that hinders them in constructing their success, in which their educational resources are only of marginal use. Their activity as child minders, which has only been subject to regulation since 2005, is linked to a high degree of social vulnerability. However, in both countries, the orientation towards family home-based childcare in all cases studied arises through the founding of one's own family and is primarily determined by the desire to secure care for one's own children.

It is evident that the socio-political provisions intended to resolve the care issue are doubly enmeshed, since the framework conditions of the working mothers determine those of the child minders, and vice-versa. The form of labour division between migrant and privileged native women is based on a dialectic between child minders and parents (predominantly mothers) who give their children up for care to these migrant women. The mother who puts her children in the care of a child minder encounters a woman who has made motherhood her profession. In both countries, the pivotal point of these ambivalent circumstances and relationships is the home, which is simultaneously also a place of work, and which thus evolves into a new interface between the private sphere and public space.

TABLE DES MATIÈRES

SOCIOLOGIE
AUX ÉDITIONS L'HARMATTAN

Dernières parutions

SOCIOLOGIE DE L'ACTION HUMANITAIRE EN CÔTE D'IVOIRE

Hervé Cyrille Tivoly

La fabrique de l'action humanitaire en Côte d'Ivoire se heurte à des politiques migratoires qui agissent sur les modalités d'intégration des réfugiés, contraints à diverses formes de transformations sociales. Explorant les notions de sécuritisation et de citoyenneté, cet ouvrage contribue aux études sur les migrations forcées en Afrique de l'Ouest à travers ce cas d'étude et présente les manières de repenser les dispositifs institutionnels en matière d'urgences humanitaires et de prévenir les programmes de développement d'après-crises.

(Coll. Harmattan Côte-d'Ivoire, 278 p., 29 euros)

ISBN : 978-2-343-14831-1, EAN EBOOK : 9782140105548

CONCEPT WEBERIEN "ÉTHIQUE PROTESTANTE - CAPITALISME" ET CONTEXTE DE PAUVRETÉ

Le cas malgache

Intégration épistémologique de la pensée complexe dans une approche par l'histoire de la pensée et l'institutionnalisme économiques

Aina Andrianavalona Razafiarison

L'étude du concept de Max Weber « éthique protestante-capitalisme » dans un contexte de pauvreté est un double défi. D'abord parce que cet ouvrage propose d'intégrer Weber dans la lignée des économistes. Son affiliation à l'institutionnalisme économique déterminera le canevas de l'analyse de la pertinence de sa théorie dans un contexte de pauvreté du cas malgache. Ensuite car l'évident paradoxe soulevé par l'influence majeure de la religion chrétienne et protestante sur la société malgache, face à une pauvreté ambiante concomitante à un capitalisme embryonnaire, semble remettre en question la présente étude.

(Coll. Logiques sociales, 290 p., 29 euros)

ISBN : 978-2-343-13809-1, EAN EBOOK : 9782140105401

CULTURE SOCIALE DE L'AUMÔNE ET PHÉNOMÈNE DES ENFANTS DES RUES AU SÉNÉGAL

Pascal Sène

Préface de Jean-Claude Angoula

Les enfants des rues dont il est question dans ce livre sont ceux qui vont à la recherche de l'aumône. Ils en reçoivent, mais n'en bénéficient pas ; ils n'ont pas, ou rarement, la possibilité de quitter la rue, et demeurent dépendants de leurs « maîtres » qui les envoient. En clarifiant comment l'aumône exerce une capacité d'action dans le maintien des enfants dans les rues des grandes agglomérations sénégalaises, l'auteur contribue à la compréhension d'un ensemble complexe de facteurs internes empêchant les pays émergents de surmonter leurs obstacles.

(Coll. Études africaines, 298 p., 31 euros)

ISBN : 978-2-343-14476-4, EAN EBOOK : 9782140105012

LE VEUVAGE EN AFRIQUE

Dimensions socioculturelles, mystiques, morales et juridiques

Bernard Tondé

Tout en plaidant pour une véritable humanisation des rites de veuvage, l'auteur met en garde les communautés contre les dérives actuelles constatées à ce sujet. En effet, d'une pratique purement symbolique autrefois, ces rites sont devenus un instrument de violences et de tortures physiques, psychologiques, morales et économiques. Il s'agit moins de s'adapter à la postmodernité que d'opérer une sérieuse prise de conscience face à la problématique du veuvage dans les sociétés.

(Coll. Études africaines, 278 p., 29 euros)

ISBN : 978-2-343-15599-9, EAN EBOOK : 9782140103278

MINORITÉS ET MINORITAIRES

Sous la direction de Florence Binard et Michel Prum Groupe de recherche sur l'eugénisme et le racisme

Qu'est-ce qu'être minoritaire dans une société ? Il ne s'agit pas d'une question d'arithmétique : les Noirs en Afrique du sud ont pu être analysés comme « minoritaires » alors qu'ils sont largement plus nombreux que les Blancs. Inversement, une minorité infime peut avoir un poids colossal dans l'histoire d'un pays. Cette relation complexe entre majorité et minorités est analysée ici au travers de huit exemples, dans des aires très éloignées : Grande-Bretagne, Palestine, Australie, Canada, Jamaïque et Afrique de l'Ouest.

(Coll. Racisme et eugénisme, 234 p., 25,5 euros)

ISBN : 978-2-343-15940-9, EAN EBOOK : 9782140103636

LES ORGANISATIONS DE LA SOCIÉTÉ CIVILE AU BURKINA FASO

De la régulation sociale au mercenariat politique

Désiré Boniface Some

Les organisations de la société civile du Burkina Faso, qu'elles soient confessionnelles, coutumières, syndicales, activistes de la gouvernance, ont modelé le pays sur le plan social, économique, politique. De nos jours, elles allument tous les voyants de l'espace sociopolitique par un activisme suspecté dans l'opinion, à tort ou à raison. Ce livre analyse les acteurs, leurs stratégies, leur occupation de l'espace public et surtout lèvent les rideaux sur les faits.

(Coll. Politique et dynamiques religieuses en Afrique, 266 p., 27,5 euros)

ISBN : 978-2-343-16018-4, EAN EBOOK : 9782140103964

LES FEMMES DANS LES MANADES EN CAMARGUE

"Faire comme un homme" et "garder sa féminité"

Sophie Vignon

Cette recherche menée en Camargue s'intéresse à la présence de femmes dans les élevages de taureaux et de chevaux principalement destinés à la course camarguaise. Il s'agit de comprendre comment ces femmes deviennent gardianes ou manadières dans un monde d'hommes.

(Coll. Logiques sociales, 304 p., 30 euros)

ISBN : 978-2-343-15912-6, EAN EBOOK : 9782140103834

SOCIÉTÉ CIVILE ET TRANSFORMATION SOCIALE AU CAMEROUN

Questions d'étique sociétale

Anselme Nzoko

Préface d'André Julien Mbem

Au regard des problématiques liées au vivre-ensemble, cet ouvrage s'interroge sur les choix à opérer pour fixer les nouvelles balises d'une réforme de la gouvernance sociétale. L'auteur a procédé à une participation observante de longue durée (entre 2002 et 2015) au sein de l'Association pour l'Éducation et le Développement (AED), organisation de la société civile camerounaise.Elle génère des dynamiques interactionnelles inhabituelles entre diverses composantes de la société camerounaise et internationale depuis sa création dans un environnement institutionnel hostile. Elle apparaît donc comme un analyseur de la société camerounaise contemporaine.

(Coll. Études Eurafricaines, 228 p., 23,5 euros)

ISBN : 978-2-343-15645-3, EAN EBOOK : 9782140102899

LE POLITIQUE, LE JOURNALISTE ET L'INTELLECTUEL DANS LA SOCIÉTÉ CAMEROUNAISE

Jeux et enjeux de pouvoir

Valentin Nga Ndongo

Cet ouvrage essaie de décrypter trois groupes sociaux importants, voire déterminants, du champ sociétal camerounais. Il s'agit des microcosmes politique, journalistique et intellectuel qui entretiennent des relations, souvent incestueuses et hideuses, mais inconscientes et solides. Il proposer une lecture, au second degré, de leur vivre ensemble, des ambigüités, des complexités, des interconnexions, de leurs rôles, des jeux et des enjeux.

(Coll. Sociologie africaine, 168 p., 18 euros)

ISBN : 978-2-343-15193-9, EAN EBOOK : 9782140101779

QUAND LES JEUNES PARLENT D'INJUSTICE

Expériences, registres et mots en Tunisie

Sous la direction d'Imed Melliti et Hayet Moussa ; préface de Sihem Najar

Cette enquête a pour ambition de cerner les figures et les formes d'injustice qui suscitent le plus d'indignation et de frustration, et de déterminer les registres autour desquels se construit aujourd'hui en Tunisie, notamment chez les jeunes, la frontière entre «le juste» et «l'injuste». C'est cette «compétence» ordinaire, chez les jeunes en Tunisie, à dire «le juste» et à critiquer les formes d'injustice que cet ouvrage entend modestement explorer.

(Coll. Socio-anthropologie des mondes méditerranéens, 250 p., 25,5 euros)

ISBN : 978-2-343-15850-1, EAN EBOOK : 9782140101502

EN AVANT LA RETRAITE ?

Mieux gérer la transition

Daniel Lévy, Juliette Helson

Nouvelle édition

Aujourd'hui, un retraité naît toutes les 37 secondes ? Les changements de notre environnement protéiforme et la manière de le comprendre sont en perpétuel mouvement. Cette nouvelle édition a pour objectif de souligner des sujets qui n'étaient qu'émergents dans la première édition, d'en actualiser l'évolution et les données et de préciser le modèle sociétal dans lequel évoluent les retraités d'aujourd'hui. Ce livre est destiné aux personnes qui souhaitent faire le point et/ou se rassurer en confortant leur choix.

(238 p., 22,5 euros)

ISBN : 978-2-343-15665-1, EAN EBOOK : 9782140099977

VARIATIONS SUR LE DISCOURS IDENTITAIRE

Essai

Michel Bourse

L'usage de la notion d' « identité » pose aujourd'hui problème. Cet essai se propose d'insister sur la véritable question identitaire qui se pose aux sociétés contemporaines, laquelle n'est pas celle d'une « identité nationale » figée mais plutôt celle de la pluralité des identités et toujours à construire. L'identité peut alors se définir comme un processus dans lequel l'individu met en place des stratégies. Au niveau individuel, les identités se construisent par une « mise en scène » de soi et des autres à travers nos comportements et nos discours. C'est pourquoi l'identité se construit à travers l'énonciation : il s'agit d'une façon de parler de soi, et donc d'un discours.

(Coll. Questions contemporaines, 304 p., 31 euros)

ISBN : 978-2-343-15702-3, EAN EBOOK : 9782140100536

LE RETOUR AU TERRITOIRE

L'identité à l'épreuve de la mondialisation

Sous la direction d'Anne-Marie Laulan

Historiquement, la France a imposé un code définissant l'identité civile à partir du lieu de naissance et de la filiation : l'origine crée donc le lien. De nos jours, cette organisation sociétale est bousculée par la possibilité d'une appartenance simultanée à plusieurs communautés. Devant ces nouveaux choix citoyens, parlera-ton d'un retour de la démocratie ?

(Coll. Communication et Civilisation, 182 p., 19 euros)

ISBN : 978-2-343-15402-2, EAN EBOOK : 9782140099427

EXISTER PAR ÉCRIT

Essai sur l'identification en culture de l'écrit

Claudine Dardy

Naître et mourir, des évènements ordinaires qui s'inscrivent dans des registres officiels. Quelle est la portée pour chacun de nous de cette écriture officielle produite par un système d'état civil ? Doit-elle donc offrir une pleine traçabilité personnelle assurant une totale transparence des liens biologiques, sociaux, juridiques ? Jusqu'où peut et doit opérer cette écriture officielle ? Que recouvre une officialité conçue comme garantie d'État ?

(Coll. Logiques sociales, 218 p., 22,5 euros)

ISBN : 978-2-343-14826-7, EAN EBOOK : 9782140099090

Structures éditoriales du groupe L'Harmattan

L'Harmattan Italie
Via degli Artisti, 15
10124 Torino
harmattan.italia@gmail.com

L'Harmattan Hongrie
Kossuth l. u. 14-16.
1053 Budapest
harmattan@harmattan.hu

L'Harmattan Sénégal
10 VDN en face Mermoz
BP 45034 Dakar-Fann
senharmattan@gmail.com

L'Harmattan Cameroun
TSINGA/FECAFOOT
BP 11486 Yaoundé
inkoukam@gmail.com

L'Harmattan Burkina Faso
Achille Somé – tengnule@hotmail.fr

L'Harmattan Guinée
Almamya, rue KA 028 OKB Agency
BP 3470 Conakry
harmattanguinee@yahoo.fr

L'Harmattan RDC
185, avenue Nyangwe
Commune de Lingwala – Kinshasa
matangilamusadila@yahoo.fr

L'Harmattan Congo
67, boulevard Denis-Sassou-N'Guesso
BP 2874 Brazzaville
harmattan.congo@yahoo.fr

L'Harmattan Mali
Sirakoro-Meguetana V31
Bamako
syllaka@yahoo.fr

L'Harmattan Togo
Djidjole – Lomé
Maison Amela
face EPP BATOME
ddamela@aol.com

L'Harmattan Côte d'Ivoire
Résidence Karl – Cité des Arts
Abidjan-Cocody
03 BP 1588 Abidjan
espace_harmattan.ci@hotmail.fr

L'Harmattan Algérie
22, rue Moulay-Mohamed
31000 Oran
info2@harmattan-algerie.com

L'Harmattan Maroc
5, rue Ferrane-Kouicha, Talaâ-Elkbira
Chrableyine, Fès-Médine
30000 Fès
harmattan.maroc@gmail.com

Nos librairies en France

Librairie internationale
16, rue des Écoles – 75005 Paris
librairie.internationale@harmattan.fr
01 40 46 79 11
www.librairieharmattan.com

Librairie l'Espace Harmattan
21 bis, rue des Écoles – 75005 Paris
librairie.espace@harmattan.fr
01 43 29 49 42

Lib. sciences humaines & histoire
21, rue des Écoles – 75005 Paris
librairie.sh@harmattan.fr
01 46 34 13 71
www.librairieharmattansh.com

Lib. Méditerranée & Moyen-Orient
7, rue des Carmes – 75005 Paris
librairie.mediterranee@harmattan.fr
01 43 29 71 15

Librairie Le Lucernaire
53, rue Notre-Dame-des-Champs – 75006 Paris
librairie@lucernaire.fr
01 42 22 67 13